gross.druck

K · G · Saur

Bücher in größerer Schrift

Seine Heiligkeit
der XIV. Dalai Lama

Das Buch der Menschlichkeit

Eine neue Ethik für unsere Zeit

Aus dem Englischen
von Arnd Kösling

gross.druck
K · G · Saur

Bibliografische Information Der Deutschen Bibliothek
Die Deutsche Bibliothek verzeichnet diese Publikation
in der Deutschen Nationalbibliografie;
detaillierte bibliografische Daten sind im Internet
über http://dnb.ddb.de abrufbar.

Lizenzausgabe mit freundlicher Genehmigung der Verlagsgruppe
Lübbe GmbH & Co. KG, Bergisch Gladbach

Umschlaggestaltung: Werkstatt München / Weiss · Zembsch

Gesamtherstellung: Bookwise, München
Printed in Slovakia

ISBN 3-598-80063-0

Inhalt

Vorwort

Wenn man mit sechzehn sein Land verliert und mit vierundzwanzig zum Flüchtling wird wie ich, bringt das Leben eine ganze Menge Schwierigkeiten mit sich. Und wenn ich heute darüber nachdenke, komme ich zu dem Schluß, daß viele davon unüberwindbar waren. Sie waren nicht nur unausweichlich, sie ließen auch keine annehmbare Lösung zu. Dennoch kann ich behaupten, daß ich, was mein Gewissen und meine körperliche Gesundheit angeht, wohl recht gut durchgehalten habe, so daß ich kritischen Situationen mit all meinen psychischen, körperlichen und geistigen Kräften begegnen konnte. Hätten Angst und Verzweiflung die Oberhand gewonnen, wäre ich nicht unversehrt geblieben, und mein Handlungsspielraum hätte sich verengt.

Aber wenn ich mich umsehe, dann stelle ich fest, daß nicht allein wir tibetischen Flüchtlinge und die anderen Angehörigen entwurzelter Gemeinschaften Schwierigkeiten haben. Überall und in jeder Gesellschaft müssen Menschen Leid und Elend erdulden – selbst dort, wo Freiheit und materieller Wohlstand herrschen. Letztlich scheint es mir, als sei ein Gutteil des Unglücks, das uns Menschen heimsucht, hausgemacht. Und zumindest dieser Teil wäre vermeidbar – wenigstens im Prinzip. Mir fällt weiterhin auf, daß die Menschen, die sich an ethisch-moralischen Richtlinien orientieren, im allgemeinen glücklicher und zufriedener sind als jene, die sie nur gering achten. Das bestärkt mich in meinem Glauben, daß eine Neuausrichtung unserer Gedanken, Gefühle und Verhaltensweisen uns nicht nur dabei helfen kann, besser mit dem Leid fertigzuwerden, sondern vieles bereits im Keim zu ersticken.

In diesem Buch möchte ich aufzeigen, was ich unter dem Begriff eines »positiv ethischen Verhaltens« verstehe. Dabei räume ich ein, daß es sowohl sehr schwierig ist, die Begriffe Moral und Ethik zu verallgemeinern, als auch sie vollkommen zu präzisieren. Selten, wenn überhaupt je, ist eine Situation vollkommen schwarzweiß. Dieselbe Handlung weist unter verschiedenen Umständen auch unterschiedliche Schattierungen und Abstufungen moralischer Werte auf. Desungeachtet müssen wir unbedingt einen Konsens darüber erzielen, was ein positives und was ein negatives Verhalten ausmacht, was recht und was unrecht, was angemessen und was unangemessen ist. Die Achtung, die die Menschen früher der Religion entgegenbrachten, bewirkte, daß die Mehrheit in der Ausübung ihres jeweiligen Glaubens ethische Verhaltensregeln befolgte. Doch das ist heute nicht mehr der Fall. Darum müssen wir einen anderen Weg finden, um grundlegende ethische Richtlinien zu etablieren.

Allerdings sollte der Leser nicht glauben, daß ich als Dalai Lama eine besondere Lösung anzubieten habe. Auf diesen Seiten steht nichts, was nicht irgendwo schon gesagt worden ist. Ich habe im Gegenteil das Gefühl, daß die Anliegen und Vorstellungen, die ich hier vorbringe, von vielen Menschen geteilt werden, die sich um Lösungen hinsichtlich der Probleme und Leiden bemühen, denen wir

Menschen gegenüberstehen. Indem ich die Anregungen einiger Freunde aufgreife und dieses Buch der Öffentlichkeit darbringe, hoffe ich, jenen Millionen Menschen Gehör zu verschaffen, die keine Möglichkeit haben, ihre Stimme öffentlich zu erheben, und somit, wie ich es ausdrükken möchte, Mitglieder einer schweigenden Mehrheit bleiben müssen.

Der Leser sollte zudem in Erinnerung behalten, daß meine Ausbildung vollkommen religiös und spirituell geprägt war: Seit meiner Jugend beschäftige ich mich hauptsächlich mit buddhistischer Philosophie und Psychologie. Dabei habe ich insbesondere die Religionsphilosophen der Gelugpa-Schule studiert, der die Dalai Lamas traditionellerweise angehören. Doch da ich ein Vertreter des religiösen Pluralismus bin, habe ich mich ebenso mit den Hauptwerken anderer buddhistischer Schulen beschäftigt. Modernem weltlichem Gedankengut war ich hingegen vergleichsweise wenig ausgesetzt. Andererseits ist dies kein religiöses Buch und noch weniger eines über den Buddhismus. Mein Ziel war es, mich dem Thema Ethik auf der Grundlage allgemeiner anstelle religiöser Prinzipien zu nähern.

So war die Aufgabe, ein Buch für den allgemein interessierten Leser zu schreiben, auch mit Schwierigkeiten verbunden und fand dann auch als Teamarbeit statt. Ein spezielles Problem ergab sich aus dem Umstand, daß etliche tibetische Begriffe, deren Verwendung unabdingbar erschien, nicht ohne weiteres in eine moderne Sprache übertragbar waren; denn dieses Buch soll keine philosophische

Abhandlung sein. Ich bemühte mich daher, diese Begriffe so zu erläutern, daß sie auch Nicht-Fachleuten leicht verständlich sein würden und auch unzweideutig in andere Sprachen übertragen werden könnten. Aber es kann bei dem Versuch, eine unmißverständliche Kommunikation mit jenen Lesern anzustreben, deren Kultur sich möglicherweise sehr von der meinen unterscheidet, natürlich geschehen, daß einige Nuancen des Tibetischen verlorengehen und sich andere Bedeutungen unabsichtlich einschleichen. Ich baue darauf, daß ein sorgfältiges Lektorat solche Fehler so weit wie möglich eliminiert. Falls Bedeutungsverzerrungen dieser Art auftauchen, so hoffe ich, sie in einer zukünftigen Auflage korrigieren zu können. Für seine Hilfe auf diesem Feld sowie für seine Übersetzung ins Englische und für zahllose Anregungen möchte ich aber zunächst Dr. Thuplen Jinpa danken. Ebenso gebührt mein Dank A. R. Norman für seine Textredaktion – sie war von unschätzbarem Wert. Und schließlich sei auch allen anderen an dieser Stelle gedankt, die mithalfen, dieses Buch zu vollenden.

Dharamsala, im Februar 1999

Teil 1

Die Grundlagen der Ethik

1.

Die moderne Gesellschaft und die Suche nach dem menschlichen Glück

Ich betrachte mich, im Vergleich zu anderen Menschen, als Neuling in der modernen Welt. Und obwohl ich schon 1959 aus meiner Heimat fliehen mußte und mich mein Leben als Flüchtling in Indien seitdem viel enger mit der gegenwärtigen Gesellschaft in Verbindung gebracht hat, verlebte ich doch, im Hinblick auf die Realität des 20. Jahrhunderts, meine prägenden Jahre weitgehend ohne Außenkontakte. Das ist zum Teil auf meine Ernennung zum Dalai Lama zurückzuführen: Ich wurde dadurch schon in jungen Jahren zum Mönch. Auch spiegelt sich darin der Umstand wider, daß wir Tibeter uns, was in meinen Augen ein Fehler war, dafür entschieden hatten, hinter den hohen Bergketten isoliert zu bleiben, die unser Land von der übrigen Welt trennen. Heute dagegen reise ich sehr viel, und zu Hause wie im Ausland habe ich das Glück, immer wieder neue Menschen kennenzulernen.

Mehr noch: sehr unterschiedliche Menschen kommen zu mir. Viele von ihnen – besonders jene, die sich die Mühe machen, bis in die Hügel meines indischen Exilorts Dharamsala zu reisen – sind auf der Suche nach etwas. Unter ihnen sind Menschen, die schweres Leid durchmachen: Manche haben ihre Eltern oder Kinder verloren, bei anderen hat ein Freund oder Verwandter Selbstmord begangen, wieder andere leiden an Krebs, AIDS oder ähnlichem. Und dann sind da natürlich auch meine tibetischen Landsleute, ein jeder mit seiner eigenen Geschichte von Not und Elend. Leider gehen viele Menschen von ganz unrealistischen Vorstellungen aus: Sie glauben, daß ich heilende Kräfte besitze oder so etwas wie einen Segen erteilen könnte. Doch ich bin nur ein ganz gewöhnlicher Mensch. Ich kann lediglich versuchen, ihnen zu helfen, indem ich ihr Leid teile.

Die unzähligen Leute aus aller Welt, die ich kennenlerne und die aus allen Schichten und Berufen kommen, erinnern mich immer wieder daran, daß uns alle die Gemeinsamkeit verbindet, menschliche Wesen zu sein. Je mehr ich von der Welt sehe, um so deutlicher wird mir, daß wir uns alle nach Glück sehnen und Leid vermeiden wollen – ganz gleich, in welcher Lage wir uns befinden, ob wir reich oder arm, gebildet oder ungebildet sind, dem einen oder anderen Geschlecht, dieser Rasse oder jener Religion angehören. Jede bewußte Handlung und in gewisser Weise sogar unser ganzes Leben, das wir uns unter den gegebenen Beschränkungen einrichten, läßt sich als Antwort auf die große Frage auffassen, die uns alle beschäftigt: »Wie werde ich glücklich?«

Was uns bei dieser großen Suche nach dem Glück aufrechterhält, ist die Hoffnung. Selbst wenn wir es uns nicht eingestehen, wissen wir doch, daß es keine Garantie für ein besseres, glücklicheres Leben als unser jetziges gibt. Ein altes tibetisches Sprichwort lautet: »Im nächsten Leben oder morgen«, und wir können nie sicher sein, was zuerst kommt. Aber wir hoffen, daß wir weiterleben. Wir hoffen, daß diese oder jene Handlung uns zum Glück führt. Alles was wir tun, nicht nur als einzelne Person, sondern auch gesellschaftlich gesehen, läßt sich unter dem Aspekt dieses elementaren Strebens betrachten. Und das gilt für alle empfindenden Geschöpfe. Der Wunsch und das Streben danach, ein glückliches Leben zu führen und Leid zu vermeiden, kennt keine Grenzen. Es entspricht unserer Natur. Und darum braucht es keine Rechtfertigung, sondern findet seine Gültigkeit in dem einfachen Umstand, daß wir es aus unserem Wesen heraus zu Recht wollen.

Und genau das sehen wir in armen wie in reichen Ländern. Überall streben die Menschen mit allen nur erdenklichen Mitteln danach, ihr Leben zu verbessern. Doch seltsamerweise habe ich den Eindruck, daß diejenigen, die in den materiell weiterentwickelten Ländern leben, trotz aller technischen Errungenschaften weniger glücklich sind und auf gewisse Weise mehr leiden als jene, die in weniger fortschrittlichen Ländern leben. Wenn man die Reichen mit den Armen vergleicht, scheint es in der Tat oft so zu sein, daß die Besitzlosen weniger von Ängsten geplagt werden, obwohl sie mehr körperliches Leid erdulden müssen. Die Reichen, von wenigen Ausnahmen abgesehen, wissen dagegen meist nicht, wie sie ihr Vermögen sinnvoll einsetzen sollen: nämlich nicht im Rahmen eines luxuriösen Lebensstils, sondern als Beitrag zum Wohl der Bedürftigen.

Das Streben nach weiterem Besitz nimmt sie derart gefangen, daß sie nichts anderem mehr in ihrem Leben einen Platz einräumen können, ja, ihnen entgleitet darüber sogar der Traum vom Glück, den ihre Reichtümer ihnen doch eigentlich erfüllen sollten. Und infolgedessen sind sie ständigen Qualen ausgesetzt: einerseits zerrissen zwischen der Ungewißheit über das, was kommen mag, und der Hoffnung auf Zugewinn, andererseits von psychischem Streß heimgesucht, auch wenn sie nach außen hin ein erfolgreiches und bequemes Leben zu führen scheinen. Zu diesem Schluß gelangt man jedenfalls, wenn man das beträchtliche Ausmaß und die beunruhigende Verbreitung von Angstgefühlen, Unzufriedenheit, Frustration, Unsicherheit und Depressionen innerhalb der Bevölkerungen materiell führender Länder betrachtet. Dazu steht dieses innere Leiden in deutlichem Zusammenhang mit einer wachsenden Verunsicherung darüber, was Moral ausmacht und worauf sie sich gründet.

Auf Auslandsreisen stoße ich oft auf folgenden Widerspruch: Wenn ich in einem neuen Land eintreffe, scheint zunächst alles besonders wunderbar und harmonisch zu sein. Jeder ist ausgesprochen freundlich zu mir; alles ist vollkommen in Ordnung. Doch wenn ich dann den Menschen Tag für Tag zuhöre, lerne ich ihre Anliegen, ihre Probleme und Sorgen kennen – unter der Oberfläche sind viele beunruhigt und mit ihrem Leben unzufrieden. Sie fühlen sich vereinsamt, und das führt zu Depressionen, woraus schließlich jene belastete Stimmung resultiert, die so kennzeichnend für die entwickelten Länder ist.

Anfangs überraschte mich das. Zwar hatte ich nie angenommen, daß materieller Reichtum allein in der Lage sei, Leid zu überwinden, doch wenn ich von Tibet aus – einem Land, das materiell immer sehr arm war – auf die fortschrittlichen Länder der Welt blickte, dann, so muß ich zugeben, glaubte ich durchaus, daß der Wohlstand dort mehr an Leid abschaffen würde, als es tatsächlich der Fall ist. Ich dachte, für Menschen, denen die körperlichen Mühen so sehr abgenommen werden, wie es bei den meisten Bewohnern der entwickelten Länder der Fall ist, müßte das Glück viel leichter zu erlangen sein als für jene, die unter härteren Bedingungen leben. Statt dessen scheinen die außergewöhnlichen wissenschaftlichen und technischen Errungenschaften diesbezüglich kaum mehr zustande gebracht zu haben als eine lineare Steigerung. Vielfach bedeutete Fortschritt kaum mehr als eine größere Anzahl an luxuriösen Häusern in immer mehr Städten, zwischen denen immer mehr Autos hin- und herfahren. Zweifellos ist in manchen Bereichen das Leid gemindert worden, besonders was bestimmte Krankheiten angeht. Doch soweit ich erkennen kann, hat es keine Gesamtverbesserung gegeben.

Dabei fällt mir ein Ereignis ein, das ich bei einem meiner ersten Besuche im Westen hatte. Ich war bei einer sehr reichen Familie zu Gast, die in einem großen, gut ausgestatteten Haus lebte. Alle waren ganz reizend und zuvorkommend zu mir. Das Dienstpersonal las einem jeden

Wunsch von den Augen ab, und in mir wuchs allmählich das Gefühl, daß dies hier vielleicht der Beweis dafür war, daß Reichtum eben doch eine Quelle für Glück sein könnte. Meine Gastgeber strahlten immer entspannte Zuversicht aus, doch als ich in einem Badezimmer hinter einer halb geöffneten Schranktür eine ganze Ansammlung von Beruhigungs- und Schlafmitteln entdeckte, wurde mir wieder einmal schmerzhaft bewußt, daß zwischen dem äußeren Schein und der inneren Wirklichkeit oft eine große Lücke klafft.

Dieser Widerspruch, daß inneres Leid – man kann auch sagen: psychisches oder emotionales Leid – so oft mit materiellem Wohlstand einhergeht, ist in weiten Teilen der westlichen Welt nur allzu verbreitet. Ja, er ist derart allgegenwärtig, daß man sich fragen könnte, ob der westlichen Kultur etwas zu eigen ist, was die Menschen dort für derartiges Leid besonders anfällig macht. Ich bezweifle das. Zu viele Faktoren spielen dabei eine Rolle, und zweifellos gehört die Entwicklung des Wohlstands selbst auch dazu. Aber es läßt sich auch die zunehmende Verstädterung der modernen Gesellschaft anführen, die dazu führt, daß sehr viele Menschen sehr dicht beieinanderwohnen. In diesem Zusammenhang darf man auch nicht vergessen, daß wir uns anstatt auf die Nachbarschaftshilfe heute zunehmend auf Apparate und Dienstleister verlassen. Wo Bauern früher zusammen mit der ganzen Familie die Ernte einbrachten, da rufen sie heute lediglich einen entsprechenden Unternehmer an.

Das moderne Leben ist so durchorganisiert, daß eine direkte Abhängigkeit von anderen auf ein Minimum reduziert ist. Das offenbar überall vorherrschende Ziel scheint für jedermann darin zu bestehen, ein eigenes Haus, ein eigenes Auto, einen eigenen Computer et cetera zu besitzen, um so unabhängig wie möglich zu sein. Auch die wachsende Unabhängigkeit, die die Menschen aufgrund wissenschaftlicher und technologischer Fortschritte genießen, gehört dazu. Heute kann man in der Tat von anderen unabhängiger sein als je zuvor. Doch mit dieser Entwicklung stellt sich auch das Gefühl ein, daß wir zur Gestaltung unserer eigenen Zukunft nicht mehr auf unseren Nachbarn, sondern auf unseren Job angewiesen sind – bestenfalls also auf unseren Arbeitgeber. Und das wiederum führt bei uns zu folgender Einstellung: Da andere für mein Glück unmaßgeblich sind, ist auch das Glück anderer für mich unmaßgeblich.

Wir haben, so erlebe ich es jedenfalls, eine Gesellschaft geschaffen, in der es den Menschen immer schwerer fällt, sich gegenseitig ihre wahren Gefühle zu zeigen. An die Stelle von Gemeinsamkeit und Zugehörigkeit, die in weniger reichen (und meist ländlichen) Gesellschaften so beruhigend wirken, treten in hohem Maße Vereinzelung und Entfremdung. Obwohl Millionen dicht beieinander leben, scheinen viele, vorwiegend alte Menschen keine anderen Ansprechpartner zu haben als ihre Haustiere. Die moderne Industriegesellschaft erscheint mir oft wie eine riesige Maschinerie, die sich selbst steuert, und die Menschen darin sind, anstatt sie aktiv zu lenken, nichts als winzige, unbedeutende Teilchen, die jede ihrer Bewegungen gezwungenermaßen mitmachen müssen.

Das alles wird durch Schlagworte, die über Wirtschaftswachstum und -entwicklung verbreitet werden, noch verschlimmert, da sie die menschliche Neigung zu Wettbewerbsdenken und Neid enorm verstärken. Und das bringt auch noch den Druck mit sich, den Schein wahren zu müssen, was an sich schon eine bedeutende Ursache für Probleme, Spannungen und Unglück ist. Doch das psychische und emotionale Leid, das im Westen so verbreitet ist, spiegelt wahrscheinlich weniger ein kulturelles Manko wider als eine dem Menschen innewohnende Tendenz.

Mir ist nämlich aufgefallen, daß sich ähnliche Ausprägungen inneren Leidens auch außerhalb des Westens bemerkbar machen: In manchen Gebieten Südostasiens kann man beobachten, daß die traditionellen Glaubenssysteme ihren Einfluß auf die Menschen mit wachsendem Wohlstand zu verlieren beginnen. Als Resultat treffen wir hier auf ein Unbehagen, das dem des Westens im großen und ganzen ähnlich ist. Das legt den Schluß nahe, daß die Anlage dazu in jedem von uns vorhanden ist – genauso, wie sich das Lebensumfeld in organischen Erkrankungen widerspiegelt. Und so ist es auch mit psychischen und emotionalen Leiden: Sie entstehen im Zusammenhang mit bestimmten Umständen. Entsprechend finden wir zum Beispiel in den unentwickelten südlichen Ländern der Dritten Welt Krankheiten, die für diese Regionen typisch sind, etwa solche, die aufgrund mangelhafter sanitärer Einrichtungen entstehen. Umgekehrt bringen die Städte der Industriegesellschaften Krankheiten hervor, die mit eben dieser speziellen Umgebung zu tun haben – sie rühren natürlich nicht von schlechter Wasserqualität her, dafür aber von Streß. All das spricht sehr dafür, daß es in der modernen Gesellschaft eine Verbindung geben muß zwischen unserem übermäßigen Streben nach einem nach außen gerichteten Fortschritt und dem Kummer, den Ängsten und dem Mangel an Zufriedenheit.

Das mag nach einer sehr pessimistischen Beurteilung klingen. Doch solange wir das Ausmaß und die Art unserer Probleme nicht erkennen, werden wir sie nicht einmal ansatzweise lösen können. Ein Hauptgrund für die Hingabe der modernen Gesellschaft an den materiellen Fortschritt liegt sicherlich in dem immensen Erfolg von Wissenschaft und Technik. Und das Wunderbare an diesen Bereichen menschlicher Tätigkeit ist ihre sofortige Wunscherfüllung. Das unterscheidet sie vom Gebet, dessen Ergebnis meist unsichtbar bleibt – wenn Beten überhaupt hilft. Ergebnisse aber beeindrucken uns; nichts ist natürlicher als das. Unglücklicherweise verführt uns diese Hingabe aber leicht zu der Annahme, daß der Schlüssel zum Glück einerseits in materiellem Wohlstand liegt und andererseits in jener Macht, die aus Wissen hervorgeht. Und während jedem Menschen, der sich damit beschäftigt, sofort einleuchtet, daß der Wohlstand uns nicht aus sich heraus glücklich machen kann, ist nicht so ohne weiteres zu erkennen, daß das auch für das Wissen gilt.

Doch in der Tat: Wissen allein kann nicht jenes Glück erschaffen, das aus einer inneren Entwicklung hervorgeht, die nicht von äußeren Faktoren abhängig ist. Denn wenngleich unsere äußerst detaillierte und präzise Kenntnis äußerer Phänomene eine bedeutende Errungenschaft darstellt, so kann der Drang zur Spezialisierung, zur immer genaueren Kenntnis sogar gefährlich sein – ganz abgesehen davon, daß er nicht glücklich macht. Er kann dazu führen, daß wir den Bereich tatsächlichen menschlichen Erlebens aus den Augen verlieren und insbesondere vergessen, daß wir von anderen abhängig sind.

Wir müssen uns auch klar darüber werden, was geschieht, wenn wir uns zu sehr auf die äußeren Errungenschaften der Wissenschaft verlassen. Ein Beispiel: Seit der Einfluß der Religionen immer mehr zurückgeht, wächst die Unsicherheit darüber, wie wir uns im Leben am besten verhalten sollen. Früher waren Religion und Moral eng verzahnt. Doch heute glauben viele, daß die Wissenschaft die Religion »widerlegt« hat, und sie nehmen daher weiter an, daß Moral eine Sache persönlicher Neigung sei, da es offenbar keinen Beweis für eine spirituelle Autorität gibt. Und wo Wissenschaftler und Philosophen früher den Drang verspürten, solide Grundlagen für unverrückbare Gesetze und absolute Wahrheiten zu entdecken, da werden solche Bemühungen heute für nutzlos gehalten. Statt dessen erleben wir eine komplette Umkehrung, eine Bewegung zum anderen Extrem hin, an dem letztlich nichts mehr existiert und wo die Wirklichkeit selbst in Frage gestellt wird. Das kann nur ins Chaos führen.

Ich sage das nicht, um die Wissenschaft als solche zu kritisieren. Bei meinen Begegnungen mit Wissenschaftlern habe ich viel gelernt, und ich sehe keinen Hinderungsgrund, mich mit ihnen auseinanderzusetzen, selbst wenn sie einen radikalen Materialismus vertreten. Im Gegenteil: soweit ich zurückdenken kann, haben mich die Erkenntnisse der Wissenschaft immer fasziniert. Als Junge war ich eine Zeitlang sogar mehr daran interessiert, die Funktion eines alten Filmprojektors in einem Abstellraum des Sommerpalasts des Dalai Lama zu erforschen, als mich meinen religiösen und geisteswissenschaftlichen Studien zu widmen.

Ich bin eher in Sorge darüber, daß wir dazu neigen, die Grenzen der Wissenschaft aus dem Blick zu verlieren. Indem sie in weiten Kreisen die Religion als letzte Wissensquelle ersetzt, erhält die Wissenschaft selbst so etwas wie einen religiösen Anstrich. Und dadurch sind einige ihrer Anhänger in Gefahr, ihren Prinzipien blindes Vertrauen zu schenken und damit anderen Sichtweisen gegenüber intolerant zu werden. Wenn man sich andererseits die außergewöhnlichen Erfolge der Wissenschaft ansieht, dann nimmt es nicht wunder, daß sie den Platz der Religion eingenommen hat. Wer wäre nicht davon beeindruckt, daß wir Menschen auf den Mond bringen können? Dennoch bleibt der Umstand, daß jemand, der zum Beispiel zu einem Kernphysiker geht und ihn um Rat bei einem moralischen Problem ersucht, von ihm oder ihr allenfalls ein Kopfschütteln erntet, das mit dem Hinweis verbunden wird, sich anderswo nach einer Antwort umzusehen. Ein Wissenschaftler steht in dieser Hinsicht nicht besser da als etwa ein Rechtsanwalt. Denn obgleich uns sowohl die Wissenschaft als auch die Gesetzeskunde die wahrscheinlichen Folgen unseres Tuns vorhersagen können, kann uns keine von beiden die Anleitungen zu moralischem Handeln liefern.

Ferner müssen wir auch die Grenzen der wissenschaftlichen Möglichkeiten per se in Betracht ziehen: Obwohl wir Menschen zum Beispiel seit Jahrtausenden um unser Bewußtsein wissen und es durch unsere ganze Geschichte hindurch mit allem wissenschaftlichen Aufwand zu erforschen versuchten, wissen wir nach wie vor nicht, um was es sich dabei eigentlich handelt, warum es da ist, wie es funktioniert und was eigentlich sein Wesen ist. Genausowenig kann die Wissenschaft uns erklären, welches der eigentliche Grund für das Vorhandensein des Bewußtseins ist, noch, welche Konsequenzen sich daraus ergeben. Es gehört zu jener Kategorie von Phänomenen, die weder Gestalt noch Masse, noch Farbe besitzen und sich mit äußeren Mitteln nicht untersuchen lassen. Doch das bedeutet nicht, daß diese Phänomene nicht existieren, sondern lediglich, daß die Wissenschaft sie nicht dingfest machen kann.

Sollen wir die wissenschaftliche Forschung deshalb aufgeben, hat sie versagt? Ganz sicher nicht. Ich will auch nicht nahelegen, daß die Zielsetzung des Wohlstandsdenkens für jeden ungerechtfertigt ist. Wir sind so angelegt, daß organische und körperliche Erfahrungen eine herausragende Rolle in unserem Leben spielen. Die Errungenschaften von Wissenschaft und Technik spiegeln deutlich unser Bedürfnis nach einem besseren, angenehmeren Dasein wider. Und das ist gut so. Wer würde die meisten Fortschritte der modernen Medizin nicht begrüßen?

Doch genauso unbestreitbar ist es in meinen Augen, daß sich die Angehörigen von bestimmten, traditionell-ländlichen Gemeinschaften einer größeren inneren Ruhe und Harmonie erfreuen als jene Menschen, die in unseren modernen Städten leben. So ist es zum Beispiel im nordindischen Spiti-Gebiet nicht üblich, die Haustür abzuschließen, wenn man ausgeht. Und von einem Besucher, der das Haus leer vorfindet, wird erwartet, daß er hineingeht, sich etwas zu essen nimmt und dort bleibt, bis die Familie wieder zurück ist. Früher war das auch in Tibet üblich. Das soll gleichwohl nicht heißen, daß es in solchen Gegenden keine Kriminalität gibt; natürlich kamen auch in Tibet in den Zeiten vor der Besetzung gelegentlich Verbrechen vor. Doch wenn das passierte, reagierte jeder überrascht: So etwas war selten und ungewöhnlich. Wenn dagegen in irgendeiner unserer Städte heute ein Tag *ohne* einen Mord vergeht, dann gilt das als bemerkenswert. Durch die Verstädterung ist die Harmonie aus dem Ruder geraten.

Doch wir sollten darauf achtgeben, die alte Lebensweise nicht zu idealisieren. Das hohe Maß an gegenseitiger Hilfeleistung, das wir in wenig entwickelten ländlichen Gemeinschaften vorfinden, könnte eher auf Notwendigkeit denn auf Güte beruhen: Die Menschen erkennen, daß sie anderenfalls ein noch mühseligeres Leben hätten. Und ihre Zufriedenheit könnte genausogut durch einen Mangel an Wissen begründet sein. Diese Menschen kennen vielleicht gar keine andere Lebensweise oder können sie sich nicht vorstellen. Wäre es anders, dann würden sie diese höchstwahrscheinlich begierig annehmen.

Die Aufgabe, der wir uns also gegenübersehen, besteht in der Entdeckung einer Möglichkeit, dasselbe Maß an Harmonie und Gelassenheit zu genießen, wie es in den eher traditionellen Gemeinschaften vorherrscht, und zugleich alle Vorteile der materiellen Entwicklung zu nutzen, die wir am Vorabend eines neuen Jahrtausends vorfinden. Wer das bestreitet, der gesteht diesen Gemeinschaften nicht einmal den Versuch zu, ihren Lebensstandard zu verbessern. Und ich bin mir recht sicher, daß beispielsweise die meisten tibetischen Nomaden sehr froh wären, wenn sie für den Winter moderne Thermobekleidung und einen rauchlosen Brennstoff zum Kochen hätten, wenn sie die Vorteile der modernen Medizin nutzen könnten und wenn in ihrem Zelt ein tragbarer Fernseher stünde.

Die moderne Gesellschaft mit all ihren Vorzügen und Makeln ist aus dem Zusammenwirken unzähliger Ursachen und Bedingungen hervorgegangen. Anzunehmen, wir könnten durch bloßes Aufgeben des materiellen Fortschritts all unsere Probleme bewältigen, wäre kurzsichtig. Denn dann würden wir deren tieferliegende Ursachen ignorieren. Außerdem besitzt die moderne Welt so manches, das einen optimistisch stimmen kann.

In den meisten entwickelten Ländern engagieren sich zahllose Menschen für andere. An meinem jetzigen Zufluchtsort wurde uns tibetischen Flüchtlingen eine immense Freundlichkeit von Menschen entgegengebracht, die auch nicht gerade im Überfluß leben. So haben etwa unsere Kinder unermeßlichen Nutzen aus dem selbstlosen Einsatz ihrer indischen Lehrer gezogen, von denen viele weit entfernt von zu Hause unter schwierigen Bedingungen leben mußten. Auf höherer Ebene kann man in diesem Zusammenhang auch die wachsende weltweite Anerkennung der elementaren Menschenrechte anführen. Meiner Ansicht nach findet hier eine äußerst begrüßenswerte Entwicklung statt. Auch die Art und Weise, wie die internationale Gemeinschaft mit sofortiger Hilfe auf Naturkatastrophen reagiert, ist ein wunderbarer Aspekt der modernen Welt. Und die zunehmende Einsicht in den Umstand, daß wir unsere natürliche Umwelt nicht ewig mißhandeln können, ohne uns ernsten Konsequenzen gegenüberzusehen, gibt ebenfalls Anlaß zu Hoffnung. Ferner scheint es mir, als seien die Menschen dank der modernen Kommunikationsweisen heute Verschiedenartigkeiten gegenüber toleranter. Und das Bildungs- und Ausbildungsniveau ist heute auf der ganzen Welt höher als je zuvor. An diesen positiven Entwicklungen kann man meiner Ansicht nach ablesen, wozu wir Menschen in der Lage sind.

Vor kurzem hatte ich Gelegenheit, die englische Königinmutter kennenzulernen. Mein ganzes Leben hindurch war sie mir eine vertraute Gestalt, und um so größer war meine Freude. Besonders ermutigend fand ich ihre Einschätzung – die Einschätzung einer Frau, die so alt ist wie das 20. Jahrhundert –, daß die Menschen sich, im Gegensatz zu früher, der Existenz der anderen viel bewußter geworden sind. In ihrer Jugend, so sagte sie, waren die Leute hauptsächlich auf ihre Heimatländer fixiert, während es heutzutage so ist, daß man in zunehmendem Maße ein Zusammengehörigkeitsgefühl mit Menschen anderer Nationen entwickelt. Als ich sie fragte, ob sie die Zukunft optimistisch sehe, bejahte sie das, ohne zu zögern.

Aber natürlich stimmt es auch, daß es in der modernen Gesellschaft ein reichliches Potential an negativen Tendenzen gibt. An der alljährlichen Zunahme von Gewaltverbrechen wie Mord und Vergewaltigung besteht kein Zweifel. Dazu hören wir ständig von Beziehungen, in denen Mißbrauch und Ausbeutung an der Tagesordnung sind – in der Ehe genauso wie in anderen Bereichen der Gesellschaft –, wir hören von der wachsenden Zahl Jugendlicher, die von Alkohol und Drogen abhängig sind, oder wie viele Kinder unter der hohen Scheidungsrate leiden. Nicht einmal unsere kleine Flüchtlingsgemeinschaft konnte sich den Folgen einiger dieser Tendenzen entziehen. So waren Selbstmorde in der tibetischen Gesellschaft zum Beispiel nahezu unbekannt, doch selbst in unserer Exilgemeinschaft hat es inzwischen den einen oder anderen tragischen Vorfall gegeben. Ähnlich gab es vor einer Generation unter den Tibetern noch keine jugendlichen Drogenabhängigen, doch nun gibt es einige, und man muß konstatieren, daß sie vor allem im modernen Stadtmilieu auftreten.

Doch anders als Krankheit, Alter und Tod ist keines dieser Probleme per se unvermeidbar oder mit mangelnder Bildung zu erklären. Bei genauem Überdenken stellen wir fest, daß wir es hier mit ethischen Problemen zu tun haben, von denen ein jedes unsere Auffassung von richtig und falsch, von gut und schlecht, von angemessen und unangemessen widerspiegelt. Aber jenseits davon erkennen wir etwas noch Grundlegenderes: die Vernachlässigung dessen, was ich unsere innere Dimension nenne.

Was meine ich damit? Für mich steckt in unserer Überbetonung des Strebens nach materiellem Besitz die stillschweigende Annahme, daß die Dinge, die wir kaufen können, uns all die Zufriedenheit verschaffen, die wir benötigen. Doch es liegt in der Natur der Sache, daß Befriedigung, die von materiellem Besitz ausgeht, auf den Bereich der Sinneswahrnehmung beschränkt bleiben muß. Stimmte es, daß wir Menschen uns nicht von den Tieren unterscheiden, wäre soweit alles in Ordnung. Doch angesichts des Facettenreichtums unseres Wesens – insbesondere des Umstands, daß wir Gedanken und Gefühle, Vorstellungskraft und Kritikvermögen besitzen – ist es offensichtlich, daß unsere Bedürfnisse über die rein sinnliche Ebene hinausgehen. Das weitverbreitete Auftreten von Ängsten, Streß, Verwirrung, Unsicherheit und Depressionen bei Menschen, deren Grundbedürfnisse eigentlich befriedigt sind, ist ein deutliches Zeichen dafür. Unsere Probleme, und zwar sowohl jene, die uns von außen her begegnen – also etwa Kriege, Verbrechen und andere Gewalttaten –, als auch die, die wir in uns verspüren – unsere emotionalen, psychischen Leiden –, lassen sich nicht lösen, wenn wir uns nicht den dahinterliegenden Bereichen widmen. Aus diesem Grund haben die großen Zielsetzungen der letzten hundert und mehr Jahre – Demokratie, Liberalismus, Sozialismus – es allesamt nicht geschafft, jene umfassenden Ideale zu verwirklichen, die sie verwirklichen sollten, auch wenn viele wunderbare Vorstellungen in ihnen steckten. Eine Revolution ist vonnöten, keine Frage. Aber keine politische, wirtschaftliche oder gar technische Revolution. Damit haben wir im Verlauf des vergangenen Jahrhunderts ausreichend Erfahrungen gesammelt und wissen jetzt, daß ein rein äußerlicher Ansatz nicht ausreicht. Wozu ich anregen möchte, ist eine geistige Revolution.

2.

Nichts Magisches, nichts Mystisches

Wenn ich eine geistige Revolution fordere, plädiere ich dann für eine religiöse Lösung unserer Probleme? Nein. Als jemand, der sich zum Zeitpunkt dieser Niederschrift dem siebzigsten Lebensjahr nähert, habe ich genügend Erfahrungen sammeln können, um mir vollkommen sicher zu sein, daß die Lehren des Buddha sowohl wichtig als auch nützlich für die Menschheit sind. Wenn jemand sie in die Praxis umsetzt, profitieren nicht nur er oder sie allein davon, sondern auch andere. Doch Begegnungen mit Menschen jeglichen Typs auf der ganzen Welt haben mir klargemacht, daß es andere Glaubensformen und andere Kulturen gibt, die nicht weniger als mein Glaube und meine Kultur dazu in der Lage sind, den Einzelnen dabei zu helfen, ein schöpferisches und zufriedenstellendes Leben zu führen. Ja mehr noch: Ich bin zu dem Schluß gekommen, daß es keinen großen Unterschied macht, ob jemand einer Religion anhängt oder nicht. Weitaus wichtiger ist es, ein guter Mensch zu sein.

Ich sage dies im Bewußtsein der Tatsache, daß der Einfluß der Religion auf das Leben der Menschen – vor allem in den entwickelten Ländern – im allgemeinen eher gering ist, auch wenn eine Mehrheit dieser fast sechs Milliarden Menschen sich zu dieser oder jener Glaubensrichtung bekennen mag. Man muß bezweifeln, ob es weltweit auch nur eine Milliarde Menschen gibt, die, wie ich es nennen möchte, zu den ernsthaft Praktizierenden gehören, die sich also jeden Tag gläubig darum bemühen, die Prinzipien und Regeln ihres Glaubens zu befolgen. In diesem Sinne gehören alle übrigen zu den Nicht-Praktizierenden. Die Praktizierenden aber folgen wiederum einer Vielzahl religiöser Wege, und von daher wird deutlich, daß es aufgrund unserer Vielfältigkeit nicht nur *eine* Religion geben kann, die die ganze Menschheit zufriedenstellt. Des weiteren können wir daraus schließen, daß wir Menschen im Leben ganz gut zurechtkommen, ohne zu einem Glauben Zuflucht zu nehmen.

Das mögen ungewöhnliche Aussagen für einen Mann der Religion sein. Doch vor dem Dalai Lama bin ich Tibeter, und vor dem Tibeter bin ich Mensch. Während ich also als Dalai Lama den Tibetern auf besondere Weise verpflichtet bin und als Mönch besondere Verantwortung für die Unterstützung eines religionsübergreifenden Verständnisses trage, obliegt mir als Person eine noch weitaus größere Verantwortung gegenüber der gesamten Menschheitsfamilie, obwohl wir die natürlich alle tragen. Und weil die Mehrheit der Menschen keine Religion ausübt, bemühe ich mich darum, einen Weg zu finden, wie ich der ganzen Menschheit dienen kann, ohne mich auf eine Religion zu berufen.

Tatsächlich bin ich davon überzeugt, daß die großen Weltreligionen – also Buddhismus, Christentum, Hinduismus,

Islam, Judentum, die Sikh-Religion, der Parsismus und so weiter –, aus einigem Abstand betrachtet, allesamt darauf ausgerichtet sind, den Menschen dabei zu helfen, dauerhaftes Glück zu finden. Und meiner Ansicht nach ist jede von ihnen in der Lage, dazu beizutragen. So gesehen ist diese Vielzahl an Religionen (die ja letztlich alle dieselben Grundwerte vermitteln) sowohl wünschenswert als auch nützlich.

Doch dieser Ansicht war ich nicht immer. Als ich jünger war und noch in Tibet lebte, war ich felsenfest überzeugt davon, daß der Buddhismus den besten Weg darstellte. Ich fand den Gedanken hinreißend, alle Menschen würden zu ihm übertreten; doch das basierte auf Unwissenheit. Natürlich hatten wir Tibeter von anderen Religionen gehört. Aber das bißchen, was wir wußten, stammte aus tibetischen Übersetzungen buddhistischer Sekundärliteratur. Und diese konzentrierten sich naturgemäß auf jene Aspekte anderer Religionen, welche vom buddhistischen Standpunkt her diskutabel zu sein schienen. Der Grund dafür lag nicht in einer Geringschätzung, mit der die buddhistischen Autoren ihre Rivalen betrachteten, sondern war dem Umstand zu verdanken, daß es ihnen nicht nötig erschien, sämtliche Aspekte anzusprechen, die für sie keine Konfliktpunkte darstellten, zumal in Indien die betreffenden Texte komplett erhältlich waren. Doch in Tibet waren sie das leider nicht – es gab keine anderen Schriftübersetzungen.

Als ich größer wurde, konnte ich peu à peu mehr über andere Weltreligionen in Erfahrung bringen. Vor allem später, im Exil, begegnete ich zunehmend Menschen, die sich ihr ganzes Leben lang anderen Glaubensrichtungen widmeten – manche, indem sie beteten und meditierten, andere, indem sie Bedürftigen tatkräftig halfen – und sich dabei tiefgründige Kenntnisse ihrer jeweiligen Schriften angeeignet hatten. Diese Gespräche ließen mich den ungeheuren Wert einer jeden Glaubenstradition erkennen und weckten tiefen Respekt in mir. Dennoch bleibt der Buddhismus für mich selbst der wertvollste Weg; er paßt am besten zu meinem Wesen. Das bedeutet aber nicht, daß ich in ihm die Religion sehe, die sich gleichermaßen für alle Menschen eignet, genausowenig wie ich es für notwendig halte, daß jemand überhaupt einem Glauben angehören muß.

Aber natürlich bin ich als Tibeter und als Mönch ganz in der buddhistischen Tradition – ihren Grundlagen, Regeln und Ausübungen – erzogen und ausgebildet worden. Daher kann ich nicht leugnen, daß das Verständnis darüber, was es bedeutet, ein Anhänger Buddhas zu sein, meinem ganzen Denken zugrunde liegt. Doch in diesem Buch möchte ich versuchen, über die formalen Grenzen meines Glaubens hinauszugehen. Ich möchte aufzeigen, daß es tatsächlich einige allgemeingültige ethische Prinzipien gibt, die jedem Menschen dabei helfen können, jenes Glück zu erlangen, nach dem wir alle streben. Vielleicht unterstellt mir jetzt der eine oder andere, ich wolle dem Buddhismus auf diese Weise heimlich das Hintertürchen öffnen. Das trifft jedoch nicht zu, wenngleich es schwierig ist, diesen Vorwurf plausibel zu widerlegen.

Ich denke, daß man zwischen Religion und Spiritualität oder Geistigkeit eine deutliche Unterscheidung machen muß. Religion hat für mich mit dem Glauben an den Erlösungsanspruch der jeweiligen Glaubensrichtung zu tun, wozu auch gehört, daß man irgendeine Art übernatürlicher oder metaphysischer Realität als gegeben hinnimmt, etwa das Konzept »Himmel« oder das Konzept »Nirwana«. Ferner gehören religiöse Lehren, Dogmen, Rituale, Gebete et cetera dazu. Spiritualität verbindet sich für mich mit jenen Aspekten einer menschlichen Geisteshaltung – wie etwa Liebe und Mitgefühl, Geduld, Toleranz, Vergebung, Zufriedenheit, Verantwortungsgefühl –, die einen selbst und andere glücklich machen. Obgleich Rituale und Gebete im Hinblick auf Erlösung und Nirwana direkt mit einem religiösen Glauben verknüpft sind, ist diese Sichtweise der Dinge nicht zwingend notwendig. Daher gibt es keinen Grund, warum der oder die Einzelne sie nicht – sogar in hohem Maße – entwickeln sollte, ohne sich dabei auf ein religiöses oder metaphysisches Glaubenssystem beziehen zu müssen. Deshalb äußere ich bisweilen, daß wir vielleicht auch ohne Religion auskommen. Aber wir kommen nicht ohne diese elementaren verinnerlichten Wertvorstellungen aus.

Die Menschen, die eine Religion praktizieren, können hier natürlich zu Recht einwenden, daß solche Qualitäten oder Tugenden die Früchte wahrhafter religiöser Bemühungen sind und daß Religion darum sehr wohl etwas mit deren Entwicklung und Ausübung zu tun hat. Doch hier müssen wir uns über etwas klar werden: Religiöser Glaube erfordert spirituelle (geistige) Praxis. Aber wie es scheint, herrscht, wie so oft unter den Gläubigen oder Nichtgläubigen, große Uneinigkeit darüber, worin diese denn eigentlich bestehen sollte. Der gemeinsame Nenner der Qualitäten, die ich als »spirituell« bezeichnet habe, läßt sich vielleicht in einem gewissen Interesse am Wohlergehen anderer sehen. Im Tibetischen sprechen wir von *shen pen kyi sem*, was wörtlich »der Gedanke, anderen hilfreich zu sein« heißt. Und wenn wir sie betrachten, dann sehen wir, daß den genannten Inhalten sämtlich das Interesse am Wohlergehen anderer innewohnt, ja, sie teilweise sogar als solche definiert. Darüber hinaus erkennt jemand, der hingebungsvoll, liebend, geduldig, tolerant, verzeihend und so weiter ist, in gewissem Maß die möglichen Auswirkungen seiner Handlungen auf andere und richtet sein Verhalten entsprechend aus. Somit umfaßt spirituelle Praxis nach dieser Definition einerseits, daß jemand aus Interesse am Wohlergehen anderer handelt. Auf der anderen Seite beinhaltet sie, daß wir uns selbst ändern, damit wir leichter dazu in der Lage sind. Es anders auszudrücken wäre sinnlos.

Mein Aufruf zu einer geistigen Revolution ist daher kein Aufruf zu einer religiösen Revolution. Er bezieht sich auch nicht auf eine Lebensweise, die irgendwie nicht von dieser Welt ist, geschweige denn etwas Magisches oder Mystisches hätte. Er ist vielmehr die Forderung nach einer radikalen Umorientierung, weg von unserer gewohnheitsmäßigen Konzentration auf uns selbst. Es ist der Aufruf, sich der großen Gemeinschaft aller zuzuwenden, mit der ein jeder von uns verknüpft ist, sowie einer Lebensweise, die neben den eigenen auch die Interessen anderer berücksichtigt.

Hier mag der Leser einwenden, daß die Wandlung, die eine solche Umorientierung notwendig mit sich brächte, sicherlich wünschenswert wäre und es ebenfalls zu begrüßen wäre, wenn die Menschen mehr Mitgefühl und Liebe entwickelten, daß aber eine geistige Revolution kaum ausreicht, um die vielfältigen großen Probleme zu lösen, denen wir in der heutigen Welt gegenüberstehen. Weiter läßt sich dagegenhalten, daß die Probleme, die zum Beispiel bei Gewalt in der Ehe, Drogen- und Alkoholabhängigkeit oder Familienzerrüttung anstehen, besser verstanden und angegangen werden können, wenn sie entsprechend ihrer eigentlichen Ursache behandelt werden. Zwar könnten sie sicher gelöst werden, wenn die Menschen liebevoller und einfühlsamer miteinander umgehen würden – wie unwahrscheinlich das auch sein mag –, doch sie lassen sich auch als Probleme des Geistes ansehen, die einer entsprechenden geistigen Lösung zugänglich sind. Das soll nicht bedeuten, daß wir lediglich geistige Werte entwickeln müssen, damit diese Probleme von selbst verschwinden. Im Gegenteil: jedes dieser Probleme muß ganz für sich gelöst werden. Doch wenn die geistige Dimension dabei vernachlässigt wird, dann besteht keine Aussicht auf Lösungen, die von Dauer sind.

Warum ist das so? Schlechte Nachrichten gehören zum Leben. Jedesmal wenn wir die Zeitung aufschlagen oder das Radio oder den Fernseher einschalten, werden wir mit schlechten Neuigkeiten konfrontiert. Kein Tag vergeht, an dem nicht irgendwo auf der Welt etwas geschieht, was von allen gleichermaßen als Unglück angesehen wird. Egal, woher wir stammen oder welcher Lebensphilosophie wir folgen, uns allen tut es weh, wenn wir vom Leiden anderer erfahren.

Ereignisse dieser Art lassen sich in zwei große Gruppen unterteilen: diejenigen, die auf natürliche Ursachen zurückgehen – Erdbeben, Dürren, Überschwemmungen und ähnliches –, und jene, die von den Menschen selbst ausgehen. Kriege, Verbrechen, Gewalt jeder Art, Korruption, Armut, Betrug sowie soziale, politische und ökonomische Ungerechtigkeiten, alle gehen sie auf negatives menschliches Verhalten zurück.

Im Gegensatz zu den Naturkatastrophen, an denen wir wenig oder gar nichts ändern können, lassen sich die von Menschen geschaffenen Probleme zum Glück meistern, da sie im Kern immer ethische Probleme sind. Der Umstand, daß so viele Menschen aus allen Schichten und aus jedem Gesellschaftsbereich daran arbeiten, spiegelt genau diese Erkenntnis wider: Da gibt es diejenigen, die sich politischen Parteien anschließen, um für eine gerechtere Verfassung zu kämpfen; andere werden Anwälte, um der Gerechtigkeit dienen zu können; manche setzen sich in Hilfsorganisationen ein, um der Armut Einhalt zu gebieten; wieder andere kümmern sich – beruflich oder freiwillig – um die Opfer von Gewalttaten. Ja, eigentlich versuchen wir alle – jeder nach seinem Verständnis und auf seine Weise –, die Welt beziehungsweise unser Eckchen in ihr zu einem besseren Ort zu machen.

Doch so ausgeklügelt und durchorganisiert unsere Rechtssysteme und so fortschrittlich unsere Methoden, die Dinge in den Griff zu bekommen, auch sein mögen: unseligerweise läßt sich Fehlverhalten durch sie allein nicht abschaffen. Unseren Polizeikräften steht heutzutage eine Technologie zur Verfügung, die vor fünfzig Jahren kaum vorstellbar war. Sie verfügen über Untersuchungsmethoden, mit denen man feststellen kann, was einst verborgen war: DNA-Vergleiche, gerichtsmedizinische Labors, Drogenspürhunde und gut ausgebildete Fachkräfte machen es den Kriminellen schwer. Da diese sich jedoch ebenfalls fortschrittlicher Methoden bedienen, haben wir eigentlich nichts gewonnen. Wo die ethisch motivierte Selbstbeherrschung fehlt, gibt es keine Hoffnung, daß Probleme, wie zum Beispiel die steigende Kriminalität, überwunden werden. Ja, ohne diese innere Disziplin werden genau die Mittel, die wir zu ihrer Lösung einsetzen, selbst wieder zu Problemquellen. Die immer ausgeklügelteren kriminellen und kriminalistischen Methoden münden in einen Teufelskreis der Gewalt.

Welche Beziehung besteht nun aber zwischen Spiritualität und ethischer Praxis? Da Liebe, Mitgefühl und ähnliche Werte per Definition ein gewisses Maß an Interesse am Wohlergehen anderer voraussetzen, setzen sie gleichzeitig auch eine ethische Selbstbeschränkung voraus. Wir können nicht lieben und mitfühlend sein, ohne zugleich die abträglichen Impulse und Wünsche einzuschränken.

Was die Grundlagen der ethischen Praxis betrifft, so mag man vermuten, daß ich wenigstens hier einen religiösen Ansatz propagiere. Sicher: jede der großen religiösen Überlieferungen enthält ein weit entwickeltes ethisches System. Doch wenn wir unsere Vorstellungen von richtig und falsch mit einer Religion verknüpfen wollen, dann ergibt sich die Schwierigkeit: mit welcher? Welche bietet das umfassendste, zugänglichste, akzeptabelste System? Der Streit darüber würde nie aufhören. Dazu würde man auch den Umstand vernachlässigen, daß viele Menschen, die Religionen ablehnen, das aus ernsthafter Überzeugung tun und nicht nur, weil ihnen nichts an den tiefergehenden Fragen in bezug auf das menschliche Dasein liegt. Wir können nicht unterstellen, daß solche Leute keinen Sinn für Recht und Unrecht oder für das moralisch Angemessene besitzen, nur weil es einige darunter gibt, die antireligiös eingestellt sind und die sich unmoralisch verhalten. Außerdem ist ein religiöser Glaube kein Garant für moralische Integrität. Wenn man die Geschichte der menschlichen Rasse betrachtet, erkennt man, daß unter den größten Unholden – jenen, die ihre Mitmenschen mit Gewalt, Brutalität und Zerstörung quälten – etliche waren, die sich lautstark als Anhänger einer Religion ausgaben. Eine Religion kann bei der Aufstellung ethischer Grundsätze hilfreich sein, doch es läßt sich durchaus über Ethik und Moral reden, ohne sich dabei auf eine Religion zu beziehen.

Hier läßt sich wiederum einwenden, daß wir, wenn wir die Religion nicht als Quelle eines ethischen Konzepts akzeptieren, hinnehmen müssen, daß die Vorstellungen der Menschen über richtig und gut, über schlecht und falsch, über moralische Angemessen- und Unangemessenheit ganz nach den Umständen, ja sogar von Person zu Person variieren. Dazu möchte ich sagen, daß niemand davon ausgehen sollte, daß es je möglich sein wird, ein Gerüst aus Regeln oder Gesetzen zu errichten, das uns aus jedem ethischen Dilemma hilft, selbst wenn wir die Religion als Grundlage der Moral anerkennen. Solch ein schematischer Ansatz könnte den Reichtum und die Vielfalt menschlicher Erfahrung niemals erfassen. Außerdem würde er dem Argument Vorschub leisten, daß wir lediglich dem Buchstaben dieses Gesetzeswerkes verpflichtet wären und nicht all unserem Handeln.

Das soll aber nicht heißen, daß man nicht versuchen sollte. Prinzipien aufzustellen, die als moralisch verbindlich gelten können. Ganz im Gegenteil: Wenn es überhaupt eine Chance für uns geben soll, unsere Probleme zu lösen, dann ist es unbedingt notwendig, daß uns so etwas gelingt. Wir brauchen Kriterien, um zum Beispiel zwischen dem Terrorismus als einem Mittel für politische Veränderungen und Mahatma Gandhis Prinzipien des gewaltlosen Widerstands unterscheiden zu können. Wir müssen nachweisen können, daß Gewalt gegen andere etwas Falsches ist. Und das muß uns auf eine Weise gelingen, die das Extrem eines rohen Absolutismus einerseits und das eines platten Relativismus andererseits vermeidet.

Mein eigener Standpunkt, der weder ausschließlich auf einem religiösen Glauben begründet ist noch auf einer neuen Idee, sondern schlicht auf gesundem Menschenverstand basiert, besagt, daß die Aufstellung bindender ethischer Prinzipien möglich ist, wenn wir von der Beobachtung ausgehen, daß wir alle Glück erstreben und Leid vermeiden wollen. Wir können nicht zwischen richtig und falsch unterscheiden, wenn wir nicht die Gefühle und das Leid anderer berücksichtigen. Aus diesem Grund und auch, weil, wie wir noch sehen werden, die Vorstellung einer absoluten Wahrheit außerhalb des Kontexts einer Religion schwerlich aufrechterhalten werden kann, ist ein ethisch-moralisches Verhalten nichts, an das wir uns halten, weil es für sich allein genommen etwas Richtiges ist. Wenn es darüber hinaus stimmt, daß diese Annahme von allen geteilt wird, dann folgt daraus, daß jeder einzelne Mensch das Recht hat, nach Glück zu streben und Leid zu vermeiden.

Daraus können wir ableiten, daß ein Kriterium zur Beurteilung einer moralischen Handlung darin besteht, wie ihre Auswirkung auf die Erfahrungen oder Glückserwartungen anderer ist. Eine Handlung, die diese verletzt oder ihnen Gewalt antut, ist potentiell unmoralisch.

Ich sage »potentiell«, weil die Folgen unserer Handlungen zwar wichtig sind, es aber noch andere Aspekte zu bedenken gilt, etwa die Frage nach der Absicht sowie die nach dem Wesen der Handlung selbst. Uns allen fallen Dinge ein, die wir getan und mit denen wir andere verletzt haben, obwohl das keineswegs in unserer Absicht lag. Ähnlich kann man sich unschwer Handlungen einfallen lassen, die vielleicht ein bißchen hart und aggressiv wirken und wohl auch weh tun, auf lange Sicht aber zum Glück anderer beitragen können. Die Bestrafung von Kindern fällt oftmals in diese Kategorie. Andersherum bedeutet der Umstand, daß unsere Handlungen freundlich und liebenswürdig erscheinen, noch lange nicht, daß sie positiv oder moralisch sind, falls unsere Absicht dabei egoistisch ist. Im Gegenteil, wenn wir etwa vorhaben, jemanden zu täuschen, dann ist geheuchelte Freundlichkeit eine höchst unselige Tat. Auch wenn dabei keine Gewalt im Spiel ist, hat so etwas doch durchaus einen verletzenden Aspekt. Und zwar nicht nur, weil es am Ende für den anderen schlecht ausgeht, sondern auch, weil es sein Vertrauen verletzt und seine Erwartung, ehrlich behandelt zu werden, enttäuscht.

Auch hier läßt sich leicht ein Fall vorstellen, bei dem ein Einzelner in guter Absicht und für das übergeordnete Wohl anderer zu handeln glaubt, sich in Wirklichkeit aber vollkommen unmoralisch verhält. Man kann da etwa an einen Soldaten denken, der seine Befehle gehorsam befolgt und gefangene Zivilisten exekutiert. Indem er seine Sache für gerecht hält, mag dieser Soldat glauben, daß solch eine

Handlung letztlich dem umfassenderen Wohl der Menschheit dient. Doch nach den Prinzipien der Gewaltlosigkeit, die ich angeführt habe, ist das Töten per Definition ein unmoralischer Akt. Das Befolgen solcher Befehle wäre somit ein zutiefst negatives Verhalten. Anders gesagt: Das Wesen unserer Handlungen ist ebenfalls wichtig, um entscheiden zu können, ob sie moralisch sind oder nicht, da bestimmte Handlungen der Definition nach negativ einzustufen sind.

Der womöglich wichtigste Faktor bei der Bestimmung des ethischen Werts einer Handlung liegt jedoch weder in ihrem Wesen noch in ihren Folgen. Da die Früchte unserer Taten nur selten uns allein zuzuschreiben sind – ob der Steuermann sein Boot heil durch den Sturm bringt, hängt nicht allein von seinen Handlungen ab –, sind die Folgen begreiflicherweise vielleicht sogar der am wenigsten entscheidende Faktor. Im Tibetischen lautet der Begriff für das, dem man bei der Bestimmung des ethischen Werts einer individuellen Handlung die größte Bedeutung beimißt, *kun long*. Wörtlich übersetzt bedeutet *kun* »gründlich« oder »aus der Tiefe«, und *long (wa)* bezeichnet den Vorgang, etwas erstehen, aufstehen oder erwachen zu lassen. Doch in dem Sinn, in dem es hier verwendet wird, bezeichnet kun long das, was gewissermaßen unsere Handlungen antreibt oder inspiriert, und zwar sowohl jene, die direkt beabsichtigt sind, als auch die, die in gewisser Weise unabsichtlich geschehen. Daher umfaßt dieser Ausdruck die Einheit des Menschen in Herz und Geist. Wenn diese gesund ist und uns zugute kommt, sind folglich auch unsere Handlungen (ethisch gesehen) gesund und anderen zuträglich.

Hier wird sicher deutlich, daß es sehr schwierig ist, kun long kurz und knapp zu übersetzen. Im allgemeinen wird der Begriff einfach mit »Motivation« wiedergegeben, doch damit wird die Spannweite seiner Bedeutung nicht erfaßt. Dem Wort »Disposition« fehlt die aktive Komponente des Tibetischen, obwohl es der Sache schon recht nahe kommt. Immer von der »Einheit von Herz und Geist« zu sprechen wäre dagegen recht umständlich. Man könnte das wohl zu »Geisteszustand« verkürzen, aber das würde wiederum die umfassendere Bedeutung vernachlässigen, die »Geist« im Tibetischen hat. Das Wort für Geist – *lo* – umschließt die Konzepte von Bewußtsein oder Bewußtheit neben denjenigen von Gefühl und Empfindung. Darin drückt sich die Erkenntnis aus, daß Gefühle und Gedanken nicht vollkommen voneinander getrennt werden können. So wird auch der Wahrnehmung einer Eigenschaft, etwa einer Farbe, eine gefühlsmäßige Dimension zugesprochen. Entsprechend gibt es auch keine bloße Empfindung ohne eine einhergehende Bewußtwerdung. Man schlußfolgert vielmehr, daß sich verschiedene Kategorien von Empfindungen unterscheiden lassen. Zum einen gibt es diejenigen, die vorwiegend instinktiver Natur sind, wie etwa das Zurückzucken beim Anblick von Blut, zum anderen sind da diejenigen, die eine stärkere rationale Komponente haben, wie etwa die Angst vor Verarmung. Der Leser wird gebeten, sich an diese Punkte zu erinnern, wenn ich von »Geist«, »Motivation«, »Disposition« und von »Geisteszuständen« spreche.

Daß es so ist, daß die Einheit von Herz und Geist eines jeden Menschen – seine Motivation im Augenblick einer Handlung – allgemein gesprochen der Schlüssel zur Bestimmung deren ethischen Gehalts ist, läßt sich leicht nachvollziehen, wenn wir daran denken, wie unsere Handlungen beeinflußt werden, wenn wir intensiv von negativen Gedanken und Gefühlen heimgesucht werden, etwa von Haß und Wut. In diesem Moment ist unser Geist (lo) in Aufruhr. Dadurch verlieren wir nicht nur unser Gefühl für die Angemessenheit und für das rechte Maß, sondern wir verlieren ebenfalls die möglichen Folgen unserer Handlungen für andere aus dem Auge. Ja, wir können derart abgelenkt werden, daß wir die Anliegen anderer und ihr Recht auf Glück völlig vergessen. Unter solchen Umständen werden sich unsere Handlungen, damit meine ich hier unsere Taten, Worte, Gedanken, Unterlassungen und Wünsche, mit ziemlicher Sicherheit schädlich in bezug auf das Glück anderer auswirken. Und das ganz unabhängig davon, wie unsere generellen Absichten ihnen gegenüber aussehen mögen oder ob das, was wir tun, bewußt beabsichtigt ist oder nicht. Nehmen wir eine Situation, in der wir mit einem Familienangehörigen in Streit geraten. Wie wir mit der aufgeladenen Atmosphäre zurechtkommen, die dabei entsteht, wird in großem Maß davon abhängen, welcher Beweggrund unseren Handlungen in diesem Augenblick zugrunde liegt – unserem kun long. Je weniger ruhig wir sind, desto wahrscheinlicher werden wir, selbst wenn wir tiefe Gefühle für die betreffende Person hegen, mit herben Worten negativ reagieren, und um so sicherer werden wir Dinge sagen oder tun, die wir später bereuen.

Oder stellen wir uns eine Situation vor, in der wir jemand anderen ein wenig beeinträchtigen, etwa indem wir ihn oder sie im Vorbeigehen versehentlich anrempeln und deshalb wegen unserer Unachtsamkeit beschimpft werden. Wir werden darüber wahrscheinlich leichter hinweggehen, wenn unsere Disposition (kun long) gesund und unser Herz von Mitgefühl erfüllt ist, als wenn wir unter dem Einfluß negativer Gefühle stehen. Wenn die treibende Kraft, die hinter unseren Handlungen steht, gesund ist, werden diese Handlungen aus sich heraus die Tendenz haben, zum Wohlergehen anderer beizutragen. Sie werden also wie von selbst moralisch sein. Und je mehr dies unser Standardzustand wird, desto seltener werden wir auf Provokationen negativ reagieren. Und selbst wenn uns dann doch mal der Kragen platzt, wird in diesem Ausbruch keinerlei Boshaftigkeit oder Haß mitschwingen. Meiner Ansicht nach ist daher das Ziel spiritueller und darum ethisch-moralischer Praxis die Veränderung und Vervollkommnung des kun long eines jeden Einzelnen – damit wir bessere Menschen werden.

Je mehr es uns gelingt, Herz und Geist durch die Kultivierung spiritueller Qualitäten weiterzuentwickeln, desto besser werden wir mit Anfeindungen fertigwerden, und desto größer ist die Wahrscheinlichkeit, daß unsere Handlungen ethisch gesund sind. Wenn es mir gestattet ist, möchte ich als Beispiel von mir selbst sprechen: Diese Auffassung von Ethik oder Moral bedeutet für mich, daß ich ständig darum bemüht bin, einen positiven oder gesunden Geisteszustand zu pflegen. Zugleich versuche ich, anderen gegenüber so hilfreich zu sein, wie ich nur kann. Indem ich mich außerdem vergewissere, daß die Substanz meiner Handlungen, soweit es mir möglich ist, ähnlich positiv ist, reduziere ich die Wahrscheinlichkeit, daß ich unmoralisch handele. Wie effektiv diese Strategie ist, welche Folgen sie also kurz- oder langfristig für das Wohlergehen anderer hat, ist unmöglich vorherzusagen. Doch angenommen, daß ich mich beständig bemühe und unter allen Umständen aufmerksam bleibe, dann sollte ich eigentlich niemals Grund zu Reue haben. Und ich weiß wenigstens, daß ich mein Bestes getan habe.

Die Darstellung, die ich in diesem Kapitel von der Beziehung zwischen Ethik und Spiritualität gegeben habe, berührt nicht die Frage, wie wir aus moralisch-ethischen Zwickmühlen herausfinden; darauf komme ich später noch. Ich wollte zunächst nur das Thema Ethik umreißen und es zu den menschlichen Grunderfahrungen von Glück und Leid in Beziehung setzen – womit ich zugleich die Probleme außen vor ließ, die sich ergeben, wenn man Ethik rein religiös begründet. Fakt ist, daß die Mehrheit der Menschen die Notwendigkeit von Religionen heutzutage nicht einsieht; außerdem gibt es Verhaltensweisen, welche die eine religiöse Tradition akzeptiert, die andere aber nicht. Was den Begriff der »geistigen Revolution« angeht, so hoffe ich verdeutlicht zu haben, daß eine solch geistige Revolution eine ethisch-moralische Revolution nach sich zieht.

3.

Die bedingte Entstehung und das Wesen der Wirklichkeit

Bei einer öffentlichen Gesprächsrunde, an der ich vor einigen Jahren in Japan teilnahm, sah ich ein paar Leute auf mich zukommen, die einen Blumenstrauß in den Händen trugen. Ich erhob mich in der Erwartung, ihre Gabe zu empfangen, doch zu meiner Verblüffung gingen sie an mir vorbei und legten die Blumen auf den Altar hinter mir. Peinlich berührt setzte ich mich wieder. Wieder einmal war ich daran erinnert worden, daß die Art und Weise, in der Dinge und Ereignisse sich entwickeln, nicht immer mit unseren Erwartungen übereinstimmt. Ja, dieser Umstand – daß zwischen unserer Wahrnehmung und der Wirklichkeit einer Situation oft eine Lücke klafft – ist die Quelle vielen Unglücks. Das trifft, wie in diesem Beispiel, besonders zu, wenn wir auf der Grundlage eines nur teilweise vorhandenen Verständnisses urteilen und sich diese Bewertung als nicht ganz richtig erweist.

Ehe wir uns damit beschäftigen, worin eine geistige und ethische Revolution bestehen mag, sollten wir daher ein bißchen über das Wesen der Wirklichkeit nachdenken. Die enge Verknüpfung zwischen der Weise, wie wir uns selbst im Verhältnis zu der von uns bewohnten Welt wahrnehmen, und unserem Verhalten als Reaktion darauf hat zur Folge, daß unser Verständnis der Phänomene von entscheidender Bedeutung ist. Wenn wir die Phänomene nicht begreifen, wächst die Wahrscheinlichkeit, daß wir Dinge tun, die uns und anderen schaden.

Im Verlaut unseres alltäglichen Lebens tun wir zahllose Dinge und nehmen durch unsere Sinnesorgane einen gewaltigen Input aller Eindrücke auf, die uns begegnen. Das Problem einer verfälschten Wahrnehmung, das in seiner Größenordnung natürlich schwankt, entsteht im allgemeinen aufgrund unserer Neigung, bestimmte Aspekte eines Ereignisses oder einer Erfahrung von der Gesamtheit abzutrennen und als Ganzes zu betrachten. Das führt zu einem verengten Blickwinkel und im weiteren zu falschen Erwartungen. Doch wenn wir über die Wirklichkeit als solche nachdenken, dann machen wir uns sehr schnell ihre unendliche Komplexität bewußt und stellen lest, daß wir sie mit unserer gewohnheitsmäßigen Wahrnehmung nicht angemessen erfassen. Wäre das nicht so. dann gäbe es den Begriff des Irrtums nicht. Würden die Dinge und Ereignisse sich immer gemäß unserer Erwartung darstellen, dann wüßten wir nicht, was wir unter einer Illusion oder einem falschem Verständnis verstehen sollten.

Um die Komplexität dieser Vorgänge zu begreifen, ist mir das Konzept der »abhängigen« oder »bedingten Entstehung« (*ten del* im Tibetischen) sehr hilfreich, das von der Madhyamika (Mittlerer Weg)-Schule der buddhistischen Philosophie entwickelt wurde. Ihr zufolge können wir auf drei unterschiedliche Weisen begreifen, wie Dinge und Ereignisse entstehen. Auf der ersten Stufe versteht man unter abhängiger oder bedingter Entstehung das Prinzip von Ursache und Wirkung: Alle Dinge und Ereignisse entstehen in Abhängigkeit von einem komplexen Netz miteinander verflochtener Ursachen und Bedingungen. Das wiederum heißt, daß kein Ding oder Ereignis in unserer Vorstellung so gedacht werden kann, daß es aus sich selbst heraus Existenz gewinnt oder beibehält. Wenn ich zum Beispiel etwas Ton nehme und ihn forme, kann ich einem Becher zur Existenz verhelfen. Dieser Becher existiert aus der Wirkung meines Tuns heraus. Doch zugleich wirken sich in ihm auch unzählige andere Ursachen und vorausgegangene Bedingungen aus. Dazu gehört etwa, daß sich der Ton mit Wasser vermischt hat und so das Ausgangsmaterial bildet. Doch um dieses zu bilden, mußten sich Moleküle, Atome und noch winzigere Teilchen zusammenfinden (die selbst alle wiederum von unzähligen anderen Faktoren abhängen). Weiter sind da die Umstände, die meinen Entschluß herbeiführten, diesen Becher anzufertigen. Und da sind weiter die zusammenwirkenden Bedingungen meiner Bewegungen, während ich den Ton forme. All diese verschiedenen Faktoren verdeutlichen, daß mein Becher nicht unabhängig von seinen Ursachen und Vorbedingungen zu existieren beginnen kann: Er entsteht durch Bedingungen und Abhängigkeiten.

Auf der zweiten Stufe läßt sich ten del im Verhältnis der wechselseitigen Abhängigkeit begreifen, die zwischen dem Ganzen und seinen Teilen besteht. Ohne die Teile gibt es kein Ganzes; ohne ein Ganzes ergibt die Vorstellung von Teilen keinen Sinn. Damit soll nicht bestritten werden, daß die Vorstellung eines Ganzen auch in gewisser Weise auf Teilen basiert. Doch diese Teile müssen selbst wiederum als Ganzheiten betrachtet werden, die aus ihren eigenen Teilen bestehen.

Auf der dritten Stufe lassen sich sämtliche Phänomene als bedingt entstanden ansehen, denn wenn wir sie analysieren, stellen wir fest, daß sie letztlich keine unabhängige Identität haben. Das läßt sich verdeutlichen, indem wir betrachten, wie wir von bestimmten Phänomenen sprechen. So setzen sich zum Beispiel die Begriffe »Handlung« und »Handelnder« gegenseitig voraus, ebenso wie »Eltern« und »Kind«. Jemand kann nur ein Elternteil sein, wenn er oder sie Kinder hat. Und umgekehrt wird jemand nur Sohn oder Tochter genannt, wenn es Eltern gibt oder gab. Dieselbe Beziehung gegenseitiger Abhängigkeit finden wir in den Worten, mit denen wir Berufe beschreiben. Ein Mensch wird Bauer genannt, weil er in der Landwirtschaft arbeitet oder Viehzucht betreibt, und Ärzte tragen diese Bezeichnung, weil sie sich medizinisch betätigen.

Auf etwas differenziertere Art lassen sich Dinge und Ereignisse meiner Ansicht nach als bedingt entstanden begreifen, wenn wir zum Beispiel fragen: Was genau ist ein Tonbecher? Wenn wir etwas benennen wollen, benutzen wir dabei den Begriff, mit dem wir die endgültige Identität beschreiben. Dabei stellen wir fest, daß die reine Existenz des Bechers – und entsprechend die Existenz aller anderen Phänomene – in gewissem Maß vorläufig und durch eine Konvention festgelegt ist. Wenn wir fragen, ob seine Identität durch seine Gestalt, seine Funktion oder seine speziellen Bestandteile (also seine Existenz aus einer Mischung von Wasser und Ton) bestimmt wird, dann fällt uns auf, daß der Begriff »Becher« nichts als eine verbale Bezeichnung ist. Es gibt keine einzelne Eigenschaft, die ihn definieren würde. Und genausowenig tut das die Gesamtheit seiner Merkmale. Wir können uns Becher verschiedener Formen vorstellen, die allesamt dennoch Becher sind. Und weil wir von seiner Existenz eigentlich nur im Zusammenhang mit einer komplexen Verkettung von Ursachen und Bedingungen sprechen können, hat er so gesehen keine einzelne ihn definierende Eigenschaft. Anders gesagt: er existiert nicht in und aus sich selbst heraus, sondern ist bedingt entstanden.

Was geistige Phänomene angeht, so sehen wir auch bei ihnen eine Abhängigkeit. Hier besteht sie zwischen dem Wahrnehmenden und dem Wahrgenommenen. Nehmen wir als Beispiel eine Blume. Zuerst muß ein Sinnesorgan vorhanden sein, damit die Wahrnehmung einer Blume überhaupt entstehen kann. Als zweites brauchen wir eine Voraussetzung – in diesem Fall ist es die Blume selbst. Damit sich, drittens, eine Wahrnehmung ergibt, muß etwas vorhanden sein, was das Augenmerk des Wahrnehmenden auf das Objekt lenkt. Dann entsteht, durch die kausale Verknüpfung dieser Bedingungen, ein kognitiver Vorgang, den wir die Wahrnehmung einer Blume nennen. Nun wollen wir untersuchen, was genau diesen Vorgang ausmacht. Ist es nur die Tätigkeit des Sinnesorgans? Ist es nur die Wechselwirkung zwischen dessen Fähigkeit und der Blume? Oder ist es noch etwas anderes? Letztlich werden wir feststellen, daß wir das Konzept der Wahrnehmung nicht begreifen können – außer im Zusammenhang einer unendlich komplexen Reihe von Ursachen und Bedingungen.

Wenn wir das Bewußtsein selbst zum Gegenstand unserer Untersuchung machen, obwohl wir zu der Annahme neigen, daß es sich bei ihm um etwas Wesentliches und Unwandelbares handelt, stellen wir ebenfalls fest, daß wir es besser verstehen, wenn wir es im Rahmen der abhängigen oder bedingten Entstehung betrachten. Das kommt daher, weil es schwierig ist, neben einer individuellen Wahrnehmung, Erkenntnis und Empfindung eine unabhängig existierende Entität zu postulieren. Das Bewußtsein ist daher mehr ein Konstrukt, das aus einem breiten Spektrum komplexer Ereignisse erwächst.

Um das Konzept der bedingten Entstehung zu begreifen, kann man sich auch mit dem Phänomen der Zeit befassen. Für gewöhnlich kommt es uns so vor, als gebe es eine unabhängig existierende Entität, die wir Zeit nennen. Wir sprechen von vergangener, gegenwärtiger und zukünftiger Zeit. Doch wenn wir genauer hinsehen, stellen wir fest, daß auch dieses Konzept lediglich auf Konvention basiert. Wir merken, daß der Begriff »gegenwärtiger Augenblick« nur ein Etikett ist, das wir dem Übergang von der Vergangenheit zur Zukunft anheften. Wir können die Gegenwart nicht dingfest machen. Nur einen Sekundenbruchteil vor der vermuteten Gegenwart liegt die Vergangenheit; nur einen Sekundenbruchteil nach ihr ist bereits Zukunft. Doch wenn wir sagen, daß der gegenwärtige Moment »jetzt« ist, dann befindet sich das Wort bereits in der Vergangenheit, wenn wir es ausgesprochen haben. Wenn wir dabei bleiben wollten, daß es dennoch einen einzelnen Moment gibt, der untrennbar weder der Vergangenheit noch der Zukunft angehört, dann gäbe es überhaupt keinen Grund mehr, Vergangenheit, Gegenwart und Zukunft zu unterscheiden. Gäbe es diesen unteilbaren einzelnen Moment, dann hätten wir nichts als die Gegenwart. Ohne die Vorstellung einer Gegenwart wird es jedoch andererseits schwierig, von einer Vergangenheit oder Zukunft zu sprechen, da beide eindeutig durch die Gegenwart bedingt sind. Würden wir nun aber aus unseren Überlegungen den Schluß ziehen, daß es gar keine Gegenwart gibt, dann müßten wir nicht nur die allgemeine Konvention, sondern auch unsere eigene Erfahrung verwerfen. Denn wenn wir betrachten, wie wir Zeit erfahren, dann stellen wir fest, daß die Vergangenheit immer verschwindet und die Zukunft immer erst kommt: Wir erleben nur Gegenwart.

Wohin führen uns diese Beobachtungen? Kein Zweifel, alles wird einigermaßen kompliziert, wenn man auf diese Weise an die Zeit herangeht. Die eher zufriedenstellende Schlußfolgerung liegt sicher darin, wirklich eine Gegenwart anzunehmen. Aber wir können sie nicht von Natur aus oder objektiv erfassen. Die Gegenwart entsteht bedingt durch Vergangenheit und Zukunft.

Und wie hilft uns das weiter? Was haben diese Überlegungen für einen Wert? Es stecken ein paar wichtige Folgerungen in ihnen. Wenn wir feststellen, daß alles, was wir wahrnehmen und erfahren, aus einer unendlichen Verkettung von Ursachen und Bedingungen rührt, dann verändert sich unsere gesamte Perspektive. Wir beginnen zu verstehen, daß man das Universum, das wir bewohnen, wie einen lebenden Organismus betrachten kann, in dem jede Zelle in aufeinander abgestimmter Weise mit jeder anderen Zelle zusammenwirkt, damit das Ganze im Gleichgewicht bleibt. Wird nur eine dieser Zellen wie durch eine Krankheit beschädigt, dann wird auch die Ausgewogenheit verletzt, und das Ganze gerät in Gefahr. Das wiederum legt nahe, daß unser persönliches Wohlergehen sowohl eng mit dem aller anderen verwoben ist als auch mit der Umgebung, in der wir leben. Es wird auch deutlich, daß jede unserer Handlungen, jede Aktion, jedes Wort, jeder Gedanke – ganz egal, wie nebensächlich oder folgenlos sie uns erscheinen mögen – Auswirkungen hat: nicht allein für uns selbst, sondern ebenso für alle anderen.

Wenn wir außerdem die Wirklichkeit unter dem Blickwinkel der bedingten Entstehung betrachten, dann löst uns das von unserer Angewohnheit, Dinge und Ereignisse als feste, unabhängige, für sich existierende Einheiten anzusehen. Das ist nützlich, denn es ist diese Angewohnheit, die uns dazu verführt, innerhalb einer beliebigen Situation ein, zwei Aspekte aus unserem Erfahrungsschatz zu überhöhen, sie stellvertretend für die gesamte Wirklichkeit zu halten und dabei die Komplexität des Ganzen zu übersehen.

Ein Verständnis der Wirklichkeit, wie es dieses Konzept der bedingten Entstehung mit sich bringt, konfrontiert uns mit einer bedeutenden Herausforderung: Wir sind gefordert, die Dinge und Ereignisse weniger schwarzweiß, sondern vielmehr als komplexes Beziehungsgeflecht zu betrachten, in dem sich Einzelaspekte nur schwerlich festmachen lassen. Außerdem wird es mühsam, in absoluten Begriffen zu sprechen. Und weiter: Wenn sämtliche Phänomene von anderen Phänomenen abhängen und kein Phänomen unabhängig existieren kann, dann müssen wir auch unser geliebtes Ich als etwas ansehen, das auf andere Weise existiert, als wir gemeinhin annehmen. Ja, wenn wir uns dem Wesen des Ich oder Selbst analytisch nähern, dann löst sich seine scheinbare Solidität noch schneller auf als die des Tonbechers oder des gegenwärtigen Augenblicks. Denn während der Becher etwas Handfestes ist, auf das wir zeigen können, ist unser Ich eher flüchtig: Es wird schnell deutlich, daß seine Identität ein Konstrukt ist. Letztlich stellen wir dann fest, daß unsere gewohnte klare Unterscheidung zwischen dem »Ich« und den »anderen« völlig übertrieben ist.

Damit will ich nicht abstreiten, daß jedes menschliche Wesen natürlicher- und richtigerweise ein starkes Ich-Empfinden hat. Auch wenn wir nicht wissen, warum das so ist, so ist dieses Gefühl doch vorhanden. Aber lassen Sie uns betrachten, was dieses Etwas, das wir Ich oder Selbst nennen, eigentlich ausmacht. Ist es der Geist? Es kann passieren, daß der Geist eines Menschen überaktiv oder depressiv wird. Dann kann ein Arzt ein Medikament verschreiben, damit sich das Wohlbefinden dieser Person verbessert. Darin zeigt sich, daß wir von unserem Geist in gewisser Weise wie von einem Besitz des Ich denken. Und in der Tat, bei näherer Betrachtung zeigt sich, daß Äußerungen wie »mein Körper«, »meine Worte« oder »meine Meinung« alle den Aspekt des Besitzens beinhalten. Daher läßt sich schlecht einsehen, wie der Geist das Selbst bilden könnte (obwohl es buddhistische Philosophen gab, die versucht haben, das Ich mit dem Bewußtsein gleichzusetzen). Wären das Ich und das Bewußtsein dasselbe, dann müßte man absurderweise daraus folgern, daß der Handelnde und die Handlung, der Denkende und die vom Denken bewirkte Aktion identisch sind. Wir müßten weiter daraus folgern, daß das agierende Ich, das »weiß«, und das Wissen als solches ein und dasselbe wären. Unter diesem Blickwinkel wäre es auch schwer einzusehen, wie das Ich als unabhängige Erscheinung außerhalb des Geist-Körper-Verbunds existieren könnte. Für mich legt das wiederum nahe, daß unsere gewohnheitsmäßige Auffassung vom Ich in gewissem Sinn nur ein Etikett für ein komplexes Netzwerk aus verwobenen Phänomenen ist.

Lassen Sie uns an dieser Stelle einen Schritt zurückgehen und noch einmal überprüfen, wie sich normalerweise unser Verhältnis zum Ich äußert. Wir sagen: »Ich bin groß; ich bin klein; ich mache dies; ich mache das«, und niemand stellt es in Frage. Was wir meinen, wird deutlich, und jeder schließt sich bereitwillig dieser Konvention an. Auf dieser Ebene befinden wir uns ganz in Übereinstimmung mit diesen Aussagen. Die Konvention gehört zu jedem Alltagsgespräch und paßt zur landläufigen Erfahrung. Doch das bedeutet nicht, daß etwas tatsächlich existiert, nur weil auf diese Weise davon gesprochen wird. Hier gibt es lediglich ein Wort, das sich auf etwas bezieht. Deshalb muß die dazugehörige Entität aber noch lange nicht vorhanden sein. Von Konventionen kann man sagen, daß sie gültig sind, wenn sie einem Wissen nicht widersprechen, das entweder empirisch, also durch Erfahrung, oder durch Schlußfolgerung erworben wurde, und weiter, wenn sie als Grundlage allgemeiner Gespräche dienen, in denen wir Begriffe wie »wahr« und »falsch« verwenden. Dennoch kann man davon ausgehen, daß das Ich – wie auch alle anderen Phänomene –, obwohl es als Konvention vollkommen angemessen ist, von denjenigen Konzepten und Benennungen abhängt, die wir dem Begriff jeweils zuweisen. Stellen wir uns in diesem Zusammenhang eine Situation vor, in der wir in der Dämmerung ein zusammengerolltes Seil mit einer Schlange verwechseln. Wir verharren reglos und haben Angst. Obwohl wir in Wirklichkeit ein Stück Seil sehen, halten wir es im Dämmerlicht für eine Schlange, weil wir »vergessen« haben, was es in Wirklichkeit ist, und es falsch interpretieren. Eigentlich hat ein aufgerolltes Seil mit einer Schlange nicht das geringste zu tun – außer in der Weise, die wir uns einbilden. Wir haben ihre Existenz einem unbelebten Gegenstand zugeschrieben. Die Schlange selbst ist nicht vorhanden. Und so ist es auch mit der Vorstellung eines unabhängig existierenden Ich oder Selbst.

Wir werden auch feststellen, daß schon das bloße Konzept eines Ich relativ ist. Denken Sie zum Beispiel an jene Situationen, in denen wir uns selbst beschuldigen. Wir sagen etwa: »Bei der und der Sache war ich von mir selbst enttäuscht.« Wir sprechen davon, daß wir uns über uns selbst ärgern. Das legt nahe, daß es eigentlich zwei verschiedene Ichs gibt, eins, das sich falsch verhalten hat, und eins, das kritisiert. Das erste ist ein Ich in bezug auf eine spezielle Erfahrung oder ein bestimmtes Ereignis; das zweite ergibt sich aus einem Blickwinkel, der das Ich als umfassende Instanz erfaßt. Doch auch wenn es sinnvoll ist, einen inneren Dialog zu führen, so ist doch zu jeder beliebigen Zeit nur ein einziges durchgängiges Bewußtsein vorhanden. Ähnlich erkennen wir auch, daß die persönliche Identität eines Einzelnen viele verschiedene Aspekte hat.

Was zum Beispiel mich selbst angeht, so gibt es die Wahrnehmung von einem Ich, das Mönch ist, von einem, das Tibeter ist, von einem, das aus der tibetischen Region Amdo stammt, und so weiter. Manche dieser Ichs sind älter als andere – so existierte etwa dasjenige, das Tibeter ist, vor dem, das Mönch ist, denn Mönchsnovize wurde ich erst mit sieben Jahren. Und das Ich, das Flüchtling ist, entstand erst 1959. Anders gesagt: ein Grundelement besteht aus vielen Facetten. Alle sind Tibeter, denn dieses Ich – oder diese Identität – ist seit meiner Geburt vorhanden. Doch alle werden sie anders bezeichnet. Für mich stellt das einen weiteren Grund dar, die inhärente Existenz des Ich zu bezweifeln. Wir können daher nicht sagen, daß es irgendeine Eigenschaft ist, die letzten Endes mein Ich ausmacht, ebensowenig wie alle Eigenschaften zusammen. Denn selbst wenn ich eine oder mehrere davon aufgeben würde, existierte die Wahrnehmung eines Ich doch trotzdem weiter.

Genausowenig, wie wir die endgültige Identität eines soliden Gegenstands finden können, läßt sich also per Analyse ein einzelnes Etwas finden, das sich als Ich identifizieren läßt – es entzieht sich uns. Statt dessen müssen wir wohl schlußfolgern, daß dieses kostbare Ding, das uns so am Herzen liegt und für das wir einen solchen Aufwand betreiben, damit es geschützt wird und sich wohlfühlt, am Ende genausowenig dingfest zu machen ist wie ein Regenbogen am Sommerhimmel.

Wenn es also stimmt, daß kein Gegenstand oder Phänomen – und nicht einmal das Ich – inhärent existiert, müssen wir dann daraus schließen, daß eigentlich überhaupt nichts existiert? Oder ist die Wirklichkeit, die wir wahrnehmen, nur eine Projektion des Geistes, neben der es weiter nichts gibt? Nein. Wenn wir sagen, daß Dinge und Ereignisse nur im Rahmen ihrer bedingten Natur entstehen können und daß sie keine eigene, ihnen innewohnende Wirklichkeit, Existenz oder Identität besitzen, dann leugnen wir damit nicht die Existenz von Phänomenen überhaupt. Die »Identitätslosigkeit« der Phänomene verweist vielmehr auf die Art und Weise, in der Dinge existieren: nicht unabhängig, sondern gewissermaßen voneinander abhängig. Es liegt mir völlig fern, die Vorstellung von der Wirklichkeit der Phänomene in Frage zu stellen, aber ich denke, daß das Konzept der bedingten Entstehung uns einen soliden Rahmen liefert, in dem Ursache und Wirkung, Wahrheit und Unwahrheit, Übereinstimmung und Unterschied, Schaden und Nutzen ihren Platz finden. Daher ist es völlig falsch, aus dieser Vorstellung so etwas wie einen nihilistischen Erklärungsansatz für die Wirklichkeit abzuleiten. Ein schlichtes Nichts, in dem es keinen Raum dafür gibt, daß ein Objekt dies, aber nicht etwas anderes ist, ist überhaupt nicht meine Sache. Wenn wir nämlich das Nichtvorhandensein einer wesentlichen Identität zum Gegenstand weiterer Untersuchungen machen, um dessen wahre Natur herauszufinden, dann finden wir die Identitätslosigkeit der Identitätslosigkeit und immer so weiter bis ins Unendliche – und daraus müssen wir schließen, daß selbst das Nichtvorhandensein einer von innen heraus kommenden Existenz nur als Konvention existiert.

Eine der vielversprechendsten Entwicklungen der modernen Wissenschaft ist die Quantentheorie. Sie scheint, zumindest bis zu einem gewissen Grad, das Konzept der bedingten Entstehung der Phänomene zu untermauern. Ich kann nicht für mich in Anspruch nehmen, diese Theorie zu verstehen, doch die Feststellung, daß es auf der subatomaren Ebene schwierig wird, deutlich zwischen dem Beobachter von etwas und dem Beobachteten selbst zu unterscheiden, deutet in die Richtung einer Natur der Wirklichkeit, wie ich sie hier umrissen habe. Aber ich möchte an dieser Stelle nicht zuviel Gewicht auf diesen Punkt legen. Was die Wissenschaft heute als wahr ansieht, mag sich sehr wohl wieder ändern. Neue Entdeckungen bedeuten ja, daß das, was heute als richtig anerkannt ist, morgen womöglich wieder in Zweifel gezogen wird. Außerdem, auf welche Grundlage wir die Einsicht, daß Dinge und Ereignisse nicht unabhängig voneinander existieren, auch stellen, die Konsequenzen sind sich in jedem Fall recht ähnlich.

Ein solches Verständnis von der Wirklichkeit erlaubt uns weiterhin zu erkennen, daß die scharfe Trennung, die wir zwischen dem Ich und anderen machen, weitgehend das Ergebnis einer Gewohnheit ist. Dennoch läßt sich annehmen, daß man sich an eine erweiterte Vorstellung vom Ich gewöhnen kann, in deren Rahmen jemand seine oder ihre Interessen mit den Interessen anderer verbindet und sie angleicht. Wenn jemand zum Beispiel an seine oder ihre Heimat denkt und sagt: »Wir sind Tibeter« oder »Wir sind Franzosen«, dann begreift dieser Mensch seine Identität als etwas, das über das einzelne Ich hinausgeht.

Hätte das Ich eine Identität aus sich heraus, dann könnte man über ein Eigeninteresse sprechen, das vollkommen losgelöst von den Interessen anderer existiert. Doch weil das nicht so ist, weil das Ich und die anderen nur in bezug aufeinander gesehen werden können, sind – so erkennen wir – die eigenen Interessen und die Interessen der anderen auf ähnliche Weise miteinander verbunden. Ja, wir erkennen, daß im Rahmen dieser Vorstellung einer bedingt entstandenen Wirklichkeit kein Eigeninteresse vollkommen von den Interessen anderer losgelöst ist. Aufgrund der fundamentalen Verknüpfung, die das Wesen der Wirklichkeit durchdringt, ist Ihr Interesse auch mein Interesse. Daraus erkennt man, daß »mein« Interesse und »Ihr« Interesse sehr eng miteinander verbunden sind. In einem tieferen Sinn nähern sie sich sogar einander an.

Wenn wir es recht bedenken, dann beginnen wir zu verstehen, daß wir kein Phänomen vollkommen von anderen Phänomenen trennen können. Im Grunde können wir auch nur in Begriffen reden, die Bezüge ausdrücken. Wenn wir einräumen, daß zwischen Wahrnehmung und Wirklichkeit oft eine Diskrepanz besteht, dann sollten wir aber auf keinen Fall bis ins Extrem gehen und voraussetzen, daß es hinter der Erscheinungswelt einen Bereich gibt, der irgendwie »wirklicher« ist, denn dann könnten wir in den

Fehler verfallen, die alltäglichen Erfahrungen als Illusion mißzuverstehen. Und das wäre völlig falsch. Wenn wir die komplexere Wirklichkeitsauffassung akzeptieren, nach der alle Dinge und Ereignisse miteinander verknüpft sind, dann bedeutet das nicht, daß wir die ethischen Prinzipien, die wir zuvor darlegten, nicht als bindend verstehen können, selbst wenn es unter diesem Aspekt schwierig wird, in absoluten Begriffen zu reden, wenigstens außerhalb eines religiösen Zusammenhangs. Im Gegenteil, das Konzept der bedingten Entstehung zwingt uns, die Wirklichkeit von Ursache und Wirkung äußerst ernst zu nehmen. Damit meine ich den Umstand, daß bestimmte Ursachen bestimmte Folgen nach sich ziehen und daß bestimmte Taten Leid hervorbringen, während andere Glück schaffen. Daher liegt es in jedermanns Interesse, das zu tun, was zum Glück führt, und das zu vermeiden, was zum Leid führt. Und weil, wie wir sahen, unser aller Interessen unauflöslich miteinander verknüpft sind, sind wir genötigt, die Ethik als unentbehrliches Bindeglied zwischen meinem Wunsch nach Glück und dem Ihrem zu akzeptieren.

4.

Das Ziel wird neu bestimmt

Ich sagte, daß wir alle von Natur aus nach Glück streben und Leid zu vermeiden suchen. Des weiteren legte ich dar, daß dies Rechte sind, aus denen wir meiner Ansicht nach ableiten können, daß eine ethische Handlung andere Menschen nicht in ihrem Glückserleben oder in ihrer Glückserwartung beeinträchtigt.

Lassen Sie uns nun über das Wesen des Glücks nachdenken. Als erstes ist festzustellen, daß es sich dabei um eine relative Qualität handelt und wir es je nach den Umständen auf unterschiedliche Weise erleben. Was den einen Menschen froh macht, kann für den anderen eine Quelle des Leids sein. Die meisten von uns würden entsetzlich darunter leiden, den Rest ihres Lebens im Gefängnis verbringen zu müssen. Doch ein Krimineller, dem die Todesstrafe droht, wäre wahrscheinlich sehr glücklich darüber, wenn sein Urteil in ein »Lebenslänglich« umgewandelt würde. Zweitens ist es wichtig zu erkennen, daß wir dieses eine Wort »Glück« zur Beschreibung höchst verschiedener Zustände benutzen (im Tibetischen ist das besonders augenfällig, denn hier bedeutet der entsprechende Ausdruck – *de wa* – auch »Freude« oder »Vergnügen«). Wir können Glück empfinden, wenn wir an einem heißen Tag in einem kühlen Bergsee baden; wir haben Glück, wenn wir bestimmte Idealzustände erreichen, wie etwa bei dem Gewinn des großen Loses; wir sprechen aber auch in bezug auf die einfachen Freuden des Familienlebens von Glück.

Bei diesem letzten Fall ist Glück eher ein Zustand, der trotz aller Höhen und Tiefen und gelegentlicher Unterbrechungen von Dauer ist. Doch im Fall des kühlen Bergsees ist es notwendig vorübergehend, da es die Folge von Tätigkeiten ist, die den Sinnen guttun sollen. Wenn wir zu lange im Wasser bleiben, fangen wir an zu frieren. Ja, das Glück, das wir aus solchen Aktivitäten ziehen, hängt geradezu von deren Kurzlebigkeit ab. Im Fall des Lottogewinns kommt es dagegen darauf an, was für ein Mensch diesen Gewinn macht, um entscheiden zu können, ob das viele Geld dauerhaftes Glück bringt oder nur eines, das bald von den Problemen und Schwierigkeiten abgelöst wird, die mit Geld allein nicht zu bewältigen sind. Doch ganz allgemein gesagt ist das Glück, das Geld vielleicht bringen mag, meist von jener Art, die man für Geld eben kaufen kann: materielle Dinge und Sinnesfreuden. Und die, so stellen wir fest, können wiederum zu einer Quelle der Sorgen werden. Was reale Besitztümer betrifft, so müssen wir einräumen, daß sie uns im Leben oft mehr anstatt weniger Probleme bereiten. Der Wagen streikt, wir verlieren Geld, etwas Kostbares wird uns gestohlen, in unserem Haus bricht Feuer aus – und wenn das nicht passiert, dann fürchten wir, daß es passieren könnte. Wäre das nicht so – würden die obengenannten Handlungen und Umstände nicht die Saat des Leids in sich tragen –, dann würde unser Glück immer größer, denn je mehr wir uns ihnen hingäben (genau wie Schmerzen immer schlimmer werden), desto mehr wirkte ihre Ursache auf uns ein. Doch so ist es nicht. Denn während es uns wohl gelegentlich so vorkommt, als hätten wir das vollkommene Glück gefunden, so entpuppt sich diese scheinbare Vollkommenheit doch immer wieder als so flüchtig wie ein Tautropfen auf einem Blatt: Für kurze Zeit funkelt er in der Sonne, aber schon bald ist er verschwunden.

Daran sieht man, warum es ein Fehler ist, zu viele Hoffnungen an materielle Dinge zu knüpfen. Das Problem liegt nicht im Materialismus als solchem. Es ergibt sich vielmehr aus der zugrundeliegenden Annahme, daß vollkommene Zufriedenheit allein aus der Befriedigung der Sinne entstehen kann. Anders als Tiere, deren Glücksstreben auf ihr Überleben und auf die direkte Befriedigung ihrer sensorischen Bedürfnisse beschränkt ist, haben wir Menschen die Möglichkeit, ein tiefergehendes Glück zu erleben, das, wenn es erlangt wird, in der Lage ist, gegenteilige Erfahrungen zu überlagern. Stellen Sie sich einen Soldaten in einer Schlacht vor. Er ist verwundet, doch die Schlacht ist gewonnen. Die Befriedigung, die er aufgrund des Sieges erfährt, bewirkt vermutlich, daß sein Leiden durch die Verletzung deutlich geringer ist als das eines Soldaten mit einer vergleichbaren Verletzung auf der Verliererseite.

Diese menschliche Fähigkeit, tiefergehende Glückserfahrungen zu machen, erklärt auch, warum etwa Musik oder Kunstgegenstände ein größeres Maß an Glück vermitteln können als der bloße Erwerb materieller Dinge. Doch obwohl ästhetische Erlebnisse eine Glücksquelle sein können, haben sie doch immer noch eine starke sinnliche Komponente. Musik ist etwas für die Ohren, bildende Kunst für die Augen, Tanz für den Körper. Und auch die Befriedigung, die in Arbeit und Beruf erzielt wird, erwächst meist aus Sinneswahrnehmungen. Für sich allein kann sie uns nicht jenes Glück verschaffen, das wir uns erträumen.

Hier kann man einwenden, daß es zwar sehr nett ist, das vergängliche Glück vom dauerhaften zu unterscheiden, das flüchtige dem echten gegenüberzustellen, daß aber, wenn zum Beispiel jemand zu verdursten droht, Wasser das einzig relevante Glück für ihn bedeutet. Das ist unbestreitbar. Wenn es ums Überleben geht, werden unsere Bedürfnisse derart dringlich, daß sich der größte Teil unserer Anstrengungen darauf richtet, sie zu befriedigen. Doch weil der Überlebensdrang aus körperlichen Bedürfnissen herrührt, folgt daraus, daß eine physische Befriedigung immer auf das beschränkt bleibt, was die Sinnesorgane vermitteln können. Daraus abzuleiten, daß wir unter allen Umständen die sofortige Befriedigung der Sinne anstreben sollten, wäre wohl kaum gerechtfertigt. Denn wenn wir genauer hinsehen, erkennen wir, daß die kurze Hochstimmung, die wir bei der Befriedigung von Sinnesimpulsen erleben, sich nicht sehr von dem unterscheidet, was vermutlich ein Drogensüchtiger empfindet, wenn er seinen Drang stillt: Die vorübergehende Erleichterung wird bald vom Verlangen nach mehr abgelöst. Und genauso, wie die Einnahme von

Drogen letzten Endes nur Schwierigkeiten verursacht, verhält es sich auch mit vielem, was wir tun, um unsere unmittelbaren sinnlichen Bedürfnisse zu befriedigen. Damit will ich nicht sagen, daß das Vergnügen, das wir aus bestimmten Aktivitäten gewinnen, irgendwie schlecht ist. Doch wir sollten einräumen, daß keine Aussicht darauf besteht, die Sinne dauerhaft zufriedenzustellen. Das Vergnügen, das uns ein gutes Essen bereitet, kann allenfalls so lange dauern, bis wir zum nächstenmal Hunger verspüren. Ein früher indischer Autor schrieb: »Die Befriedigung der Sinne ist wie das Trinken von Salzwasser: Je mehr wir trinken, desto größer werden Bedürfnis und Durst.«

Ein Großteil dessen, was ich als inneres Leiden bezeichnet habe, läßt sich auf unsere impulsive Hinwendung auf das Glück zurückführen. Wir halten nicht inne, um die Komplexität einer Situation zu bedenken, sondern wir neigen dazu, in die Richtung loszubrausen, die den schnellsten Weg zur Befriedigung verspricht. Damit berauben wir uns nur allzu oft der Möglichkeit, ein größeres Maß an Erfüllung zu erreichen. Das ist eigentlich recht seltsam. Unseren Kindern erlauben wir im allgemeinen nicht, alles zu tun, was sie gerade wollen, denn uns ist klar, daß sie, zum Beispiel, wahrscheinlich die ganze Zeit nur spielen anstatt lernen würden, wenn wir ihnen diese Freiheit ließen. Also lassen wir sie das unmittelbare Vergnügen des Spiels opfern und zwingen sie zum Lernen – wir denken hier mehr an den langfristigen Effekt. Und obwohl sie weniger Spaß haben, wird eine solide Grundlage für ihre Zukunft gelegt. Doch als Erwachsene ignorieren wir dieses Prinzip häufig. Wir übersehen zum Beispiel, daß ein Ehepartner, der seine oder ihre ganze Zeit nur den eigenen Neigungen widmet, dem anderen mit Sicherheit Leid bereitet. Und wenn so etwas passiert, dann wird die Ehe mit der Zeit immer mühsamer aufrechtzuerhalten sein. Ähnlich nehmen wir oft nicht wahr, daß Eltern, die ihre Kinder vernachlässigen, weil sie sich nur füreinander interessieren, ihnen ohne Zweifel Schaden zufügen.

Wenn wir unsere Bedürfnisse immer unmittelbar zu befriedigen suchen, ohne die Interessen anderer einzubeziehen, untergraben wir die Möglichkeit zu langfristigem Glück. Wenn wir etwa mit zehn anderen Familien in der Nachbarschaft leben, uns aber nie für deren Wohlergehen interessieren, dann berauben wir uns der Chance, aus ihrer Gesellschaft Nutzen zu ziehen. Bemühen wir uns dagegen um Freundlichkeit und denken auch an ihr Wohl, dann sorgen wir für ihr und unser Glück zugleich. Stellen Sie sich vor, Sie lernen jemand Neues kennen. Vielleicht gehen Sie zusammen essen. Das kostet zwar ein bißchen Geld, aber es eröffnet auch die Möglichkeit einer freundschaftlichen Beziehung, die über viele Jahre hinweg Vorteile bringen mag. Wenn wir umgekehrt jemanden kennenlernen und auf eine Gelegenheit warten, ihn zu betrügen, dann haben wir vielleicht im Moment eine Summe Geldes gewonnen, höchstwahrscheinlich aber auch jede Möglichkeit zerstört, aus der Beziehung zu dieser Person einen langfristigen Nutzen zu ziehen.

Lassen Sie uns nun über das Wesen dessen nachdenken, was ich als »echtes Glück« bezeichnet habe. Vielleicht kann ich mit meiner eigenen Erfahrung hier einiges veranschaulichen. Als buddhistischer Mönch hat man mich in der Praxis, in der Philosophie und in den Prinzipien des Buddhismus unterwiesen. Doch eine praktische Ausbildung bezüglich der Anforderungen, die das moderne Leben an mich stellt, habe ich so gut wie gar nicht erhalten. Im Lauf meines Lebens mußte ich enorme Verantwortung tragen und mit vielen Problemen fertigwerden. Als ich sechzehn war, wurde Tibet besetzt, und ich verlor meine Freiheit. Als ich mit vierundzwanzig ins Exil gehen mußte, verlor ich auch meine Heimat. Seitdem habe ich vierzig Jahre lang als Flüchtling in einem fremden Land gelebt, wenngleich es sich bei diesem Land um meine geistig-spirituelle Heimat handelt. Während dieser Zeit habe ich versucht, meinen Flüchtlingsgefährten zu dienen – und auch, soweit wie irgend möglich, meinen in Tibet verbliebenen Landsleuten. Bis heute hat unser Heimatland unermeßliche Zerstörungen und Leiden hinnehmen müssen. Und ich habe nicht nur meine Mutter und andere enge Familienmitglieder verloren, sondern auch liebe Freunde. Und obwohl es mich natürlich traurig macht, wenn ich an all diese Verluste denke, bin ich doch meistens ruhig und zufrieden, was meine Gemütslage angeht. Und selbst wenn Schwierigkeiten auftauchen, wie es nun einmal unvermeidbar ist, tangieren sie mich im allgemeinen nur wenig. Ich kann, ohne zu zögern, von mir sagen, daß ich glücklich bin.

Meiner Erfahrung nach ist das Hauptmerkmal echten Glücks Frieden – innerer Frieden. Damit meine ich nicht so ein Gefühl, wie »high« zu sein. Ich meine damit auch nicht die Abwesenheit von Gefühl. Nein, der Frieden, den ich beschreiben möchte, wurzelt im Gegenteil in der Anteilnahme an anderen und beinhaltet ein hohes Maß an Sensibilität und Gefühl, wenngleich ich für mich persönlich nicht in Anspruch nehmen kann, es hierin sehr weit gebracht zu haben. Ich schreibe meinen »Frieden« eher dem Bemühen zu, Anteilnahme für andere zu entwickeln.

Die Tatsache, daß innerer Frieden das Hauptmerkmal des Glücks ist, erklärt das scheinbare Paradoxon, daß es auf der einen Seite Menschen gibt – so jemanden kennen wir sicher alle –, die unzufrieden bleiben, obwohl sie materiell mit allem versorgt sind, während auf der anderen Seite Menschen existieren, die den allerschwierigsten Umständen zum Trotz glücklich bleiben. Denken Sie an die achtzigtausend Tibeter, die unser Land in den Monaten nach meiner Flucht ins Exil verließen, um in das von der indischen Regierung angebotene Asyl zu gelangen. Die Umstände, denen sie sich gegenübersahen, waren äußerst hart. Es gab kaum etwas zu essen und noch weniger Arzneimittel. In den Flüchtlingslagern gab es lediglich Zelte. Die meisten Menschen besaßen kaum mehr als die Kleider, die sie auf dem Leib trugen. Sie waren in dicke *chubas* (die traditionelle tibetische Kleidung) gekleidet, die unseren strengen Wintern angemessen sind, während sie in Indien leichte Baumwollsachen benötigt hätten. Und viele steckten sich mit furchtbaren Krankheiten an, die es in Tibet nicht gibt. Doch trotz all dieser Leiden zeigen die Überlebenden heute kaum Anzeichen von Traumata. Und selbst damals verloren nur wenige völlig den Mut, und noch weniger ließen sich von den Sorgen und der Verzweiflung überwältigen. Ich möchte sogar behaupten, daß die meisten, nachdem sie den ersten Schock überwunden hatten, recht optimistisch blieben und, ja, sogar glücklich.

Was ich hiermit sagen will: Wenn es uns gelingt, diese Art inneren Friedens zu entwickeln, dann wird unser grundlegendes Wohlbefinden intakt bleiben, gleichgültig, welchen Schwierigkeiten wir uns im Leben gegenübersehen. Außerdem folgt daraus, daß wir uns irren, wenn wir annehmen, daß äußere Faktoren uns vollkommen glücklich machen können, wenngleich ihre Bedeutung außer Frage steht.

Zweifellos tragen unsere Veranlagung, unsere Erziehung und unsere Lebensumstände zu unserer Erfahrung im Umgang mit dem Glück bei. Und wir können wohl alle bestätigen, daß der Weg zum Glück beschwerlich sein kann, wenn bestimmte Bedingungen nicht erfüllt werden. Sehen wir uns das also näher an. Gesundheit, Freunde, Freiheit und ein gewisser Wohlstand sind hilfreich und kostbar. Gesundheit erklärt sich von selbst; wir wünschen sie uns alle. Ähnlich wünscht und braucht jeder von uns Freunde, ganz unabhängig von unserer Lebenslage oder davon, wie erfolgreich wir sind. Mich haben zum Beispiel Uhren immer fasziniert, und obwohl ich diejenige, die ich meistens trage, ganz besonders schätze, bringt sie mir doch niemals Zuneigung entgegen. Um das befriedigende Gefühl der Liebe zu erfahren, brauchen wir Freunde, die unsere Zuneigung erwidern. Natürlich gibt es verschiedene Arten von Freunden. Manche sind allerdings nur mit dem gesellschaftlichen Status von jemandem befreundet, mit Geld und Ruhm, aber nicht mit der Person, die diese Dinge besitzt. Ich meine hier hingegen nur diejenigen Freunde, die uns auch helfen, wenn wir in einer schwierigen Lebenslage sind, und nicht jene, die ihre Beziehung auf äußere und oberflächliche Dinge gründen.

Eine Freiheit im Sinne einer Unabhängigkeit, die es uns gestattet, unser Glück anzustreben und eine eigene Meinung zu vertreten und zu äußern, trägt ebenso zu unserem inneren Frieden bei. Es gibt Gesellschaften, in denen das nicht möglich ist und in denen es Spitzel gibt, die in allen gesellschaftlichen Gruppierungen herumspionieren, selbst in den Familien. Das unausweichliche Resultat davon ist, daß die Menschen ihr Vertrauen zueinander verlieren. Sie werden argwöhnisch und zweifeln die Beweggründe des anderen an. Und wenn das Grundvertrauen eines Menschen einmal zerstört ist, wie soll er dann glücklich sein können?

Auch Wohlergehen – weniger im Sinne eines materiellen Überflusses als im Hinblick auf eine geistige und emotionale Lebendigkeit – trägt deutlich zu unserem inneren Frieden bei. Hierzu möchte ich noch einmal an die tibetischen Flüchtlinge erinnern, denen es trotz ihres Mangels an Gütern gutgeht.

Jeder dieser Faktoren spielt also bei der Entwicklung des persönlichen Wohlbefindens eine wichtige Rolle. Doch ohne ein elementares Gefühl von innerem Frieden und Sicherheit sind sie nutzlos. Warum? Weil, wie wir sahen, unsere Besitztümer selbst eine Quelle der Angst darstellen. Dazu gehört zum Beispiel auch unser Job, wenn wir uns darum sorgen, ihn zu verlieren. Selbst unsere Freunde und Angehörigen können zum Anlaß von Sorgen werden, sie können erkranken und unserer Hilfe bedürfen, wenn wir gerade durch wichtige Angelegenheiten gebunden sind. Sie können sich sogar gegen uns wenden und uns hintergehen. Und ähnlich ist es auch mit unseren Körpern: Wie fit und schön sie im Moment auch sein mögen, letztlich werden sie vom Alter heimgesucht. Und genausowenig sind wir jemals vor Krankheit und Schmerz gefeit. Es besteht also keine Aussicht auf dauerhaftes Glück, wenn uns der innere Frieden fehlt.

Doch wo können wir ihn finden? Es gibt darauf keine definitive Antwort, doch eines ist sicher: Innerer Frieden kommt nicht durch äußere Faktoren zustande. Und einen Arzt danach zu fragen wäre natürlich müßig – mehr als ein Antidepressivum oder ein Schlafmittel könnte er uns nicht anbieten. Auch kein noch so hochentwickelter und schnell funktionierender Computer oder eine andere Maschine könnte uns diesen so wichtigen Wert verschaffen. Meiner Ansicht nach verhält es sich mit der Entwicklung des inneren Friedens, von dem das dauerhafte und daher erfüllende Glück abhängt, genau wie mit jeder anderen Aufgabe im Leben: Wir müssen Ursachen und Bedingungen dafür erkunden und diese umsichtig weiterentwickeln. Dabei werden wir feststellen, daß dazu ein zweifacher Ansatz nötig ist. Zum einen müssen wir uns gegen jene Faktoren wappnen, die zerstörerisch wirken, und zum anderen müssen wir jene Aspekte kultivieren, die ihnen förderlich sind.

Eine der wichtigsten Bedingungen ist unsere Grundeinstellung. Lassen Sie mich das anhand eines weiteren persönlichen Beispiels veranschaulichen. Heute bin ich meist gelassen, doch früher war ich oft aufbrausend und neigte zu einer Ungeduld, die sich bisweilen zu Wutanfällen steigern konnte. Und natürlich gibt es auch heute noch Zeiten, in denen ich meinen Gleichmut verliere. In einer solchen Phase kann das kleinste Ärgernis solch unangemessene Dimensionen annehmen, daß es mich ganz erheblich aus dem Gleichgewicht bringt. So kann es zum Beispiel passieren, daß ich morgens aufwache und ohne einen besonderen Grund schlecht gelaunt bin. In diesem Zustand können mich selbst Dinge ärgern, die mir sonst eigentlich gefallen. Unter Umständen brauche ich nur auf meine Uhr zu sehen, und schon steigt Ärger in mir hoch. Sie scheint nichts weiter als eine materielle Unwichtigkeit und damit eine Quelle weiteren Leidens zu sein. Doch an anderen Tagen wache ich auf und finde meine Uhr wunderschön, so fein, so ausgeklügelt. Aber natürlich ist es dieselbe Uhr. Was ist anders? Werden meine Empfindungen – Abscheu heute, Zufriedenheit morgen – allein durch den Zufall bestimmt? Oder ist hier ein neurologischer Mechanismus am Werk, über den ich keine Kontrolle habe? Obwohl meine jeweilige Verfassung damit zu tun haben mag, so ist der entscheidende Faktor doch meine geistige Einstellung. Unserer Grundhaltung, so wie wir äußeren Umständen gegenüberstehen, gilt daher bei jeder Überlegung über die Erlangung inneren Friedens die erste Betrachtung. Der große indische Gelehrte und Lehrer Shantideva merkte einmal an, wir hätten keine Aussicht, jemals genug Leder aufzutreiben, um die Welt damit zu bedecken, damit wir uns nie einen Dorn in den Fuß stechen könnten, aber das sei auch nicht nötig, denn es reiche ja, unsere Fußsohlen mit Leder zu bedecken. Mit anderen Worten: Wenn wir die äußeren Umstände nicht so verändern können, daß sie uns passend erscheinen, können wir immer noch unsere Einstellung ändern.

Die andere Hauptquelle für inneren Frieden – und damit für echtes Glück – liegt natürlich in den Maßnahmen, die wir auf unserer Suche nach dem Glück ergreifen. Sie lassen sich in diejenigen unterteilen, die einen positiven Beitrag leisten, in solche, deren Auswirkungen neutral sind, und in jene, die sich negativ auswirken. Wenn wir überlegen, was solche Handlungen, die zum dauerhaften Glück beitragen, von jenen unterscheidet, die nur ein vorübergehendes Wohlgefühl vermitteln, dann erkennen wir, daß letztere keinen eigenen positiven Wert besitzen. Wir haben zum Beispiel Appetit auf etwas Süßes oder wünschen uns ein modisches Kleidungsstück oder wollen eine neue Erfahrung machen. Wirklich nötig ist das alles nicht. Wir wollen die Sache einfach haben oder die Erfahrung oder das Gefühl genießen, und wir setzen dieses Bedürfnis in die Tat um, ohne richtig darüber nachzudenken. Ich sage nicht, daß das grundsätzlich falsch ist. Die Lust auf Greifbares gehört zur menschlichen Natur: Wir wollen sehen, wir wollen berühren, wir wollen haben. Doch wie ich schon früher erwähnte, ist dabei die Einsicht höchst wichtig, daß Dinge, die wir allein um des Vergnügens willen begehren, die Neigung haben, uns letztlich Probleme zu bereiten. Und mehr noch, wir stellen fest, daß sie genau wie das Glück, das durch die Befriedigung solcher Bedürfnisse entsteht, flüchtig sind.

Wir sollten auch erkennen, daß es genau dieses mangelnde Interesse an den Folgen ist, das hinter so extremen Handlungen steckt wie solchen, jemandem Schmerz zuzufügen oder gar jemanden zu töten – was die Bedürfnisse eines Menschen sicher auch für kurze Zeit befriedigen kann –, obwohl diese Bedürfnisse negativer Natur sind. Oder nehmen wir wirtschaftliche Aktivitäten: Die Jagd nach Profit, ohne an mögliche negative Folgen zu denken, kann, wenn sie erfolgreich ist, zweifellos große Freude auslösen, doch letzten Endes entsteht Leid. Die Umwelt ist vergiftet; unsere rücksichtslose Vorgehensweise ruiniert andere; die Bomben, die wir produzieren, bringen Tod und Verderben.

Was die Aktivitäten betrifft, die zu innerem Frieden und dauerhaftem Glück führen können, so wollen wir überlegen, was passiert, wenn wir etwas in Angriff nehmen, das uns lohnend und sinnvoll erscheint. Vielleicht fassen wir den Plan, ein Stück karges Land zu kultivieren und mit viel Arbeit fruchtbar zu machen. Wenn wir Tätigkeiten dieser Art betrachten, dann fällt uns auf, daß sie viel Umsicht erfordern. Verschiedene Faktoren müssen gegeneinander abgewogen werden, darunter sowohl die wahrscheinlichen als auch die möglichen Folgen für uns und andere. Bei diesem Bewertungsprozeß stellt sich die Frage nach der Moral – ob unsere Absichten ethisch vertretbar sind – wie von selbst. Während man anfangs vielleicht den Impuls verspürt, zur Erlangung des Erwünschten betrügerisch vorzugehen, sagt uns die Einsicht, daß wir auf diese Weise zwar zeitweiliges Glück erlangen mögen, daß die langfristigen Konsequenzen eines solchen Verhaltens aber vermutlich eher Ärger nach sich ziehen werden. Daher stellen wir bewußt diese eine Vorgehensweise zugunsten einer anderen zurück. Und wenn wir unser Ziel mit Einsatz und Hingabe ansteuern und dabei sowohl den schnellen Nutzen für uns als auch den langfristigen Beitrag zum Glück anderer in Betracht ziehen und den ersten zugunsten des zweiten opfern, dann erlangen wir jenes Glück, das sich durch inneren Frieden und echte Zufriedenheit auszeichnet. Deutlich wird das anhand unserer unterschiedlichen Reaktionen auf Unannehmlichkeiten. Wenn wir Urlaub machen, freuen wir uns besonders auf die Muße, die wir haben werden. Wenn wir uns dann aber aufgrund schlechten Wetters, aufgrund des verhangenen Himmels und des Regens nicht im Freien entspannen können, verflüchtigt sich unser Glück ganz schnell. Geht es uns bei einer Sache jedoch nicht in erster Linie um die kurzfristige Befriedigung, sondern haben wir ein konkretes Ziel vor Augen, dann machen uns Unbequemlichkeiten, Hunger oder Müdigkeit kaum etwas aus. Mit anderen Worten: Altruismus ist ein wesentlicher Bestandteil jener Handlungen, die zu echtem Glück führen.

Zwischen den Handlungen, die wir moralisch oder ethisch, und jenen, die wir geistig oder spirituell nennen, sollten wir eine wichtigen Unterschied erkennen. Eine moralische Tat ist eine, bei der wir davon Abstand nehmen, das Glückserleben oder die Glückserwartung anderer zu beeinträchtigen. Geistige Aktivitäten hingegen können wir mit der Begrifflichkeit jener Qualitäten beschreiben, die ich weiter oben anführte, also Liebe, Mitgefühl, Geduld, Vergebung, Demut, Toleranz und so weiter, die alle ein bestimmtes Maß an Interesse am Wohl anderer voraussetzen. Solche »geistigen Handlungen«, deren Beweggrund nicht in kleinlichem Egoismus, sondern in der Anteilnahme an anderen besteht, kommen schließlich uns selbst zugute. Und nicht nur das – darüber hinaus geben sie unserem Leben Sinn. Das ist jedenfalls meine Erfahrung. Wenn ich auf mein Leben zurückblicke, kann ich, ohne zu zögern, sagen, daß solche Dinge wie das Amt des Dalai Lama samt der politischen Macht, die es mir überträgt, und einschließlich des relativen Wohlstands, den es mir zur Verfügung stellt, nicht einmal einen Bruchteil zu meinem Glück beitragen, verglichen mit dem Glück, das ich empfand, wenn ich anderen Gutes tun konnte.

Hält dieses Gedankenmodell einer Untersuchung stand? Ist ein Verhalten, das von dem Wunsch bestimmt wird, anderen zu helfen, der effektivste Weg zu echtem Glück? Bedenken Sie folgendes: Wir Menschen sind soziale Wesen. Wir kommen in diese Welt, weil andere Menschen gehandelt haben. Auch um zu überleben, sind wir auf andere angewiesen. Ob es uns gefällt oder nicht, es gibt kaum einen Augenblick im Leben, in dem wir nicht von den Handlungen anderer profitieren. Daher ist es eigentlich nicht verwunderlich, daß ein Großteil unseres Glücks im Rahmen der Beziehungen zu anderen entsteht. Es ist auch nicht so sehr bemerkenswert, daß wir die intensivste Freude empfinden, wenn dem Motiv für unsere Taten die Sorge um andere zugrunde liegt. Doch das ist ja nicht alles. Denn wir stellen fest, daß altruistisches Verhalten nicht nur Glück schafft, sondern auch unser Leid verringert. Damit meine ich nicht, daß ein Mensch, dessen Handlungen darauf abzielen, andere glücklich zu machen, weniger Härten im Leben erdulden muß als jemand, der das nicht tut. Krankheit, Alter und andere Beschwernisse ereilen uns alle. Doch jene Leiden, die unseren inneren Frieden untergraben – Ängste, Zweifel, Enttäuschungen –, treten eindeutig weniger auf. Wenn wir uns um andere bemühen, sorgen wir uns weniger um uns selbst. Und wenn wir uns weniger um uns selbst sorgen, dann ist die Empfindung unserer eigenen Leiden weniger intensiv.

Was sagt uns das? Erstens: Weil jede unserer Handlungen eine universelle Komponente und damit möglicherweise Einfluß auf das Glück anderer hat, ist die Ethik ein notwendiges Element, das sicherstellt, daß andere nicht durch uns verletzt werden. Zweitens lehrt es uns, daß echtes Glück in jenen geistig-seelischen Eigenschaften wie Liebe, Hingabe, Geduld, Toleranz, Vergebung und so weiter besteht. Denn diese sind es, die das Glück herbeiführen – unseres und das der anderen.

5.

Das bedeutendste Gefühl

Während einer Europareise nahm ich jüngst die Gelegenheit wahr, das Konzentrationslager in Auschwitz zu besuchen. Obwohl ich über diesen Ort schon viel gehört und gelesen hatte, traf mich das Erlebnis völlig unvorbereitet. Meine erste Reaktion auf den Anblick der Öfen, in denen Hunderttausende von Menschen verbrannt worden waren, bestand in kompletter Abscheu. Die Berechnung und die Gefühlskälte, von denen sie so grauenhaftes Zeugnis ablegten, verschlugen mir die Sprache. Dann sah ich in dem

Museum, das Teil dieser Anlage ist, eine Sammlung von Schuhen. Viele von ihnen waren klein oder geflickt und hatten offensichtlich Kindern oder armen Leuten gehört. Das deprimierte mich besonders. Was konnten sie denn Schlimmes oder Verwerfliches getan haben? Ich blieb stehen und betete tief berührt – sowohl für die Opfer wie auch für die Täter, die diese Katastrophe verursacht hatten –, daß so etwas niemals wieder geschehen möge. Und im Wissen, daß wir alle nicht nur die Fähigkeit haben, selbstlos für das Wohl anderer zu handeln, sondern auch potentielle Mörder und Folterer sind, gelobte ich, alles in meiner Kraft Stehende zu tun, um dafür zu sorgen, daß so etwas niemals wieder geschieht.

Erlebnisse wie dieses in Auschwitz rufen uns auf brutale Weise in Erinnerung, was geschehen kann, wenn Einzelne – und in deren Folge ganze Gesellschaften – die elementaren menschlichen Gefühle aus dem Blick verlieren. Es war unbedingt notwendig, daß man Gesetzeswerke und internationale Abkommen dazu eingesetzt hat, um gegen zukünftige Katastrophen dieser Art gewappnet zu sein, doch wir haben alle erkennen müssen, daß solche Scheußlichkeiten dennoch immer wieder vorkommen. Viel wichtiger und wirksamer als solche Regeln ist es deshalb, daß wir bereits auf einer ganz schlichten, menschlichen Ebene Rücksicht auf die Gefühle anderer nehmen.

Wenn ich von grundlegenden menschlichen Gefühlen rede, dann denke ich dabei nicht nur an etwas Fließendes und Vages. Ich meine damit die Fähigkeit, die wir alle besitzen, wenn es darum geht, sich in andere einzufühlen. Im Tibetischen nennen wir sie *shen dug ngal wa la mi sö pa.* Wörtlich übersetzt bedeutet das, »die Unfähigkeit, das Leid eines anderen mitanzusehen«. Wenn es diese Eigenschaft ist, die uns befähigt, den Schmerz anderer nachzuempfinden und in gewissem Maß zu teilen, dann gehört sie zu unseren wesentlichsten Merkmalen. Sie läßt uns auffahren, wenn wir einen Hilfeschrei hören; sie läßt uns beim Anblick von Unrecht, das jemandem zugefügt wird, zurückschrecken; sie läßt uns leiden, wenn wir mit den Leiden anderer konfrontiert werden. Und sie zwingt uns dazu, selbst dann die Augen nicht zu verschließen, wenn wir das Leid anderer am liebsten ignorieren möchten.

Stellen Sie sich vor, Sie laufen eine Straße entlang, die bis auf einen älteren Menschen vor Ihnen leer ist. Plötzlich stolpert dieser Mensch und fällt hin. Was tun Sie? Ich bin mir sicher, daß die Mehrzahl der Leser hingehen würde, um zu helfen. Vielleicht nicht alle. Doch selbst bei denen, die es nicht tun, wird zumindest, wenn vielleicht auch schwach, jenes Gefühl der Anteilnahme auftauchen, das die meisten dazu bewegt, ihre Hilfe anzubieten. Wenn ich einräume, daß nicht jeder Mensch einem anderen hilft, der in Not geraten ist, dann soll das nicht bedeuten, daß bei diesen wenigen Ausnahmen diese Fähigkeit des Einfühlens, die ich als universell bezeichnet habe, vollkommen fehlt. Sicher kann man sich Menschen vorstellen, die – vielleicht nach jahrelangen Kriegserlebnissen – vom Leid anderer nicht mehr berührt werden. Das könnte auch auf jene zutreffen, die in Gegenden leben, in denen eine Atmosphäre der Gewalt und Gleichgültigkeit anderen gegenüber herrscht. Man könnte sich sogar einige Menschen vorstellen, die in Jubel ausbrechen, wenn sie andere leiden sehen. Doch das beweist nicht, daß die Fähigkeit des Sich-Einfühlens nicht auch in ihnen existiert. Daß wir es alle mögen, wenn man uns freundlich begegnet – vielleicht mit Ausnahme extrem gestörter Menschen –, legt doch nahe, daß die Fähigkeit des Sich-Einfühlens in uns erhalten bleibt, auch wenn wir innerlich verhärten.

Diese Eigenschaft, die Bedürfnisse anderer bewußt zu achten, ist meiner Ansicht nach eine Widerspiegelung unserer »Unfähigkeit, das Leid eines anderen mitanzusehen«. Ich sage das, weil wir neben unserer natürlichen Fähigkeit, uns in andere einzufühlen, auch das Bedürfnis nach der Freundlichkeit und Güte anderer haben; es durchzieht unser ganzes Leben wie ein roter Faden. Am augenfälligsten ist es, wenn wir jung und wenn wir alt sind. Aber auch in der Blüte unserer Jahre müssen wir nur krank werden, um uns daran zu erinnern, wie wichtig es ist, geliebt und umsorgt zu werden. Auch wenn es manchmal eine Tugend zu sein scheint, immer sachlich zu bleiben, so muß doch ein Leben, dem dieser kostbare Bestandteil fehlt, in Wirklichkeit ziemlich elend sein. Es ist sicher kein Zufall, daß sich bei den meisten Kriminellen zeigt, daß sie in ihrem Leben einsam waren und daß ihnen Liebe fehlte.

Dieser Sinn für Freundlichkeit spiegelt sich auch in unseren Reaktionen auf das Lächeln eines Menschen wider.

Für mich gehört die Fähigkeit zu lächeln zu unseren wunderbarsten Eigenschaften. Kein Tier kann es. Kein Hund, kein Wal oder Delphin, die alle sehr intelligent sind und die eine deutliche Affinität zu uns Menschen haben, kann so lächeln wie wir. Ich fühle mich immer ein bißchen komisch, wenn ich jemanden anlächle und mein Gegenüber ernst bleibt und keine Reaktion zeigt. Umgekehrt freut sich mein Herz, wenn mein Lächeln erwidert wird. Selbst wenn mich jemand anlächelt, mit dem ich überhaupt nichts zu tun habe, rührt mich das an. Aber warum? Die Antwort darauf ist sicherlich, daß ein echtes Lächeln etwas Grundlegendes in uns anspricht – unsere angeborene Freude an der Freundlichkeit.

Trotz der zahlreichen Meinungen, die unterstellen, daß der Mensch sich von Natur aus aggressiv und konkurrierend verhält, bin ich der Ansicht, daß unsere Wertschätzung von Zuneigung und Liebe so tief in uns eingepflanzt ist, daß sie sogar schon vor der Geburt beginnt. Ich bin mit einigen Wissenschaftlern befreundet, die bestätigen, daß es starke Indizien dafür gibt, daß der geistige und emotionale Zustand der Mutter sich sehr auf das Wohlbefinden ihres ungeborenen Kindes auswirkt: Es kommt dem Baby zugute, wenn die Mutter im Verlauf der Schwangerschaft froh und ausgeglichen ist. Eine glückliche Mutter bringt ein glückliches Kind zur Welt. Umgekehrt wirken sich Enttäuschungen und Ärger schädlich auf die Entwicklung des Kindes aus. Auch in den ersten Wochen nach der Geburt spielen Wärme und Zuneigung weiterhin eine überragende

Rolle bei der körperlichen Entwicklung des Neugeborenen. In dieser Phase wächst das Gehirn sehr schnell – viele Mediziner sind der Ansicht, daß dieser Prozeß durch den ständigen Hautkontakt mit der Mutter oder einer Ersatzperson gefördert wird. Das Baby mag nicht wissen oder wichtig finden, ob es wirklich die Mutter ist, doch offenbar hat es ein deutliches körperliches Bedürfnis nach Zuwendung. Vielleicht erklärt das auch, warum selbst die widerborstigsten, verstörtesten und paranoidesten Personen positiv auf die Zuneigung und Fürsorge anderer reagieren. Als Kleinkinder müssen sie schließlich von jemandem genährt worden sein. Wird ein Baby in dieser entscheidenden Phase vernachlässigt, hat es keine Überlebenschance.

Zum Glück kommt das nur sehr selten vor. Fast ausnahmslos besteht die erste Handlung einer Mutter darin, ihrem Kind ihre nährende Milch anzubieten – ein Vorgang, der für mich die bedingungslose Liebe symbolisiert. Ihre Zuneigung dabei ist vollkommen echt und ohne Berechnung: Sie erwartet keine Gegenleistung. Und was das Baby angeht, so wird es wie von selbst von der Mutterbrust angezogen. Warum? Natürlich kann man hier den Überlebensinstinkt anführen. Doch ich halte die Mutmaßung für vertretbar, daß es auch bei dem Neugeborenen ein gewisses Maß an Zuneigung zur Mutter gibt. Empfände es Abneigung, dann würde es sicher nicht an der Brust saugen. Wenn andererseits die Mutter eine Aversion empfände, dann ist fraglich, ob ihre Milch so ohne weiteres fließen würde. Doch statt dessen erleben wir eine Beziehung, die vollkommen selbstlos ist und auf Liebe und gegenseitiger Zärtlichkeit beruht. Die beiden haben sie von niemandem gelernt, keine Religion verlangt sie, kein Gesetz ordnet sie an, keine Schule hat sie ihnen beigebracht. Sie entsteht auf völlig natürliche Weise.

Diese instinktive Fürsorge der Mutter für ihr Kind, die offenbar auch bei vielen Tieren vorkommt, ist von entscheidender Bedeutung, denn sie legt den Schluß nahe, daß neben dem elementaren Liebesbedürfnis des Babys, das für sein Überleben so wichtig ist, auch die angeborene Fähigkeit der Mutter existiert, ihre Liebe zu geben. Sie ist so gewaltig, daß man fast an einen biologischen Wirkfaktor glauben möchte. Natürlich läßt sich jetzt einwenden, daß diese wechselseitige Liebe nichts als ein Überlebensmechanismus ist. Das mag wohl sein. Doch damit wird seine Existenz nicht bestritten, und es widerspricht auch nicht meiner Überzeugung, daß dieses Bedürfnis nach Liebe und diese Fähigkeit, sie zu geben, dafür sprechen, daß wir von Natur aus eigentlich liebende Wesen sind.

Wenn Ihnen das unwahrscheinlich vorkommt, dann denken Sie an unsere unterschiedlichen Reaktionen in bezug auf Liebe und Gewalt. Den meisten von uns macht Gewalt angst. Wenn man uns aber freundlich begegnet, dann reagieren wir mit größerem Zutrauen. Denken Sie auch an das Verhältnis von Frieden – als der Frucht der Liebe, wie wir sahen – und Gesundheit. Meinem Empfinden nach paßt unsere körperliche Konstitution besser zu Frieden und Ausgeglichenheit als zu Gewalt und Aggression. Wir wissen alle, daß Streß und Angst zu hohem Blutdruck und anderen negativen Symptomen führen können. In der tibetischen Medizin werden psychische und emotionale Belastungen als Ursache vieler ernsthafter Erkrankungen angesehen, darunter auch von Krebs. Auf der anderen Seite sind Frieden, Ruhe und Fürsorge wesentliche Bedingungen, um von einer Krankheit zu genesen. Es läßt sich also durchaus ein grundlegendes Bedürfnis nach Frieden ausmachen. Und warum ist das so? Weil Frieden auf Leben und Wachstum schließen läßt, während Gewalt nur in Richtung Elend und Tod zielt. Darum fasziniert uns die Vorstellung eines Paradieses oder eines Himmels so. Würde ein derartiger Platz als Austragungsort endloser Kriege und Streitigkeiten dargestellt, würden wir wohl lieber in dieser Welt bleiben.

Beachten Sie auch, wie wir auf das Phänomen des Lebens selbst reagieren. Wenn nach dem Winter der Frühling kommt, werden die Tage länger, die Sonne scheint häufiger, frisches Gras wächst, und wie von selbst hebt sich unsere Laune. Wenn dagegen der Winter kommt, beginnen die Blätter eines nach dem anderen zu fallen, und ein Großteil der Vegetation um uns herum wirkt wie tot. Niemanden verwundert es, daß wir in so einer Jahreszeit eher ein bißchen niedergeschlagen sein können. Das legt doch den Schluß nahe, daß unsere Natur das Leben dem Tod vorzieht, das Wachstum dem Verfall, die Entwicklung der Zerstörung.

Denken Sie auch daran, wie sich Kinder verhalten. An ihnen können wir häufig ablesen, was dem menschlichen Wesen selbstverständlich ist, ehe es hinter erlernten Vorstellungen zurücktritt. Ganz kleine Babys unterscheiden zum Beispiel nicht wirklich zwischen der einen und der anderen Person – für sie ist das Lächeln ihres Gegenübers bedeutend wichtiger als alles andere. Selbst wenn sie größer werden, bedeuten ihnen die Unterschiede der Rassen, Nationalitäten, Religionen oder familiären Hintergründe kaum etwas. Wenn sie anderen Kindern begegnen, wird nicht über solche Dinge geredet. Statt dessen fangen sie sofort an zu spielen, was ihnen viel wichtiger ist. Das ist keine bloße Schönfärberei. Immer wenn ich eins der europäischen Kinderdörfer besuche, in denen seit den frühen sechziger Jahren viele tibetische Flüchtlingskinder aufgezogen wurden, sehe ich, wie es tatsächlich ist. Man gründete diese Dörfer, um für Waisenkinder aus solchen Ländern sorgen zu können, die miteinander im Krieg liegen. Niemand war besonders überrascht, als sich zeigte, daß diese Kinder trotz ihrer unterschiedlichen Herkunft in völliger Harmonie miteinander lebten.

Nun ließe sich einwenden, daß wir zwar alle die Fähigkeit zu liebevoller Freundlichkeit teilen mögen, daß aber die menschliche Natur so beschaffen ist, daß wir diese Fähigkeit automatisch den Menschen vorbehalten, die uns am nächsten stehen. Wir sind zugunsten unserer Angehörigen und Freunde voreingenommen. Unsere Anteilnahme an jenen Menschen, die sich außerhalb dieses Kreises befinden, wird sehr von den betreffenden Umständen abhängen. Wer sich zum Beispiel bedroht fühlt, wird kaum sehr viel Wohlwollen für diejenigen aufbringen, die ihn bedrohen. Das ist alles völlig richtig. Ich streite auch nicht ab, daß unsere Anteilnahme an Mitmenschen, wie groß sie auch immer sein mag, nur selten stärker sein wird als unser Selbsterhaltungstrieb, wenn es um Leben und Tod geht. Doch das besagt nicht, daß die Fähigkeit zur Anteilnahme deswegen verschwunden ist. Selbst Soldaten helfen nach einer Schlacht oft den Gegnern, die Toten zu bergen und die Verletzten zu versorgen.

Alles, was ich hier über die Grundzüge unseres Wesens angeführt habe, soll nicht besagen, daß es keine negativen Seiten gibt. Wo es Bewußtsein gibt, da entstehen ganz von selbst natürlich auch Ablehnung, Haß und Gewalt. Auch wenn unser Wesen im Prinzip auf Freundlichkeit und Mitleid ausgerichtet ist, sind wir trotzdem alle auch in der Lage, grausam und haßerfüllt zu sein. Das ist der Grund, warum wir überhaupt kämpfen, und daher kommt es auch, daß selbst Menschen, die in einer völlig gewaltfreien Umgebung aufgewachsen sind, sich bisweilen in die schlimmsten Killer verwandelt haben. In diesem Zusammenhang fällt mir mein Besuch am Washington-Memorial vor ein paar Jahren ein, mit dem der Opfer und Widerstandskämpfer des Holocaust gedacht wird. Was mich am meisten anrührte, war, daß das Denkmal gleichzeitig verschiedene Ausprägungen menschlichen Verhaltens dokumentiert. Auf der einen Seite sind die Namen der Menschen aufgelistet, die unvorstellbaren Greueltaten zum Opfer fielen, auf der anderen erinnert es an den Mut und die Menschlichkeit jener christlichen Familien und Helfer, die furchtbare Risiken auf sich nahmen, um ihre jüdischen Brüder und Schwestern zu retten. Ich hielt es für vollkommen angemessen und notwendig, diese beiden Seiten menschlicher Möglichkeiten aufzuzeigen.

Doch die Existenz eines solch negativen Potentials rechtfertigt nicht die Annahme, daß das Wesen des Menschen per se gewaltsam oder auch nur auf Gewalt ausgerichtet ist. Vielleicht liegt einer der Gründe für die oft gehegte Annahme, daß der Mensch in erster Linie aggressiv sei, darin, daß wir ständig den schlimmen Meldungen durch die Medien ausgesetzt sind. Aber gute Nachrichten sind eben keine Nachrichten.

Wenn man sagt, daß das Wesen des Menschen nicht nur nicht gewalttätig, sondern auf Liebe und Mitleid, auf Freundlichkeit, Sanftheit, Zuwendung, auf Kreativität und so weiter ausgerichtet ist, dann drückt sich hierin ein allgemeines Prinzip aus, das definitionsgemäß auf jeden einzelnen Menschen anwendbar sein muß. Wie erklären wir uns dann die Existenz solcher Individuen, die ihr Leben offenbar ausschließlich der Gewalt und Aggression widmen? Allein im vergangenen Jahrhundert gab es etliche Beispiele dafür. Was ist mit Hitler und seinem Vorhaben, die ganze jüdische Rasse auszulöschen? Was ist mit Stalin und seinen Pogromen? Was mit dem Vorsitzenden Mao, dem Mann, den ich einst kennen- und bewundern lernte und der dann den barbarischen Wahnsinn der Kulturrevolution auslöste? Was ist mit Pol Pot, dem kambodschanischen Politiker, der einen Völkermord anzettelte? Und was ist mit denen, die aus Vergnügen foltern und morden?

Ich muß gestehen, daß ich für die monströsen Taten dieser Leute keinerlei Erklärung habe. Doch zwei Dinge sollte man bedenken. Erstens tauchen solche Leute nicht aus dem Nichts auf, sondern sie kommen aus einer bestimmten Gesellschaft, die zu einer bestimmten Zeit an einem bestimmten Ort existiert. Man muß ihr Verhalten also dahingehend betrachten. Zweitens müssen wir die Rolle erkennen, die die Vorstellungskraft bei ihren Taten spielte. Ihre Pläne wurden gemäß ihrer Visionen ausgeführt, auch wenn diese pervertiert waren. Ganz abgesehen davon, daß nichts die durch sie hervorgerufenen Leiden rechtfertigen kann, welche Erklärungen und guten Absichten sie auch immer ins Feld geführt haben mögen, so strebten jedenfalls Hitler, Stalin, Mao und Pol Pot jeweils eigene Ziele an. Wenn wir jene Aktivitäten untersuchen, die dem Menschen – im Gegensatz zum Tier – vorbehalten sind, dann stellen wir fest, daß diese Imaginationskraft ein entscheidendes Kriterium darstellt. Die Fähigkeit als solche ist von einzigartigem Wert. Doch ihre Anwendung entscheidet, ob die dazugehörigen Handlungen positiv oder negativ sind, ethisch oder unethisch. Der Beweggrund (kun long) ist daher der ausschlaggebende Faktor. Und während eine Vision, die von guten Motiven ausgeht – die also anderen Menschen das Bedürfnis und das Anrecht auf Glück und Leidensfreiheit zubilligt –, geradezu Wunder bewirken kann, ist ihr Zerstörungspotential unermeßlich groß, wenn sie sich von den elementaren menschlichen Empfindungen abkoppelt.

Bei denen, die aus Vergnügen töten oder die es – noch schlimmer – einfach so, ohne jeden Grund tun, können wir allenfalls mutmaßen, daß der Grundimpuls nach Fürsorge und Zuneigung, die auf andere gerichtet ist, tief verschüttet wurde. Selbst das muß aber noch nicht heißen, daß er vollkommen ausgelöscht ist. Wie ich weiter oben schon darlegte, ist es vorstellbar, daß selbst diese Menschen – die extremsten Fälle vielleicht ausgenommen – für Zuneigung empfänglich sind. Diese Grundveranlagung bleibt.

Der Leser muß meine Ansicht, daß der Mensch dem Wesen nach auf Liebe und Mitgefühl ausgerichtet ist, nicht unbedingt teilen, um zu erkennen, daß das Einfühlungsvermögen, das die Basis dafür bildet, von ausschlaggebender Bedeutung ist, wenn es um Moral und Ethik geht. Wir sahen schon, daß eine moralische Handlung eine »nichtverletzende« Handlung ist. Doch wie sollen wir feststellen, ob eine Handlung tatsächlich keine verletzenden Auswirkungen hat? Wenn wir in der Beziehung zu anderen nicht eine gewisse Nähe erreichen und uns dazu die möglichen Auswirkungen unserer Handlungen nicht wenigstens vorstellen können, dann haben wir in ganz konkreten Situationen keinerlei Kriterium, um zwischen richtig und falsch, zwischen an- und unangemessen, zwischen verletzend und nicht-verletzend zu unterscheiden. Könnten wir, so lautet die Schlußfolgerung, unser Einfühlungsvermögen – also unsere Wahrnehmungsfähigkeit in bezug auf das Leid anderer – erhöhen, dann könnten wir, je mehr wir das tun, den Anblick des Schmerzes bei anderen um so weniger ertragen und würden uns deshalb immer mehr darum bemühen, daß keine unserer Aktivitäten jemanden verletzt.

Daß wir unser Einfühlungsvermögen tatsächlich steigern können, wird deutlich, wenn wir uns mit seinem Ursprung beschäftigen. Im allgemeinen erleben wir es als Gefühl. Und wie wir alle wissen, lassen sich Gefühle nicht nur in einem gewissen Maß durch den Kopf zurückdrängen, sondern auch entsprechend verstärken. Unser Wunsch nach Gütern – nach einem neuen Wagen etwa – steigert sich, wenn wir uns in unserer Phantasie immer wieder damit beschäftigen. Wenn wir also unsere Vorstellungskraft in dieser Weise auf unser Einfühlungsvermögen richten, dann merken wir, daß wir es nicht nur steigern, sondern sogar unmittelbar in Liebe und Mitgefühl umwandeln können.

Unser angeborenes Einfühlungsvermögen ist daher die Quelle jener kostbarsten aller menschlichen Qualitäten, die wir im Tibetischen *nying je* nennen. Der Begriff wird meist einfach mit »Mitgefühl« übersetzt, doch er enthält eine Bedeutungsfülle, die sich nur schwerlich in Worte fassen läßt, obwohl sie auf der ganzen Welt verstanden wird. Der Ausdruck umfaßt Liebe, Zuneigung, Freundlichkeit, Sanftheit, Geistesgröße, Toleranz und Warmherzigkeit. Außerdem wird er sowohl im Sinne von Sympathie als auch von Zärtlichkeit verwendet. Andererseits gehört »Mitleid« nicht in sein Wortfeld, wie es der Begriff Mitgefühl nahelegt; es steckt keinerlei Herablassung darin. Im Gegenteil, in nying je steckt ein Gefühl der Verbundenheit mit anderen, wobei hier eine Gemeinsamkeit mit dem Einfühlungsvermögen zu spüren ist. Während wir also sagen können »Ich liebe mein Haus« oder »Diesem Ort fühle ich mich sehr eng verbunden«, können wir in bezug auf Dinge nicht sagen »Ich bin voller Mitgefühl«. Da Gegenstände keine Gefühle haben, können wir uns auch nicht in sie einfühlen. Daher läßt sich bei ihnen auch nicht von Mitgefühl reden.

Obwohl aus dieser Beschreibung deutlich werden dürfte, daß der Begriff nying je – also Liebe und Mitgefühl – als Emotion aufgefaßt wird, gehört er zu jener Kategorie von Empfindungen, die außerdem über eine kognitive Komponente verfügen. Manche Emotionen wie etwa der Abscheu, den wir häufig beim Anblick von Blut verspüren, sind im wesentlichen instinktiv. Andere, wie zum Beispiel die Angst vor Armut, enthalten diese kognitive Komponente. Nying je läßt sich somit als Kombination aus Einfühlungsvermögen und Überdenken auffassen. Das Einfühlungsvermögen können wir als Charakteristikum eines sehr aufrichtigen Menschen betrachten; das Überdenken als das eines sehr praxisbezogenen Menschen. Fügt man beide zusammen, entsteht eine höchst effektive Mischung.* Nying je unterscheidet sich somit deutlich von willkürli-

---

* Unsere angeborene Fähigkeit des Mitfühlens können wir weiterentwickeln, indem wir kontinuierlich über sie reflektieren, mit ihr vertraut werden und sie durch Übung und praktische Erprobung verbessern.

chen Empfindungen wie Wut oder Begierde, die uns nicht zum Glück verhelfen, sondern uns noch darüber hinaus Schwierigkeiten machen und unsere Ausgeglichenheit stören.

Die Tatsache, daß wir unsere anteilnehmenden Gefühle für andere steigern können, ist von überragender Bedeutung, denn, wie ich bereits bei meiner Betrachtung über Ethik und Moral schrieb, können wir um so größeres Mitgefühl entwickeln, je ethischer wir uns von Grund auf verhalten. Wenn wir aus einem Interesse für andere heraus handeln, verhalten wir uns ihnen gegenüber automatisch positiv, denn wenn unser Herz mit Liebe erfüllt ist, gibt es keinen Platz mehr für Mißtrauen. Es ist, als würde sich eine Tür in unserem Inneren öffnen, aus der wir eine Hand herausstrecken können. Wenn man an anderen Anteil nimmt, überwindet man die größte Klippe, die einem gesunden Austausch im Wege steht. Und mehr noch: Wenn unsere Absichten anderen gegenüber lauterer Natur sind, dann merken wir, daß die Scheu oder Unsicherheit, die wir vielleicht verspüren, stark zurückgeht. Im selben Maß, in dem wir diese innere Tür öffnen können, erleben wir ein Gefühl der Befreiung von unserer gewohnheitsmäßigen Beschäftigung mit dem Ich. Es scheint paradox, doch eben daraus erwächst uns ein starkes Selbstvertrauen. Daher, wenn ich erneut ein Beispiel aus meiner eigenen Erfahrung geben darf, stelle ich immer wieder fest, daß sich bei Begegnungen mit mir unbekannten Menschen keinerlei Barriere zwischen uns befindet, wenn ich mit dieser positiven Grundhaltung an sie herangehe. Egal, wer oder was sie sind, ob ihre Haare blond, dunkel oder grün gefärbt sind, ich habe die Empfindung, daß ich einfach einem Mitmenschen begegne, der genauso wie ich glücklich sein und Leid vermeiden möchte. Und dann merke ich, daß ich selbst bei unserer ersten Begegnung mit ihnen wie mit alten Freunden sprechen kann. Indem ich mir bewußt mache, daß wir letzten Endes alle Brüder und Schwestern sind, daß es keine grundlegenden Unterschiede zwischen uns gibt und daß alle anderen genau wie ich Glück ersehnen und Leid vermeiden wollen, kann ich meine Gefühle ihnen gegenüber so leicht äußern, als würden wir uns seit Jahren kennen. Und das nicht nur mit ein paar freundlichen Worten oder Gesten, sondern wirklich von Herz zu Herz, über jede sprachliche Hürde hinweg.

Wenn wir aus Anteilnahme für andere heraus handeln, merken wir auch, daß der Frieden, der dadurch in unseren Herzen entsteht, jeden anderen ansteckt, mit dem wir umgehen. Wir tragen Frieden in die Familie, zu unseren Freunden, an unseren Arbeitsplatz, in die Gemeinde – und so in die ganze Welt. Was sollte also jemand dagegen haben, diese Fähigkeit zu entwickeln? Gibt es etwas Großartigeres als das, was allen Frieden und Glück verschafft? Für mich stellt diese besondere menschliche Fähigkeit, Liebe und Mitgefühl verbreiten zu können, eine äußerst kostbare Gabe dar.

Umgekehrt kann selbst der skeptischste Leser nicht unterstellen, daß Frieden als Resultat aus aggressivem und rücksichtslosem – also unmoralischem – Verhalten entsteht. Das ist selbstverständlich unmöglich. Ich weiß noch genau, wie ich diese spezielle Lektion als kleiner Junge in Tibet lernte. Kenrab Tenzin, einer meiner Betreuer, hatte einen kleinen Papagei als Haustier, den er mit Nüssen zu füttern pflegte. Obwohl er ein eher strenger Mann mit hervorquellenden Augen und in gewisser Weise abschreckendem Äußerem war, zeigte dieser Papagei Anzeichen freudiger Erregung, sobald er nur dessen Schritte oder auch sein Husten vernahm. Während der Vogel ihm aus der Hand fraß, kraulte Kenrab Tenzin ihm den Kopf, was den kleinen Papagei geradezu in Verzückung versetzte. Ich war sehr eifersüchtig auf diese Freundschaft und wollte, daß der Vogel mir auch solche Zuneigung entgegenbringen sollte. Doch als ich ein paarmal selbst versuchte, ihn zu füttern, reagierte er nicht gerade freundlich. Also piekste ich ihn mit einem Stock und erhoffte mir davon ein besseres Ergebnis. Aber das war natürlich völlig falsch: Anstatt sich mir gegenüber netter zu verhalten, bekam der Vogel es mit der Angst zu tun. Wie gering die Aussicht auf eine freundschaftliche Beziehung vorher auch gewesen sein mochte, nun war sie völlig dahin. So lernte ich, daß Freundschaften nicht unter Druck entstehen, sondern nur als Folge von Mitgefühl.

Bei allen größeren religiösen Traditionen dieser Welt spielt die Entwicklung von Liebe und Mitgefühl eine Schlüsselrolle. Weil sie sowohl die Quelle wie auch die Folge von Geduld, Toleranz, Vergebung und allen anderen guten Eigenschaften sind, verlieren sie vom Anfang bis zum Ende der spirituellen Praxis nicht an Bedeutung. Doch selbst ohne den religiösen Aspekt sind Liebe und Mitgefühl für uns alle von fundamentaler Wichtigkeit. Aus unserer Grundvoraussetzung, daß eine ethische Lebensführung anderen keinerlei Schaden zufügt, folgt, daß wir ihre Empfindungen mit einbeziehen müssen, wofür unser angeborenes Einfühlungsvermögen die Basis bildet. Und während wir diese Fähigkeit in Liebe und Mitgefühl verwandeln, indem wir einen doppelten Ansatz verfolgen – die Abschottung gegen Faktoren, die auf das Mitgefühl zerstörerisch wirken, und die Kultivierung jener Faktoren, die es fördern –, verbessert sich automatisch unsere praktische Erfahrung im Hinblick auf ethisches Verhalten. Und dann stellen wir fest, daß es sowohl uns als auch anderen zum Glück gereicht.

Teil 2

Ethik und der Einzelne

6.

Die Ethik der Beschränkung

Um jenes Mitgefühl zu entwickeln, von dem das Glück abhängig ist, muß man meiner Überzeugung nach auf zwei Arten zugleich vorgehen. Zum einen müssen wir jene Faktoren beschränken, die dem Mitgefühl abträglich sind. Und zum anderen müssen wir jene weiterentwickeln, die ihm förderlich sind. Dazu gehören, wie wir bereits gesehen haben, Liebe, Geduld, Toleranz, Vergebung, Demut und so weiter. Gehemmt wird das Mitgefühl durch jenen Mangel an innerer Beschränkung, den wir als Ursache allen unethischen Verhaltens ausgemacht haben. Meiner Ansicht nach erreicht man dieses Ziel am besten, indem man seine Gewohnheiten und Motive verändert. Auf diese Weise vervollkommnet man seinen »Gesamtzustand von Herz und Geist« – die Grundlage, aus der jede Handlung erwächst.

Da wir sahen, daß die geistigen Qualitäten, die dem Mitgefühl förderlich sind, ein positives ethisches Verhalten mit sich bringen, gilt es als erstes, innere Selbstbeschränkung zu entwickeln und beizubehalten. Ich streite nicht ab, daß das ein größeres Unterfangen ist, aber wenigstens sind wir im Prinzip damit vertraut. Da wir zum Beispiel um die zerstörerische Wirkung des Drogenmißbrauchs wissen, halten wir uns selbst und unsere Kinder davon ab. Man muß allerdings begreifen, daß es nicht einfach ausreicht, negative Gedanken und Gefühle zu unterdrücken, wenn man seine Reaktionen darauf bewußt einschränken will. Der entscheidende Punkt ist vielmehr der, daß wir in der Lage sind, ihre zerstörerische Natur deutlich zu erkennen. Wenn uns nur gesagt wird, daß Eifersucht – ein potentiell sehr starkes und destruktives Gefühl – schlecht ist, dann sind wir noch lange nicht wirkungsvoll dagegen gewappnet. Wir müssen unseren Geist und unsere Gefühle dahingehend überprüfen, daß wir erkennen, woher die negativen Gefühle kommen, damit wir ihre Wechselwirkungen wirklich begreifen können. Wenn wir unser Leben äußerlich zwar in den Griff bekommen, die innere Dimension aber vernachlässigen, dann werden sich unweigerlich Zweifel, Ängste und andere leidvolle Erfahrungen ausbilden, und das Glücksgefühl wird uns verlassen. Das liegt daran, daß eine wahre innere oder geistige Disziplin im Gegensatz zur körperlichen nicht erzwungen, sondern nur durch freiwilligen und bewußten Einsatz erreicht werden kann. Anders gesagt: Wenn wir uns ethisch verhalten wollen, dann gehört dazu mehr, als lediglich Gesetze und Vorschriften zu befolgen.

Der undisziplinierte Geist ist wie ein Elefant. Wenn man ihn unkontrolliert herumtollen läßt, wird er Verwüstungen anrichten. Wir müssen Schaden und Leid ertragen, wenn wir nicht in der Lage sind, die negativen Impulse des Geistes zu beschränken, sonst überschreiten diese Zerstörungen bei weitem diejenigen, die ein wütender Elefant anrichten kann. Diese Impulse können nicht nur zur Zerstörung von Dingen führen, sie können genauso anderen und uns selbst dauerhaften Schmerz bereiten. Damit will ich nicht sagen, daß der Geist (lo) bereits von seiner Anlage her zerstörerisch ist. Wenn er unter dem Einfluß eines starken negativen Gedankens oder Gefühls steht, dann mag er so wirken, als sei er allein durch eine einzige Eigenschaft charakterisiert. Wäre aber zum Beispiel Haß eine unwandelbare Eigenschaft des Bewußtseins, dann müßte das Bewußtsein immer hassen. Das ist eindeutig nicht der Fall. Es ist wichtig, zwischen dem Bewußtsein als solchem und den von ihm erlebten Gedanken und Gefühlen zu unterscheiden.

Ähnlich kann uns manchmal ein intensives Erlebnis überwältigen, aber wenn wir später darüber nachdenken, läßt es uns kalt. Als ich noch sehr klein war, hat mich beim Ausklang eines Jahres der Gedanke an das *Monlam Chenmo* immer ganz aus dem Häuschen gebracht. Das war das Große Gebetsfest zu Beginn des tibetischen neuen Jahres. In meiner Eigenschaft als Dalai Lama kam mir dabei eine wichtige Rolle zu, die darin bestand, daß ich aus dem Potala-Palast in eine Zimmerflucht im Jokhang-Tempel umzog, der zu den heiligsten Stätten Tibets gehört. Je näher der Tag rückte, desto mehr Zeit verbrachte ich mit Tagträumereien, wobei ich schließlich zwischen Panik und aufgeregter Vorfreude hin- und hergerissen wurde, was dazu führte, daß ich immer weniger lernte. Die Panik bezog sich darauf, daß ich während der Hauptzeremonie einen langen Text aus dem Kopf rezitieren mußte; die Vorfreude auf die Prozession, bei der ich durch eine riesige Menge von Pilgern und Händlern getragen werden würde, die den Marktplatz vor dem Tempelkomplex füllte. Damals waren sowohl meine überschwengliche Vorfreude als auch mein Widerwille nur allzu real, doch heute entlockt mir diese Erinnerung nur noch ein Schmunzeln. Inzwischen habe ich mich an große Menschenmengen gewöhnt.

Wir können uns die Natur des Geistes mit dem Bild des Wassers in einem See veranschaulichen. Wird es von einem Sturm aufgewühlt, dann steigt der Schlamm vom Grund in Wolken auf und trübt es. Doch in Wirklichkeit ist das Wasser gar nicht trübe. Wenn der Sturm vorüber ist, dann setzt sich der Schlamm wieder ab, und das Wasser ist klar wie zuvor. Obwohl wir also meist den Geist oder das Bewußtsein für eine eigene, unveränderliche Einheit halten, stellen wir bei genauerer Betrachtung fest, daß er aus einem ganzen Spektrum von Eindrücken und Erfahrungen besteht. Dazu gehören unsere Sinneswahrnehmungen, die sich direkt mit Gegenständlichem befassen, aber auch unsere Gedanken und Gefühle, die durch Sprache und Vorstellungen vermittelt werden. Außerdem ist der Geist flexibel. Durch gezielte Beeinflussung können wir unser Denken und unser Gefühlsempfinden verändern. Angst kann zum Beispiel durch Trost und Beruhigung vertrieben werden. Auf vergleichbare Weise können depressive Zustände durch Zuneigung und Ratschläge, die den Blickwinkel erweitern, gelindert werden.

Aus der Betrachtung heraus, daß Gefühl und Bewußtsein nicht dasselbe sind, können wir folgern, daß wir uns nicht von Gefühlen steuern lassen müssen. Vor jeder Handlung muß es ein psychisches oder emotionales Ereignis in uns geben, auf das wir mehr oder weniger ungezwungen reagieren können. Ehe wir allerdings nicht gelernt haben, unseren Geist bis zu einem gewissen Grad zu disziplinieren, werden wir selbstverständlich Schwierigkeiten haben, diese Handlungsfreiheit zu nutzen. Der ethische Gehalt unserer Handlungen wird meiner Auffassung nach wiederum oft dadurch bestimmt, wie wir auf diese Eindrücke und Erfahrungen reagieren. Einfach gesagt: Wenn wir das auf positive Weise tun und die Interessen anderer dabei im Auge behalten, dann werden auch unsere Handlungen positiv sein. Reagieren wir negativ und ignorieren die anderen, dann sind unsere Handlungen entsprechend negativ und unmoralisch.

Wenn wir von dieser Sichtweise ausgehen, dann können wir den Geist oder das Bewußtsein mit einem Präsidenten oder Monarchen vergleichen, der sehr aufrichtig und reinen Herzens ist. Unsere Gedanken und Gefühle entsprechen den Ministern seines Kabinetts. Manche von ihnen erteilen gute Ratschläge, manche schlechte. Manchen geht es hauptsächlich um das Wohlergehen anderer, aber einigen nur um ihre eigenen, selbstsüchtigen Interessen. Die Verantwortung des Haupt-Bewußtseins, also des Chefs, besteht darin, zu entscheiden, welcher seiner Untergebenen gute und welcher schlechte Ratschläge gibt, auf wen er sich verlassen kann und auf wen nicht, um dann entsprechend den Ratschlägen der ersteren und nicht der letzteren zu handeln.

Mentale und emotionale Eindrücke, die in diesem Sinne schlechte Ratschläge erteilen, lassen sich als eine Art des Leidens ansehen. Wenn man ihnen erlaubt, sich in großem Maß zu entwickeln, dann wird der Geist von quälenden und blockierenden Gefühlen heimgesucht, und wir erleben so etwas wie einen inneren Aufruhr, der zusätzlich eine körperliche Dimension hat. Wenn wir zum Beispiel wütend sind, gerät unsere übliche Ausgeglichenheit deutlich spürbar aus der Balance. Andere können das oft fühlen. Wir alle kennen die Situationen, in denen die ganze Atmosphäre vergiftet ist, nur weil ein Mitglied der Lebensgemeinschaft schlechte Laune hat. Wenn wir wütend sind, neigen Menschen wie Tiere dazu, uns zu meiden. Dieser innere Aufruhr kann so stark werden, daß es für uns äußerst schwierig wird, ihn im Zaum zu halten, so daß wir unseren Ärger an anderen auslassen. Wenn wir das tun, dann verlagern wir die Turbulenzen aus unserem Inneren nach außen.

Das bedeutet aber nicht, daß alle Gefühle oder Empfindungen, die uns unbehaglich sind, unbedingt auch negativ sein müssen. Das Hauptkennzeichen, das normale Gefühle von solchen unterscheidet, die den inneren Frieden untergraben, besteht in ihrer negativen kognitiven Komponente. Ein sorgenvoller Augenblick wird nicht zu einem blockierenden Schmerz, solange wir ihn nicht aufrechterhalten und ihm weitere negative Gedanken und Vorstellungen hinzufügen. Als ich seinerzeit wegen der großen Menschenmenge so aufgeregt und wegen der langen Rezitation so verängstigt war, lag über diesen Grundgefühlen noch eine kognitive Komponente. Durch meine fast schon zwanghaften Tagträumereien wurde meine Vorstellungskraft so übersteigert, daß die tatsächliche Situation dadurch überhöht wurde. Und diese Phantasiegeschichten, die ich mir über die kommenden Ereignisse ausdachte, untergruben so meine Ausgeglichenheit.

Nicht jede Form der Angst ist wie diese kindliche, die ich hier beschrieben habe. Es gibt Situationen, in denen wir eine rationalere Variante erleben, die sogar positiv und hilfreich sein kann. Sie kann unsere Aufmerksamkeit steigern und uns jene Kraft geben, die wir brauchen, um uns zu schützen. Als ich 1959 in der Verkleidung eines Soldaten aus Lhasa floh, verspürte ich in der ersten Nacht eine solche Angst. Doch da ich weder die Zeit noch das Bedürfnis hatte, mich mit ihr auseinanderzusetzen, beunruhigte sie mich nicht allzusehr. Ihre Hauptwirkung bestand darin, daß ich äußerst wach und aufmerksam war. Man kann durchaus sagen, daß diese Art der Angst sowohl berechtigt als auch sinnvoll war.

Auch die Angst, die wir erleben, wenn wir eine heikle oder kritische Entscheidung treffen müssen, kann berechtigt sein, wenn wir zum Beispiel wissen, daß sie große Auswirkungen auf das Leben anderer haben wird. Eine solche Angst kann uns durchaus verwirren. Aber besonders gefährlich und negativ wirkt sich eine Angst aus, die völlig unbegründet ist, da sie uns völlig überwältigen und paralysieren kann.

Im Tibetischen nennen wir solche negativen emotionalen Erscheinungen *nyong mong*, was wörtlich heißt »das, was von innen heraus quält und blockiert« oder, in der üblicheren Übersetzung, »blockierendes Gefühl«. Allgemein gesagt, unterlaufen alle diese Gedanken, Gefühle und psychischen Vorgänge, die einen negativen oder nicht-mitfühlenden Zustand des Geistes (kun long) widerspiegeln, unausweichlich unseren inneren Frieden. In diesem Sinn werden daher sämtliche negativen Gedanken und Gefühle wie Haß, Zorn, Stolz, Lust, Gier, Neid und so weiter als Heimsuchungen betrachtet. Obwohl es niemanden gibt, der nicht an seinem Leben hängt, können diese Heimsuchungen, wenn wir uns ihnen nicht entgegenstellen, so mächtig werden, daß sie uns zum Wahnsinn oder gar in den Selbstmord treiben. Da so etwas jedoch eher die Ausnahme ist, neigen wir dazu, die negativen Empfindungen als Bestandteile unseres Wesens hinzunehmen, an denen man nicht viel ändern kann. Doch wenn wir ihre potentielle Zerstörungskraft nicht erkennen, dann leuchtet uns auch die Notwendigkeit nicht ein, sie in ihre Schranken zu verweisen. Und damit schaffen wir die Grundlage, auf der sie sich fortentwickeln können. Ja, wir neigen sogar dazu, dieses negative Potential zu hegen und zu fördern. Dennoch ist es, wie wir noch sehen werden, seinem Wesen nach völlig zerstörerisch. Es stellt die eigentliche Ursache unmoralischen Verhaltens dar. Außerdem bildet es die Grundlage für Angst, Niedergeschlagenheit, Verwirrung und Streß – Erscheinungen, die im heutigen Leben allgegenwärtig sind.

Negative Gedanken und Gefühle blockieren unser elementarstes Streben, nämlich Glück zu erlangen und Leid zu vermeiden. Wenn wir unter ihrem Einfluß handeln, werden wir blind für die Auswirkungen, die diese Handlungen auf andere haben, und somit sind sie die Wurzel unseres destruktiven Verhaltens, sowohl was andere als auch was uns selbst betrifft. Morde, Skandalgeschichten und Betrügereien: sie alle entstehen aus blockierenden Gefühlen heraus. Darum sage ich, daß der undisziplinierte Geist, also der Geist, der unter dem Einfluß von Wut, Haß, Gier, Stolz, Egoismus et cetera steht, die Quelle all jener Probleme ist, die nicht in die Kategorie der unvermeidbaren Leiden fallen (Krankheit, Alter, Tod und ähnliches). Wenn wir unsere Reaktionen auf die blockierenden Gefühle nicht kontrollieren, dann öffnen wir dem Leiden die Tür – unserem und dem anderer.

Die Aussage, daß wir leiden, wenn wir anderen Leid zufügen, besagt nicht, daß wir in jedem Fall zu Recht schlußfolgern können, daß wir, wenn wir zum Beispiel jemanden schlagen, ebenfalls geschlagen werden. Es geht mir dabei um etwas viel Allgemeingültigeres. Ich meine damit, daß die Wirkungen unserer Handlungen – der negativen wie der positiven – tief in uns festgehalten werden. Wenn es stimmt, wir sprachen bereits darüber, daß in uns allen ein gewisses Maß an Einfühlungsvermögen vorhanden ist, dann muß diese Fähigkeit irgendwie überlagert oder verdrängt werden, wenn jemand einem anderen Leid zufügt. Nehmen wir zum Beispiel einen Menschen, der einen anderen foltert. Sein Geist (lo) muß in einem umfassenden oder bewußten Bereich irgendeiner schädlichen Denkweise oder Ideologie verfallen sein, die ihn glauben läßt, daß sein Opfer eine solche Behandlung verdient. Solch ein Glaube – der bis zu einem gewissen Grad bewußt gewählt worden sein muß – ermöglicht es diesem grausamen Menschen, seine Gefühle zu unterdrücken. Doch irgendwo tief in ihm muß das eine Auswirkung haben. In irgendeinem Bereich zwischen dem Einfühlungsvermögen, das wir alle besitzen, und dem gewalttätigen Verhalten, für das der Folterer sich entschieden hat, muß eine Auseinandersetzung stattfinden. Und es ist äußerst wahrscheinlich, daß ihm das langfristig zu schaffen machen wird. Erinnern Sie sich in diesem Zusammenhang an unser früheres Beispiel – das von den erbarmungslosen Diktatoren wie Hitler und Stalin. Offenbar wurden sie gegen Ende ihres Lebens einsam, mißtrauisch und waren voller Angst – wie Krähen, die sich vor ihrem eigenen Schatten fürchten. Und selbst bei Leuten, die nicht irgendwann tiefes Unbehagen aufgrund ihrer negativen Handlungen verspüren, sollte man daran denken, was uns die Geschichte lehrt, daß nämlich erzwungene Systeme und Strukturen nie von langer Dauer sind.

Natürlich sind es nur wenige, die derart ins Extrem gehen. Kleine negative Handlungen wirken sich viel subtiler aus als große. Nehmen wir als weniger extremes Beispiel für die Art und Weise, in der negative Handlungen uns selbst und anderen Leid zufügen, ein Kind, das zum Spielen hinausgeht und mit einem anderen Kind in eine Prügelei gerät. Das Kind, das den Sieg errungen hat, wird sich unmittelbar nach seinem Erfolg zufrieden fühlen. Doch wenn es dann nach Hause geht, schwindet diese Empfindung allmählich, und ein differenzierteres Gefühl breitet sich in ihm aus. An diesem Punkt beginnt das Kind sich unwohl zu fühlen. Diese Art von Gefühl läßt sich beinahe als so etwas wie eine Entfremdung von sich selbst beschreiben: Man fühlt sich »nicht ganz in Ordnung«. Wenn ein Kind zum Spielen nach draußen geht und einen schönen und erlebnisreichen Nachmittag mit seinen Freunden verbringt, dann fühlt es sich nicht nur unmittelbar anschließend zufrieden und wohl, sondern auch noch später, wenn es zur Ruhe gekommen und das aufregende Gefühl abgeklungen ist.

Ein weiteres Beispiel für die Art, in der negative Handlungen demjenigen schaden können, der ihnen nachgibt, findet sich, wenn wir uns mit dem »guten Ruf« beschäftigen. Wie es aussieht, verabscheuen Menschen – und in diesem Fall gilt das wohl auch für Tiere – im allgemeinen Gemeinheit, Aggressivität, Heimtücke und so weiter. Für mich erklärt sich daraus, warum die Leute irgendwann anfangen, uns schief anzusehen, wenn wir anderen wiederholt Schaden zufügen, auch wenn wir selbst vielleicht für eine Weile Befriedigung daraus gezogen haben. Man wird uns aufgrund unseres schlechten Rufs mit Vorsicht, Nervosität und Mißtrauen begegnen, und bald haben wir auch keine Freunde mehr. Da ein guter Ruf eine Quelle des Glücks ist, bringen wir also Leid über uns selbst, wenn wir ihn verspielen.

Es mag ein paar Ausnahmen geben, aber meist können wir beobachten, daß ein Mensch, der ein sehr eigensüchtiges Leben führt, ohne Interesse am Wohl anderer zu zeigen, mehr und mehr vereinsamt und unglücklich wird. Dabei kann er durchaus von vielen Leuten umgeben sein, die allerdings mehr seinen Reichtum oder Status lieben; und wenn dem selbstsüchtigen oder aggressiven Menschen ein Schicksalsschlag widerfährt, dann verschwinden nicht nur seine sogenannten Freunde, sondern sie empfinden unter Umständen sogar klammheimliche Freude. Ist dieser Mensch sogar wirklich boshaft, dann wird ihn selbst nach seinem Tod niemand wirklich vermissen. In manchen Fällen freuen sich die Leute sogar – so wie vermutlich viele ehemalige KZ-Häftlinge anläßlich der späteren Hinrichtungen oder Verurteilungen ihrer früheren Peiniger. Umgekehrt ist es so, daß Menschen, die sich tatkräftig für andere eingesetzt haben, sehr respektiert oder sogar verehrt werden. Stirbt ein solcher Mensch, dann trauern viele um ihn und beklagen den Verlust. Denken Sie etwa an Mahatma Gandhi. Trotz seiner westlich geprägten Ausbildung und den damit verbundenen Möglichkeiten, ein angenehmes Leben zu führen, beschloß er aus Rücksichtnahme auf andere, in Indien fast wie ein Bettler zu leben und sich seiner Lebensaufgabe zu widmen. Obwohl sein Name heute nur noch Erinnerung ist, ziehen Millionen Menschen immer noch Trost und Anregung aus seiner Selbstlosigkeit.

Wenn wir die wahre Ursache der blockierenden Gefühle betrachten, so lassen sich diverse Faktoren ins Auge fassen, darunter auch die beiden folgenden. Zum einen haben wir alle die Angewohnheit, zuerst an uns selbst und dann erst an andere zu denken. Das ist ein normaler menschlicher Zug, den wir unbedingt in den Griff bekommen sollten, doch wir müssen uns seinetwegen keine Vorwürfe machen. Zweitens neigen wir dazu, Eigenschaften in Dinge und Vorkommnisse hineinzuinterpretieren, die das real Vorhandene übersteigern oder verfälschen – wie etwa bei der Verwechslung des aufgerollten Seils mit einer Schlange. Aber weil unsere negativen Gedanken und Gefühle darüber hinaus nicht unabhängig von anderen Inhalten existieren, spielen die eigentlichen Dinge und Ereignisse, auf die wir treffen, eine Rolle bei der Beeinflussung unserer Reaktionen. Daher gibt es nichts, was diese Reaktionen nicht potentiell auslösen kann. Alles und jedes kann zum Ausgangspunkt eines blockierenden Gefühls werden – nicht allein unsere Gegner, sondern ebenso unsere Freunde und kostbarsten Besitztümer, ja sogar unser eigenes Ich.

Das legt den Schluß nahe, daß der erste Schritt bei der Bewältigung unserer negativen Gedanken und Gefühle darin bestehen muß, jene Situationen und Tätigkeiten zu meiden, die normalerweise starke negative Gedanken und Gefühle wecken. Wenn uns zum Beispiel auffällt, daß eine bestimmte Person bei uns regelmäßig Ärger auslöst, dann ist es vielleicht am besten, sich von ihr fernzuhalten, bis wir unsere inneren Möglichkeiten weiterentwickelt haben. Der zweite Schritt besteht dann darin, die konkreten Gegebenheiten zu vermeiden, die solch intensive Gedanken und Gefühle auslösen. Das setzt allerdings voraus, daß wir gelernt haben, blockierende Gefühle zu erkennen, wenn sie in uns auftauchen – und das ist nicht immer leicht. Während ein ausgewachsener Haß ein sehr starkes Gefühl ist, können seine Anfänge, die sich in Abneigung gegen ein bestimmtes Objekt oder eine bestimmte Situation bemerkbar machen, ziemlich subtil sein. Und selbst wenn sie schon sehr weit fortgeschritten sind, müssen sich blockierende Gefühle nicht immer dramatisch äußern. Ein Mörder kann durchaus in relativ ruhiger Verfassung den Abzug ziehen.

Deshalb müssen wir in bezug auf unseren Körper und seine Handlungen, in bezug auf unsere Wortwahl und Aussagen, in bezug auf unsere Herzen und Köpfe und auf das, was wir in ihnen fühlen und denken, sehr aufmerksam und wach sein. Wir müssen stets auch noch nach den allergeringsten negativen Anflügen Ausschau halten und uns stets Fragen stellen wie »Bin ich glücklicher, wenn meine Gedanken und Gefühle negativ und destruktiv oder wenn sie gesund sind?« und »Was ist das Wesen des Bewußtseins? Existiert es in und aus sich selbst heraus oder in Abhängigkeit von anderen Faktoren?« Wir müssen denken, denken, denken. Wir müssen uns wie ein Wissenschaftler verhalten, der Informationen sammelt, sie analysiert und die korrekten Schlüsse aus ihnen zieht. Einblick in unser negatives Potential zu erlangen ist eine lebenslange Aufgabe, die einer fast endlosen Verfeinerung bedarf. Doch wenn wir sie nicht in Angriff nehmen, werden wir nie erkennen, an welchen Stellen wir die notwendigen Veränderungen in unserem Leben vornehmen müssen.

Würden wir auch nur einen Bruchteil der Zeit und des Aufwands, die wir auf triviale Dinge – Klatsch und Tratsch und derlei – verwenden, dafür einsetzen, um Erkenntnisse über die wahre Natur der blockierenden Gefühle zu gewinnen, dann hätte das meiner Ansicht nach eine immense Auswirkung auf unsere Lebensqualität. Der Einzelne würde dadurch ebenso gewinnen wie die gesamte Gesellschaft. Schon bald würden wir entdecken, wie zerstörerisch die blockierenden Gefühle sind, und je mehr wir Einblick in ihre destruktive Natur erhielten, desto größer wäre unsere Abneigung, ihnen zu folgen. Allein das hätte schon eine bedeutende Auswirkung auf unser Leben.

Und bedenken Sie auch, daß negative Gedanken und Gefühle nicht allein unseren inneren Frieden zerstören, sie untergraben auch unsere körperliche Gesundheit. In der tibetischen Heilkunde gilt permanentes Sich-Ärgern als Hauptursache vieler Krankheiten, darunter solcher, die mit hohem Blutdruck, Schlaflosigkeit und Verwirrungszuständen einhergehen – eine Sichtweise, die offenbar auch in der westlichen Medizin mehr und mehr anerkannt wird.

Als Teenager gehörte es zu meinen Lieblingsbeschäftigungen, an den alten Autos herumzubasteln, die mein Vorgänger, der XIII. Dalai Lama, lange vor seinem Tod 1933 angeschafft hatte. Es gab vier davon: zwei englische Austin Minis, einen Dodge und einen heruntergekommenen Jeep, die beiden letzteren aus Amerika. Sie bildeten fast den gesamten Autobestand Tibets. Für mich, den jungen Dalai Lama, stellten diese verstaubten Relikte eine unwiderstehliche Versuchung dar, und ich wollte sie unbedingt wieder zum Laufen bringen. Mein geheimer Traum bestand darin, fahren zu lernen. Doch erst nachdem ich verschiedenen Regierungsbeamten schon lange damit in den Ohren gelegen hatte, fand sich schließlich jemand, der sich mit Autos wenigstens ein bißchen auskannte. Es war Lhakpa Tsering aus Kalimpong, einer Stadt nicht weit hinter der indischen Grenze. Ich weiß noch, eines Tages arbeitete er am Motor eines dieser Wagen, als ihm plötzlich sein Schraubenschlüssel herunterfiel. Er stieß einen Fluch aus und richtete sich abrupt auf, doch er hatte dummerweise nicht an die Motorhaube über sich gedacht und knallte heftig mit dem Kopf dagegen. Anstatt sich nun vorsichtig unter ihr hervorzubewegen, wurde er zu meiner Verblüffung noch wütender, richtete sich erneut auf und stieß sich den Kopf ein zweites Mal, diesmal noch heftiger als zuvor. Einen Moment lang stand ich angesichts dieser Situation nur verblüfft da, doch dann konnte ich mich vor Lachen nicht mehr halten.

Lhakpa Tserings Ausbruch trug ihm lediglich zwei kräftige Blutergüsse ein und war allein für ihn bedauerlich. Doch aus dem Vorfall läßt sich ablesen, wie diese blockierenden Gefühle eine unserer kostbarsten Eigenschaften außer Kraft setzen: unser kritisches Urteilsvermögen. Wenn wir nicht mehr auseinanderhalten können, was richtig und was falsch ist, nicht mehr beurteilen können, was dauerhaft und was nur zeitweilig vorteilhaft für uns selbst und andere ist, und wenn wir das wahrscheinliche Ergebnis unserer Handlungen nicht mehr abschätzen können, dann sind wir nicht besser dran als die Tiere. Kein Wunder, daß wir in solchen Situationen Dinge tun, an die wir sonst nicht einmal denken würden.

Diese Aufhebung unseres Urteilsvermögens verweist auf ein weiteres negatives Merkmal aus der Kategorie geistig-psychischer und emotionaler Gegebenheiten: Blockierende Gefühle täuschen uns. Sie versprechen Befriedigung, aber sie verschaffen sie uns nicht. Auch wenn sich so ein Gefühl quasi als Gönner darstellt und uns Kraft und Kühnheit verleiht, so müssen wir doch feststellen, daß die Energie, die es uns verleiht, gewissermaßen eine blendende ist. Entscheidungen, die man unter diesem Einfluß macht, bedauert man später oft. Wut verweist in den meisten Fällen eher auf Schwäche denn auf Stärke. Die meisten von uns kennen Streitgespräche, die sich so aufheizen, daß irgendwann jemand ausfallend wird – ein deutliches Zeichen dafür, daß ihre oder seine Argumentation auf schwachen Füßen steht. Außerdem ist es gar nicht nötig, sich so aufzuregen, um Mut und Selbstvertrauen zu entwickeln. Wie wir noch sehen werden, ist das auch mit anderen Mitteln möglich.

Die blockierenden Gefühle haben außerdem eine irrationale Dimension. Sie bestärken uns in der Annahme, daß alle möglichen Phänomene notwendigerweise der Wirklichkeit entsprechen. Wenn wir verärgert oder haßerfüllt sind, dann neigen wir dazu, andere so zu betrachten, als seien ihre Eigenschaften vollkommen unveränderlich. Jemand kann dann so wirken, als sei er oder sie von Kopf bis Fuß unausstehlich. In solchen Momenten vergessen wir, daß diese Person – genau wie wir selbst – nur ein dem Leid unterworfenes menschliches Wesen ist, das auch nur glücklich sein und nicht leiden möchte. Unser gesunder Menschenverstand weiß, daß uns die Person nach Abklingen unseres Ärgers wenigstens ein bißchen erträglicher erscheinen wird. Und dasselbe gilt im umgekehrten Fall, wenn man sich verliebt. Der andere Mensch erscheint dann absolut begehrenswert zu sein, bis sich der Griff des blockierenden Gefühls lockert und ihn zumindest nicht mehr ganz so vollkommen erscheinen läßt. Wenn unsere Leidenschaft allerdings sehr intensiv geweckt wird, dann besteht die Gefahr, daß man ins andere Extrem fällt. Das einst idealisierte Wesen scheint plötzlich verachtens- und hassenswert zu sein, obwohl es sich natürlich immer noch ganz und gar um denselben Menschen handelt.

Die blockierenden Gefühle sind außerdem nutzlos. Je mehr wir ihnen nachgeben, desto weniger Platz bleibt für unsere guten Eigenschaften – für Freundlichkeit und Mitgefühl – und desto weniger können wir unsere Probleme bewältigen. Es gibt in der Tat keine Situation, in der diese störenden und verwirrenden Gedanken und Emotionen hilfreich sind – nicht für uns und nicht für andere. Je schlechter unsere Laune, desto mehr werden wir gemieden. Je mißtrauischer wir werden, desto mehr Kontakte zu anderen gehen uns verloren und desto einsamer werden wir. Je mehr wir dem Lustprinzip verfallen, desto weniger können wir gute Beziehungen zu anderen aufbauen und werden auch so wieder einsam. Stellen Sie sich jemanden vor, dessen Handlungen hauptsächlich von blockierenden Gefühlen geleitet werden oder, in anderen Worten, der sich niederen Dingen zuwendet oder von schlechten Motiven geleitet wird: von Gier, Überheblichkeit, Ehrgeiz und so weiter. So ein Mensch kann durchaus sehr mächtig und berühmt werden, sein Name kann sogar in die Geschichtsbücher eingehen. Doch nach seinem Tod ist seine Macht dahin und sein Ruhm nur noch ein leeres Wort. Was also hat dieser Mensch wirklich erreicht?

Nirgendwo wird die Nutzlosigkeit blockierender Gefühle deutlicher als im Fall des Sich-Ärgerns. Wenn wir ärgerlich werden, sind wir nicht mehr einfühlsam, nicht mehr liebevoll, nicht mehr vergebend, tolerant oder geduldig. Damit berauben wir uns selbst genau jener Dinge, die das Glück ausmachen. Und das Sich-Ärgern legt nicht nur augenblicklich unser Urteilsvermögen lahm, es führt uns darüber hinaus oft zu Wut, Verachtung, Haß, Boshaftigkeit und Eitelkeit – die allesamt immer negativ sind, da sie anderen unmittelbar Leid zufügen. Das Sich-Ärgern schafft Leiden. Im allergünstigsten Fall entstehen nur peinliche

Situationen, unter denen man zu leiden hat. Ich habe zum Beispiel schon immer gerne Uhren repariert. Doch aus meiner Knabenzeit kann ich mich an etliche Situationen erinnern, in denen ich bei der Beschäftigung mit den winzigen, feinen Teilen ganz und gar die Beherrschung verlor. Ich nahm dann das Uhrwerk auf und knallte es auf den Tisch. Natürlich schämte ich mich später für mein Verhalten und bereute es, vor allem, als ich eine Uhr einmal ihrem Besitzer in einem Zustand zurückgeben mußte, der schlimmer war als ihr ursprünglicher.

Diese schlichte Geschichte macht auch deutlich, daß wir zwar reichlich mit materiellen Dingen ausgestattet sein können – mit gutem Essen, einer schönen Einrichtung, einem tollen Fernseher –, doch wenn wir uns aufregen, geht uns der innere Frieden verloren. Wir genießen nicht einmal mehr unser Frühstück. Und wenn so etwas zur Gewohnheit wird, dann können wir noch so gebildet, reich oder mächtig sein, die anderen werden uns einfach meiden. Es heißt dann: »Ja natürlich, er ist sehr klug, aber er hat oft derart schlechte Laune ...«. und schon werden wir gemieden. Oder man sagt: »Sicher, sie hat bemerkenswertes Talent, aber sie regt sich immer so schnell auf. Paß lieber auf, was du sagst.« Ebenso wie gegenüber einem Hund, der immer knurrt und die Zähne fletscht, sind wir denen gegenüber sehr vorsichtig, deren Herzen durch Ärger verstört sind. Lieber verzichten wir auf ihre Gesellschaft, als daß wir es auf einen Knall ankommen lassen.

Ich will nicht abstreiten, daß es – wie bei der Angst – die Art eines »ursprünglichen« Sich-Aufregens gibt, das wir mehr als eine Art Energieschub erleben, als erkenntnissteigerndes Gefühl. Diese Art des Sich-Aufregens kann, das läßt sich leicht einsehen, durchaus positive Wirkungen haben. Man stelle sich den Ärger angesichts einer Ungerechtigkeit vor, der jemanden vielleicht dazu bringt, altruistisch zu handeln. Auch der »gerechte Zorn«, der einen dazu veranlaßt, zu Hilfe zu eilen, wenn auf der Straße jemand angegriffen wird, kann als positiv gewertet werden. Wenn so ein Verhalten aber über das Ausgleichen der jeweiligen Ungerechtigkeit hinausgeht, wenn es persönlich wird und sich in Rachedurst oder Bösartigkeit verwandelt, dann wird es wiederum gefährlich. Tun wir etwas Negatives, dann sind wir in der Lage, den Unterschied zwischen uns und der negativen Handlung zu erkennen. Doch der Umstand, daß wir oft nicht zwischen der Handlung und dem Handelnden unterscheiden können, wenn es um andere geht, zeigt, wie unberechenbar selbst der gerechte Zorn ist.

Wenn die Aussage immer noch übertrieben erscheinen sollte, daß das Sich-Ärgern eine völlig unnütze Emotion ist, dann können wir überlegen, ob irgendein Mensch je behauptet hat, daß Ärger glücklich machen kann. Keiner hat das. Welcher Arzt verschreibt einem zur Behandlung einer Krankheit, man solle sich ordentlich aufregen? Keiner tut das. Ärger kann uns nur weh tun. Es gibt nichts, wozu er nütze wäre. Fragen Sie sich selbst: Fühlen Sie sich glücklich, wenn Sie sich ärgern? Beruhigt sich Ihr Geist, entspannt sich Ihr Körper? Oder spüren Sie vielmehr, wie ihr Körper verkrampft und ihre Gedanken in Unruhe geraten?

Wenn wir unseren inneren Seelenfrieden – und damit unser Glück – bewahren wollen, dann müssen wir uns folglich eine rationalere und unvoreingenommenere Herangehensweise an unsere negativen Gedanken und Gefühle angewöhnen und zugleich unsere Reaktionen auf dieses Negative drastisch beschränken. Die negativen Gedanken und Gefühle bringen uns dazu, unethisch zu handeln. Und weil die blockierenden Gefühle auch die Quelle inneren Leidens sind, da sie die Grundlage für Zweifel, Verwirrung, Unsicherheit, Angst und den Verlust der Selbstachtung bilden und letzterer wiederum unser Grundvertrauen untergräbt, werden wir in einem Zustand beständigen geistigen und emotionalen Unbehagens verharren, wenn wir uns diese Beschränkung nicht auferlegen können. Inneren Frieden werden wir dann nicht erlangen, und anstelle des Glücks empfinden wir Verunsicherung, wobei uns ständig Ängste und Depressionen drohen.

Manche Leute wenden ein, es möge ja richtig sein, solche Gefühle wie Haß zu zügeln, da sie uns zu Gewalttaten und sogar zum Töten verführen können, doch wenn wir unsere Emotionen zurückdrängten und den Geist disziplinierten, liefen wir doch Gefahr, unsere Unabhängigkeit zu verlieren. In Wirklichkeit ist das Gegenteil richtig. Wie ihre Gegenstücke, Liebe und Mitgefühl, können Wut und die anderen blockierenden Gefühle sich nie verbrauchen. Sie tendieren vielmehr dazu, anzuwachsen, wie ein Fluß im Sommer anschwillt, wenn in den Bergen der Schnee schmilzt, so daß unser Geist, anstatt frei zu sein, von ihnen versklavt und hilflos gemacht wird. Wenn wir unsere negativen Gedanken und Gefühle gewähren lassen, dann gewöhnen wir uns unweigerlich an sie. Das führt dazu, daß wir allmählich immer anfälliger werden und ihnen mehr und mehr ausgeliefert sind. Und es wird nicht lange dauern, dann tritt das, was wir empfinden, nach außen. So können wir uns zum Beispiel daran gewöhnen, angesichts unerfreulicher Situationen zu explodieren. Darum ist es so wichtig, so weit und so bald wie möglich an die Quelle unserer negativen Gedanken und Gefühle heranzukommen, ehe sich unsere Verhaltens- und Sichtweisen bereits unabänderlich gefestigt haben und sich in negativen Handlungen niederschlagen.

Innerer Frieden, das Hauptkennzeichen des Glücks, und Zorn können nicht nebeneinander existieren, ohne sich gegenseitig zu untergraben. Negative Gedanken und Gefühle untergraben die eigentlichen Grundlagen von Frieden und Glück. Ja, wenn wir genau darüber nachdenken, dann ist es eigentlich vollkommen widersinnig, das Glück anzustreben, aber nichts zu tun, um zornige, verächtliche und boshafte Gedanken und Empfindungen im Zaum zu halten. Wenn wir uns ärgern, gebrauchen wir oft verletzende Worte. Verletzende Worte können Freundschaften zerstören. Da Glück im Zusammenhang mit unseren Beziehungen zu anderen entsteht, untergraben wir eine der wichtigsten Voraussetzungen für das Glück, wenn wir Freundschaften zerstören.

Wenn es heißt, wir sollen unsere Wut und unsere anderen negativen Gedanken und Gefühle zügeln, dann bedeutet das aber nicht, daß wir unsere Empfindungen verleugnen sollen. Zwischen Verleugnung und Einschränkung gibt es einen wichtigen Unterschied. Einschränkung bedeutet eine bewußte und freiwillige Selbstdisziplin, die aus der Einsicht entsteht, daß es vorteilhaft ist, sie sich aufzuerlegen. Das ist etwas ganz anderes, als wenn jemand Gefühle wie zum Beispiel Wut unterdrückt, weil er oder sie glaubt, einen beherrschten Eindruck machen zu müssen, oder Angst vor dem hat, was andere denken könnten. So ein Verhalten ist, als würde man eine Wunde zunähen, die noch infiziert ist. Auch hier spreche ich nicht davon, eine Regel zu befolgen. Wo verdrängt und unterdrückt wird, da besteht meiner Meinung nach die Gefahr, daß die betreffende Person ihren Ärger und ihren Widerwillen einfach aufstaut. Und das Problem dabei liegt darin, daß sie eines Tages plötzlich feststellen muß, daß sie diese Gefühle nicht mehr zurückhalten kann.

Anders gesagt: Natürlich gibt es Gedanken und Empfindungen – auch negative –, die man offen ausdrücken kann oder sogar unbedingt offen ausdrücken sollte, wobei es allerdings mehr oder weniger angemessene Wege dafür gibt. Es ist bei weitem besser, sich einem Menschen oder einer Situation zu stellen, als Ärger hinunterzuschlucken, darüber zu brüten und im Herzen Unmut zu nähren. Wenn wir negative Gedanken und Gefühle unterschiedslos allein deswegen nach außen tragen, weil sie artikuliert werden sollen, dann ist es – aus all den Gründen, die ich angeführt habe – sehr wahrscheinlich, daß wir die Beherrschung verlieren und auf der Stelle in heftigste Wut geraten. Das Entscheidende ist, daß wir differenzieren, und zwar sowohl bezüglich der Empfindungen, die wir äußern, als auch in Hinsicht darauf, wie wir sie äußern.

Nach meiner Auffassung zeichnet sich echtes Glück durch inneren Frieden aus und entsteht im Zusammenhang mit unseren Beziehungen zu anderen. Daher hängt es von moralischem Verhalten ab. Dies besteht wiederum aus Handlungen, die das Wohlergehen anderer berücksichtigen. Und was uns daran hindert, uns auf solch mitfühlende Weise zu verhalten, sind die blockierenden Gefühle. Daher müssen wir, wenn wir glücklich werden wollen, unsere Reaktionen auf negative Gedanken und Gefühle zügeln. Das meine ich, wenn ich sage, wir müssen den wilden Elefanten – den undisziplinierten Geist – zähmen. Gelingt es mir nicht, meine Reaktionen auf negative Emotionen in den Griff zu bekommen, dann werden meine Handlungen unethisch und blockieren die Grundlagen meines Glücks. Wir sprechen hier nicht von der Erlangung der Buddhaschaft oder von der Vereinigung mit Gott. Wir konkretisieren lediglich die Einsicht, daß unsere Anliegen und unser zukünftiges Glück eng mit denjenigen der anderen verknüpft sind, und lernen so, uns entsprechend zu verhalten.

7.

Die Ethik der Tugend

Ich habe gesagt, daß innere Beschränkung unabdingbar ist, wenn wir wahres Glück erleben wollen. Doch diese Beschränkung ist noch nicht alles. Sie mag uns zwar davor bewahren, irgendwelche dramatischen Untaten zu begehen, doch wenn wir jenes Glück erreichen wollen, dessen Kennzeichen der innere Frieden ist, dann ist sie noch nicht ausreichend. Um uns selbst – unsere Gewohnheiten und Motive – dahingehend zu verändern, daß wir lernen, mitfühlend zu handeln, müssen wir etwas entwickeln, das ich hier die »Ethik der Tugend« nennen möchte. So wie wir uns der negativen Gedanken und Gefühle enthalten müssen, so müssen wir zugleich unsere positiven Eigenschaften ausbauen und verstärken. Welches sind diese positiven Eigenschaften? Es sind die elementar-menschlichen oder geistigen Eigenschaften.

Die wichtigste unter ihnen, die nach der Liebe zu benennen ist, heißt im Tibetischen *sö pa.* Wir haben es hier wieder mit einem Begriff zu tun, der offenbar in keiner Sprache ein exakt passendes Gegenstück hat, obwohl seine Inhalte universell sind. Oft wird sö pa einfach mit »Geduld« übersetzt, doch wörtlich heißt es »ertragen können« oder »aushalten können«. Doch zusätzlich ist in diesem Ausdruck die Bedeutung von »Entschluß« oder »Vorsatz« (im

Sinn von Absicht) mit eingeschlossen. Somit bezeichnet er eine bewußte Reaktion (im Gegensatz zu einer unüberlegten, reflexhaften Reaktion) auf jene starken negativen Gedanken und Gefühle, die in uns aufzutauchen pflegen, wenn wir in irgendeiner Form Schaden nehmen. In diesem Sinn ist sö pa etwas, das uns mit der Kraft ausstattet, dem Leiden zu widerstehen, und uns davor bewahrt, unser Mitgefühl zu verlieren, selbst denjenigen gegenüber, die uns schaden.

In diesem Zusammenhang fällt mir das Beispiel von Loponla ein, einem Mönch aus Namgyal, dem Kloster der Dalai Lamas. Er gehörte zu den vielen tausend Mönchen und Beamten, die nach meiner Flucht aus Tibet von den Truppen der Besetzer inhaftiert wurden. Als man ihn schließlich wieder freiließ, durfte er nach Indien kommen, wo er sich wieder seiner alten Klostergemeinschaft anschloß. Nach mehr als zwanzig Jahren fand ich ihn fast genauso vor, wie ich ihn seit unserer letzten Begegnung in Erinnerung gehabt hatte. Natürlich war er älter geworden, doch körperlich wirkte er unversehrt. Und was seine psychische Verfassung anging, so hatte sein schweres Schicksal ihn in keiner Weise negativ beeinflußt. Seine Freundlichkeit und Heiterkeit waren unverändert geblieben. Während wir uns unterhielten, erfuhr ich, daß er in diesen langen Jahren der Gefangenschaft viele Grausamkeiten hatte erdulden müssen. Wie alle anderen war er der sogenannten Umerziehung unterworfen worden, in deren Verlauf er seinem Glauben hatte abschwören müssen und auch oft gefoltert worden war. Als ich ihn fragte. ob er sich je gefürchtet habe, räumte er ein, daß er vor einer Sache Angst gehabt hatte: vor der Möglichkeit, er könne sein Mitgefühl und die Besorgnis für seine Peiniger verlieren.

Das bewegte mich sehr, und es löste außerdem viele Überlegungen in mir aus. Lopon-las Geschichte bestätigte mir etwas, woran ich immer geglaubt hatte. Es ist nicht allein die körperliche Verfassung eines Menschen oder seine Intelligenz, seine Erziehung oder gar seine Sozialisation, die ihn befähigt, Not zu ertragen. Viel entscheidender ist seine Geisteshaltung. Und während manche Menschen vielleicht durch schiere Willenskraft überleben können, leiden diejenigen am wenigsten, die ihr sö pa weit entwickelt haben.

Nachsicht und Mut (im Sinne von Tapferkeit in Zeiten der Not), diese beiden Worte umfassen die Bedeutung der ersten Stufe von sö pa recht genau. Doch wenn jemand diese Eigenschaft weiterentwickelt, dann führt das dazu, daß er oder sie in Notlagen Haltung bewahrt – man hat das Gefühl, als könne einen nichts und niemand tangieren, worin sich widerspiegelt, daß man bereit ist, Qualen um eines höheren, geistigen Ziels willen hinzunehmen. Dazu gehört, daß man den Tatbestand der jeweiligen Situation akzeptiert, indem man erkennt, daß dieser speziellen Lage ein unendlich kompliziertes Netz aus miteinander verwobenen Ursachen und Bedingungen zugrunde liegt.

Sö pa ist der Weg, mit dem wir wahre Gewaltlosigkeit praktizieren können. Es versetzt uns nicht nur in die Lage, uns einer körperlichen Auseinandersetzung zu enthalten, wenn wir provoziert werden, sondern ermöglicht es uns auch, unsere negativen Gedanken und Gefühle abzustreifen. Geben wir jemandem in irgendeiner Angelegenheit nach, tun das aber nur mit Groll und Widerwillen, dann kann man nicht von sö pa sprechen. Wenn uns zum Beispiel ein Vorgesetzter an unserem Arbeitsplatz mit einer Anordnung auf die Nerven geht, wir uns ihm aber trotz unserer Abneigung beugen, weil wir es tun müssen, dann ist das nicht sö pa. Das wesentliche Element von sö pa liegt angesichts von Widrigkeiten in der bewußten Nachsicht. Anders gesagt: Wer geduldige Nachsicht praktiziert, darf negativen Impulsen nicht nachgeben (wie wir sie als blokkierende Gefühle in Gestalt von Wut, Haß, Rachedurst und so weiter erleben), sondern sollte den verletzenden Aspekten entgegenwirken und nicht Leid mit Leid vergelten.

All dies besagt jedoch nicht, daß es nicht gelegentlich angemessen sein kann, bei seinem Verhalten hart durchzugreifen. Sich in Geduld zu üben bedeutet, so wie ich es beschrieben habe, nicht, daß wir alles zu schlucken haben, was irgend jemand uns antut, und immer nachgeben müssen. Ebensowenig besagt es, daß wir nie etwas unternehmen dürfen, wenn uns Leid widerfährt. Man darf sö pa nicht mit bloßer Passivität verwechseln. Selbst energische Gegenmaßnahmen können durchaus mit der Praxis des sö pa konform sein. Jeder erlebt irgendwann im Leben Situationen, in denen starke Worte – oder gar handfeste Taten – angebracht sind. Doch da es unsere innere Fassung schützt, sind wir mit sö pa in einer stärkeren Position, um uns für eine geeignete gewaltlose Reaktion zu entscheiden, als wenn wir uns von negativen Gedanken und Gefühlen überwältigen lassen. Daraus können wir erkennen, daß es geradezu das Gegenteil von Feigheit ist. Feigheit entsteht, wenn wir aufgrund von Angst jegliche Zuversicht verlieren, während geduldige Nachsicht bedeutet, daß wir standhaft bleiben, selbst wenn wir Angst haben.

Wenn ich das Wort »akzeptieren« verwende, dann meine ich aber auch nicht, daß wir nicht alles in unserer Macht Stehende tun sollten, um unsere Probleme zu lösen, wann immer sie lösbar sind. Doch im Fall akuten Leidens, wenn wir also bereits irgendein Leid erfahren, kann das Akzeptieren mithelfen, daß diese Erfahrung nicht noch zusätzlich durch geistiges oder emotionales Leid belastet wird. Gegen das Altern können wir zum Beispiel nicht viel tun. Besser, man akzeptiert den Zustand, als daß man sich darüber grämt. Es kommt mir in der Tat immer ein bißchen töricht vor, wenn ältere Leute den Anschein von Jugendlichkeit bewahren wollen.

Geduldige Nachsicht ist also auch jene Eigenschaft, mit der wir uns davor schützen können, daß negative Gedanken und Gefühle von uns Besitz ergreifen. Sie schützt in Notzeiten unseren Seelenfrieden. Wenn wir auf diese Weise Geduld praktizieren, wird unser Verhalten ethisch gesehen gesund. Wie wir sahen, besteht der erste Schritt der ethischen Praxis darin, unsere Reaktionen auf negative Gedanken und Gefühle zu überprüfen, sobald sie auftreten. Der nächste Schritt – das, was wir tun, wenn wir die Bremse gezogen haben – besteht dann darin, der Provokation mit Geduld entgegenzutreten.

Der Leser mag hier einwenden, daß es mit Sicherheit Situationen gibt, in denen das unmöglich ist. Was ist zum Beispiel, wenn jemand, der uns nahesteht und der all unsere Schwachstellen kennt, sich uns gegenüber derart verhält, daß der Ärger völlig von uns Besitz ergreift und unsere Widerstandskraft erschüttert? Unter solchen Umständen können wir tatsächlich an einen Punkt kommen, an dem unser Mitgefühl für den anderen nicht mehr aufrechtzuerhalten ist, doch wir sollten uns wenigstens darum bemühen, nicht aggressiv oder gewalttätig zu reagieren. In so einem Moment brauchen wir etwas, das uns wieder zur Ruhe kommen läßt, und da mag es am besten sein, das Zimmer zu verlassen und spazierenzugehen oder auch zwanzigmal bewußt zu atmen. Aus diesem Grund muß das Üben der Geduld zum Mittelpunkt unseres Alltagslebens werden. Es geht darum, daß wir uns ganz tief im Innern damit vertraut machen, damit wir in einer schwierigen Lage wissen, worauf es ankommt, selbst wenn das für uns mit zusätzlichem Aufwand verbunden ist. Wenn wir andererseits dieses Einüben der Geduld schleifen lassen, bis wir tatsächlich in Problemen stecken, dann werden wir der Provokation höchstwahrscheinlich nicht widerstehen können.

Eine der besten Methoden, uns mit der Tugend der Geduld – mit sö pa – vertraut zu machen, besteht dann, daß man sich die Zeit nimmt, um systematisch über ihre Vorteile nachzudenken. Sie ist die Quelle der Vergebung. Außerdem gibt es nichts, was auf vergleichbare Weise unsere Anteilnahme anderen gegenüber bewahrt, wie auch immer sie sich uns gegenüber verhalten. Wenn sö pa mit unserer Fähigkeit zusammenkommt, zwischen Handlung und Handelndem zu unterscheiden, dann entsteht die Vergebung wie von selbst. Damit ermöglicht es uns, daß wir die Bewertung einer Handlung zurückhalten und der betreffenden Person gegenüber Mitgefühl empfinden. Ähnlich verhält es sich, wenn wir die Fähigkeit entwickeln, geduldige Nachsicht zu üben: Wir stellen dann fest, daß wir mit der Zeit über eine entsprechende Rücklage an Ruhe und Gelassenheit verfügen. Wir sind dann zunehmend weniger auf Opposition ausgerichtet und ein viel angenehmerer Umgang. Das schafft wiederum eine angenehme Atmosphäre um uns herum, so daß andere leicht Kontakt zu uns finden können. Und wenn wir durch das Einüben von Geduld emotional gesehen solideren Boden unter den Füßen haben, dann gewinnen wir nicht nur geistig und psychisch an Kraft, sondern wir profitieren auch gesundheitlich davon. Den guten Gesundheitszustand, dessen ich mich erfreue, führe ich auf meinen meist ruhigen und ausgeglichenen Geist zurück.

Doch der wichtigste Vorteil, den sö pa oder die Langmut mit sich bringt, besteht darin, daß es wie ein starkes Gegengift auf die Heimsuchung wirkt, die das Sich-Ärgern darstellt – diese größte Bedrohung unseres inneren Friedens und damit unseres Glücks. Wir können in der Tat feststellen, daß Geduld unser bestes Mittel ist, um uns innerlich gegen die zerstörerischen Auswirkungen des Sich-Ärgerns und -Aufregens zu schützen. Denken Sie daran: Reichtümer können gegen diese Art der Heimsuchung nichts ausrichten, und ebensowenig kann es eine Ausbildung, wie gebildet oder intelligent jemand auch sein mag. Auch Gesetze helfen hier nicht weiter, und Ruhm ist nutzlos. Nur der innere Schutz durch die geduldige Nachsicht kann uns davor bewahren, in den Aufruhr negativer Gedanken und Gefühle zu stürzen. Das Denken oder der Geist (sems) ist nicht körperlich. Man kann ihn nicht anfassen oder direkt verletzen. Nur negative Gedanken und Gefühle können das. Daher kann er nur von der entsprechenden positiven Qualität beschützt werden.

Beim zweiten Schritt, der uns mit der Tugend der Geduld vertraut machen soll, ist es außerdem sehr hilfreich, an Notlagen nicht so sehr als eine Bedrohung unseres Seelenfriedens (lo) zu denken, sondern eher als das beste Mittel, mit dessen Hilfe Geduld erlangt werden kann. Unter diesem Gesichtspunkt erkennen wir, daß die, die uns schaden, uns in gewissem Sinn die Geduld beibringen. Diese Menschen verhelfen uns zu etwas, das wir niemals allein aus Vorträgen lernen könnten, und wären die Redner noch so weise oder heilig. Der Leser darf genausowenig hoffen, diese Tugend allein durch das Lesen dieses Buchs zu erlernen – es sei denn, er fände es so langweilig, daß es ihm Ausdauer abverlangt. Aus Widrigkeiten können wir die geduldige Nachsicht jedoch lernen. Und gerade jene, die uns verletzen, verschaffen uns unvergleichliche Möglichkeiten, diszipliniertes Verhalten zu üben.

Das soll nicht heißen, daß Menschen nicht für ihre Taten verantwortlich sind. Doch erinnern wir uns daran, daß sie vielleicht weitgehend aus Unkenntnis heraus handeln. Ein Kind, das in einem gewalttätigen Umfeld aufwächst, weiß womöglich gar nicht, daß man sich auch anders verhalten kann. Damit wird die Frage nach der Schuld ziemlich überflüssig. Die angemessene Reaktion auf jemanden, der uns Leid zufügt – und hier meine ich selbstverständlich nicht den Fall, daß jemand sich uns zu Recht widersetzt, weil er sich weigert, unseren ungerechtfertigten Forderungen nachzukommen –, liegt in der Einsicht, daß er, indem er uns verletzt, letztlich selbst seinen Seelenfrieden, seine Ausgeglichenheit und damit sein Glück verliert. Das beste ist es, wenn wir Mitgefühl für solche Menschen hegen, allein schon darum, weil der schlichte Wunsch, sie ebenfalls zu verletzen, ihnen ja eigentlich gar nicht schaden kann. Aber uns wird er ganz bestimmt schaden.

Stellen Sie sich zwei streitende Nachbarn vor. Einer von ihnen ist in der Lage, die Auseinandersetzung auf die leichte Schulter zu nehmen. Der andere ist jedoch von der Sache wie besessen und sinnt ständig über Mittel und Wege nach, um seinem Widersacher schaden zu können. Und was passiert? Da er die Bosheit nährt, dauert es nicht lange, bis der dumpf vor sich hin Brütende zu leiden beginnt. Zuerst wird er an Appetitlosigkeit leiden, dann an Schlaflosigkeit. Schließlich schlägt sich das Ganze auf seine Gesundheit nieder. Tage und Nächte werden ihm zur Qual – mit dem paradoxen Ergebnis, daß er letztlich selbst erleidet, was er seinem Nachbarn gewünscht hat.

Wenn wir wirklich darüber nachdenken, dann merken wir, daß es etwas Irrationales hat, wenn wir eine einzelne Person zur Zielscheibe unseres Ärgers machen. Lassen Sie uns ein einfaches Gedankenexperiment durchspielen. Dazu stellen wir uns einen Fall vor, bei dem uns jemand mit Worten beleidigt. Wenn wir aufgrund des Schmerzes, den wir deshalb empfinden, Verärgerung in uns aufsteigen spüren, dann sollten wir diese doch eigentlich auf die geäußerten Worte ausrichten, da sie uns ja den Schmerz zugefügt haben. Statt dessen werden wir aber auf denjenigen wütend, der uns diese Worte an den Kopf geworfen hat. Natürlich läßt sich jetzt einwenden, daß es ja diese Person war, die uns beleidigte, und wir daher völlig zu Recht auf sie sauer sind, weil wir die moralische Verantwortung ja schließlich ihr zuschreiben müssen und nicht ihren Worten. Das mag wohl zutreffen. Doch wenn wir davon ausgehen, daß wir uns eigentlich über das ärgern sollten, was uns tatsächlich den Schmerz zugefügt hat, dann sind die Worte die direkteren Verursacher. Aber sollten wir nicht vielmehr unseren Zorn auf das richten, was die Person, die uns beleidigte, dazu antrieb – nämlich auf ihre blockierenden Gefühle? Denn wenn sie ruhig und ausgeglichen gewesen wäre, dann hätte sie sich anders verhalten. Von den drei in Frage kommenden Faktoren – den schmerzhaften

Worten, der Person, die sie äußerte, sowie den negativen Impulsen, die sie antrieben – ist es jedoch die Person, auf die wir unsere Verärgerung richten. Irgendwie ist das nicht konsequent.

Wenn man jetzt einwendet, die eigentliche Ursache unseres Schmerzes sei das Wesen desjenigen, der uns beleidigt, dann haben wir immer noch keinen plausiblen Grund, über diesen Menschen verärgert zu sein. Denn wenn es tatsächlich in seiner wahren Natur liegen sollte, aggressiv gegen uns zu sein, dann könnte er gar nicht anders handeln. Und in dem Fall wäre die Wut auf ihn vollkommen sinnlos. Wenn wir uns verbrennen, dann ist es unsinnig, dem Feuer böse zu sein. Es liegt in seiner Natur, Dinge zu verbrennen. Doch wenn wir uns in Erinnerung rufen wollen, daß das Konzept einer angeborenen Aggressivität oder Bosheit falsch ist, dann müssen wir nur daran denken, daß derselbe Mensch, der uns Schmerz zufügt, unter anderen Bedingungen ein guter Freund werden könnte. Man hat schon häufig gehört, daß Soldaten, die auf entgegengesetzten Seiten standen, sich in Friedenszeiten angefreundet haben. Und die meisten von uns haben es schon erlebt, daß jemand, dem ein schlechter Ruf aus der Vergangenheit vorauseilte, sich als angenehmer Mensch entpuppt hat.

Natürlich will ich damit nicht sagen, daß wir uns in jeder beliebigen Situation mit solchen Überlegungen abgeben sollen. Wenn wir körperlich bedroht werden, dann sollten wir unsere Energie besser nicht auf Überlegungen dieser Art richten, sondern zusehen, daß wir die Beine in die Hand nehmen. Doch sich mit den verschiedenen Aspekten und Vorzügen der Geduld vertraut zu machen ist hilfreich. Es ermöglicht uns, die Herausforderungen, die in kritischen Situationen an uns herangetragen werden, konstruktiv anzugehen.

Ich sagte weiter oben, daß sö pa, die Geduld, das Gegenstück zum Vorgang des Sich-Ärgerns ist. Tatsächlich läßt sich zu jedem negativen Zustand ein Gegenstück finden. Zum Beispiel steht die Demut in diesem Sinn dem Stolz gegenüber; die Zufriedenheit der Gier; die Ausdauer der Gleichgültigkeit. Wenn man also die ungesunden Zustände überwinden will, die entstehen, wenn negative Gedanken und Gefühle sich frei entwickeln können, dann sollte man die Entwicklung von Tugenden nicht losgelöst von der Einschränkung seiner Reaktionen im Hinblick auf die blockierenden Gefühle sehen. Sie gehen Hand in Hand. Darum läßt sich ethische Disziplin weder auf die bloße Beschränkung negativer noch auf die bloße Stärkung positiver Eigenschaften begrenzen.

Lassen Sie uns über die Sorge nachdenken, um zu veranschaulichen, wie dieser Vorgang der Beschränkung in Verbindung mit dem jeweiligen Gegenstück verläuft. Wir können die Sorge als eine Art der Angst betrachten, die zusätzlich über eine ausgeprägt mentale Komponente verfügt. Wir machen immer wieder Erfahrungen oder erleben Dinge, die uns betroffen machen. Wenn nun diese Betroffenheit in Besorgnis umschlägt, dann beginnen wir zu grübeln und erlauben der Phantasie, negative Aspekte mit einzubeziehen. Wir beginnen damit, uns Sorgen zu machen. Und je mehr Platz wir diesen Sorgen bei uns einräumen, desto mehr Gründe sprechen für sie. Schließlich stehen wir ständig unter Anspannung. Je weiter sich dieser Zustand entwickelt, desto weniger gelingt es uns, etwas gegen ihn zu unternehmen, und desto intensiver wird er. Doch wenn wir genau darüber nachdenken, bemerken wir, daß hinter diesem Vorgang eine grundsätzliche Verengung des Blickwinkels und ein Mangel an einer angemessenen Sichtweise verborgen sind. Sie bringen uns dazu, den Umstand zu vergessen, daß Situationen und Geschehnisse die Resultate zahlloser Ursachen und Bedingungen sind. Wir neigen dazu, uns allenfalls auf einen oder zwei Aspekte unserer Lage zu konzentrieren. Dadurch schränken wir uns automatisch dahingehend ein, daß wir ausschließlich nach Wegen suchen, um allein diese Aspekte in den Griff zu bekommen. Das Problem dabei ist, daß wir, wenn uns das nicht gelingt, Gefahr laufen, völlig demoralisiert zu werden. Daher muß der erste Schritt zur Bewältigung einer solchen Besorgnis darin bestehen, daß wir einen angemessenen Blickwinkel für die jeweilige Situation entwickeln.

Das läßt sich auf verschiedene Arten bewerkstelligen. Eine der wirkungsvollsten ist, das Augenmerk weg von sich selbst und dafür auf andere zu richten. Gelingt uns das, dann stellen wir fest, daß der Umfang unserer eigenen Probleme schrumpft. Das soll nicht heißen, daß wir unsere eigenen Bedürfnisse komplett beiseite schieben sollen, sondern eher, daß wir uns bemühen sollten, neben unseren eigenen auch die Anliegen anderer zu berücksichtigen, wie dringlich unsere Probleme auch immer sein mögen. Das hilft, denn wenn wir unsere Anteilnahme im Hinblick auf andere in die Tat umsetzen, dann entsteht Vertrauen wie von selbst, und Sorgen und Kummer verringern sich. Bei näherer Betrachtung stellen wir sogar fest, daß die meisten psychischen und emotionalen Leiden, die in der modernen Welt so allgegenwärtig sind – einschließlich der Empfindungen von Hoffnungslosigkeit, Einsamkeit und so weiter –, in jenem Augenblick nachlassen, in dem wir aus einem Gefühl der Anteilnahme an anderen heraus aktiv zu handeln beginnen. Meiner Ansicht nach erklärt das, warum eine nach außen gerichtete Ausübung von positiven Handlungen zum Abbau der Besorgnis allein nicht ausreicht. Wenn das zugrundeliegende Motiv nur die eigenen kurzfristigen Ziele berücksichtigt, dann fügen wir unseren Problemen damit lediglich neue hinzu.

Wie aber sollen wir mit den Situationen umgehen, in denen wir unser Leben insgesamt völlig unbefriedigend finden oder in denen wir spüren, daß wir vollkommen von Leid überwältigt werden – wie wir es alle in verschiedenen Abstufungen von Zeit zu Zeit erleben? An solchen Punkten ist es von höchster Bedeutung, daß wir mit all unseren Möglichkeiten einen Weg suchen, der unsere Lebensgeister wieder weckt. Dazu könnten wir uns auf die Dinge besinnen, die auf unserer Habenseite stehen. Vielleicht gibt es jemanden, der uns liebt; vielleicht haben wir bestimmte Begabungen; möglicherweise haben wir eine gute Bildung genossen; eventuell ist für unsere Grundbedürfnisse gesorgt – wir haben etwas zu essen, Kleidung, ein Dach über dem Kopf –, und möglicherweise haben wir in der Vergangenheit sogar selbstlose Taten vollbracht. Ähnlich wie ein Bankier, der die Zinsen selbst für die kleinsten Summen einstreicht, die er verliehen hat, müssen wir selbst auch den geringsten positiven Aspekt unseres Lebens in Betracht ziehen. Denn wenn wir keinen Weg finden, der uns wieder nach oben führt, dann ist die Gefahr riesengroß, daß wir immer weiter in unserem Gefühl der Macht- und Hilflosigkeit versinken. Das kann uns an den Punkt bringen, an dem wir glauben, daß wir überhaupt nicht in der Lage sind, auch nur irgend etwas Gutes zustande zu bringen. Und damit bereiten wir den Boden für die Verzweiflung. Selbstmord scheint dann vielleicht die einzige Alternative zu sein.

Bei den meisten Fällen von Hoffnungslosigkeit und Verzweiflung zeigt es sich, daß die individuelle Wahrnehmung, die sich die betreffende Person von ihrer Lage macht, entscheidender ist als die objektive Situation. In vielen Fällen mag es ohne die Hilfe anderer tatsächlich nicht mehr weitergehen. Dann geht es eigentlich nur darum, andere um Hilfe zu bitten. Aber es mag durchaus Situationen geben, die hoffnungslos sind. Da kann ein religiöser Glaube eine Quelle des Trosts sein, doch das ist ein anderes Thema.

Was gehört noch zu einer Ethik der Tugend? Generell läßt sich sagen, daß Extreme auf jeden Fall vermieden werden sollten. So wie Überernährung ebenso gefährlich ist wie Unterernährung, verhält es sich auch mit dem Streben nach der Tugend und ihrer Umsetzung. Selbst edle und hochherzige Anliegen können zu einer Quelle des Leidens werden, wenn man über das Ziel hinausschießt. Ähnlich ist es mit dem Mut: Wenn man den Bogen überspannt, ohne die Umstände angemessen zu berücksichtigen, dann wird er im Handumdrehen zu Tollkühnheit. Extreme untergraben eine der Hauptabsichten, die uns dazu bewegen, überhaupt tugendhaft zu handeln, nämlich einen Ausgleich zu jener Neigung in uns zu schaffen, die uns geistig und emotional heftig auf andere reagieren läßt, ebenso wie auf jene Vorkommnisse, die unausweichlich Leid in uns verursachen.

Außerdem muß man begreifen, daß die Umwandlung von Herz und Geist (lo), deren Ziel es ist, daß wir wie von selbst moralisch handeln, es erfordert, daß wir das Streben nach der Tugend zum Kernstück unseres täglichen Lebens machen. Der Grund dafür liegt darin, daß Liebe und Mitgefühl, Geduld, Großzügigkeit, Demut und so weiter sich allesamt ergänzen. Und weil es so schwierig ist, die blockierenden Gefühle auszumerzen, ist es notwendig, sich an den positiv belegten Gegenpol zu gewöhnen, bevor das andere auftreten kann. So ist zum Beispiel die Entwicklung von Großzügigkeit unabdingbar, um unserer Neigung entgegenzuwirken, zu sehr an unserem Besitz und auch an unserer Energie zu hängen.

Anfangs tut man das am effektivsten, indem man Geben übt. Das hilft uns dabei, unseren gewohnheitsmäßigen Geiz zu überwinden, den wir gern mit Fragen rechtfertigen wie: »Wenn ich anfange, Sachen zu verschenken, was habe ich dann davon?« Geben wird in jeder bedeutenden Religion und in jeder zivilisierten Gesellschaft als Tugend betrachtet und nützt zweifellos sowohl dem Schenkenden als auch dem Beschenkten. Der Beschenkte wird von seiner Sehnsucht befreit, und der Gebende kann aus der Freude, die sein Geschenk dem anderen verschafft, Wohlgefühl schöpfen. Man muß aber auch berücksichtigen, daß es verschiedene Arten und Abstufungen des Gebens gibt. Wenn unserem Schenken das Motiv zugrunde liegt, das Ansehen zu verbessern, das wir bei anderen haben – um uns einen Namen zu machen und zu bewirken, daß andere uns als tugendhaft oder fromm ansehen –, dann entwerten wir diese Tat. In solch einem Fall üben wir uns nicht in Großzügigkeit, sondern in Selbsterhöhung. Ähnlich kann jemand, der viel gibt, dennoch weniger großzügig sein als jemand, der wenig gibt. Es hängt immer von den Möglichkeiten und Absichten des Gebenden ab.

Obwohl es kein Ersatz ist, wenn wir etwas von unserer Zeit und Energie verschenken, drückt sich darin aber vielleicht eine höhere Ebene des Gebens aus, als wenn man Geschenke macht. Ich denke hier vor allem daran, jenen Menschen Hilfe zu schenken, die körperlich oder geistig behindert sind, die kein Zuhause haben, die einsam sind, die im Gefängnis sind oder es waren. Zu dieser Art des

Gebens gehört es zum Beispiel auch, wenn ein Lehrer sein Wissen mit Lernenden teilt. Nach meiner Auffassung ist das hingebungsvollste Geben jenes, das ohne den Anspruch oder den Gedanken an einen Dank erfolgt und dessen Motiv in echter Anteilnahme am anderen begründet ist. Denn je mehr wir unsere Zielsetzung erweitern, damit den Interessen anderer ein Platz neben unseren eigenen eingeräumt werden kann, desto solidere Fundamente errichten wir damit für unser eigenes Glück.

Wenn ich die Demut als einen wesentlichen Aspekt unserer Verwandlung bezeichne, dann scheint das dem zuwiderzulaufen, was ich über die Bedeutung des Selbstvertrauens gesagt habe. Aber ebenso, wie es einen klaren Unterschied zwischen berechtigtem Selbstwertgefühl in Form von Selbstachtung einerseits und Selbstgefälligkeit andererseits gibt (wenn sich jemand aufgrund einer falschen Selbsteinschätzung zu wichtig nimmt), so muß man unbedingt zwischen echter Demut als einer Variante der Bescheidenheit und mangelndem Selbstvertrauen unterscheiden. Obwohl diese beiden häufig durcheinandergebracht werden, sind sie doch ganz und gar nicht dasselbe. Vielleicht wird deshalb die Demut heute oft als Schwäche und nicht als Anzeichen innerer Stärke angesehen – vor allem im Rahmen des Wirtschafts- und Geschäftslebens. Die moderne Gesellschaft weist der Demut jedenfalls nicht den Platz zu. den sie in Tibet einnahm, als ich noch klein war. Damals schulen sowohl unsere Kultur als auch die grundlegende Bewunderung der Menschen für die Demut ein Klima, in dem sie erblühte, wohingegen der Ehrgeiz (den man von den völlig angemessenen Bemühungen unterscheiden muß, ein positives Vorhaben zu verwirklichen) als Eigenschaft betrachtet wurde, die nur allzu leicht zu egozentrischem Denken führt. Doch die Demut ist im jetzigen Leben wichtiger denn je. Je erfolgreicher wir Menschen als Einzelne wie auch als Gemeinschaft durch die Entwicklung von Wissenschaft und Technik werden, desto entscheidender wird es, sich die Demut zu bewahren. Denn je großartiger unsere weltlichen Errungenschaften sind, desto anfälliger werden wir Stolz und Anmaßung gegenüber.

Eine hilfreiche Methode zur Entwicklung von echtem Selbstvertrauen und Demut besteht darin, über Leute nachzudenken, deren Aufgeblasenheit sie zum Gespött für andere macht. Sie sind sich vielleicht nicht bewußt, wie lächerlich sie auf andere wirken, doch alle außer ihnen selbst bemerken es. Dabei geht es aber nicht darum, über andere zu richten, sondern vielmehr darum, daß wir uns vor Augen führen, welche negativen Auswirkungen solche Zustände von Herz und Geist haben können. Indem wir am Beispiel anderer sehen, wohin das führt, wächst in uns die Entschlossenheit, es zu vermeiden. In gewissem Sinn kehren wir das Prinzip um, daß wir anderen nicht schaden, um selbst keinen Schaden zu nehmen, und machen uns den Umstand zunutze, daß es leichter ist, an anderen die Fehler zu bemerken als deren Tugenden. Zudem ist es sowieso einfacher, die Schwachpunkte anderer wahrzunehmen als die eigenen.

Hier sollte ich vielleicht noch ergänzen, daß die Demut weder mit mangelndem Selbstvertrauen verwechselt werden sollte noch daß sie etwas mit dem Gefühl der Wertlosigkeit zu tun hat. Es ist immer schädlich, wenn jemand seinen eigenen Wert nicht richtig erkennt; und unter Umständen kann das zu einem Zustand psychischer, emotionaler und geistiger Lähmung führen. Möglicherweise beginnt jemand dann sogar sich selbst zu hassen, obwohl ich hier einräumen muß, daß mir das Konzept des Selbsthasses nicht plausibel erschien, als es mir zum erstenmal von westlichen Psychologen erklärt wurde. Für mich stand es mit dem Grundsatz in Widerspruch, daß unser elementares Bedürfnis darin besteht, daß wir glücklich werden und Leid vermeiden wollen. Aber mittlerweile kann ich nachvollziehen, daß jemand Gefahr läuft, sich selbst zu hassen, wenn er oder sie jegliche Perspektive verliert. Doch jeder von uns verfügt über Einfühlungsvermögen, und deshalb sind wir alle in der Lage, uns auf positive Weise einzubringen, und wenn es sich nur um das Denken positiver Gedanken handelt.

Eine andere Methode, um diese Verengung des Blickwinkels zu vermeiden, die uns zu so extremen Zuständen wie dem Selbsthaß oder der Verzweiflung führen kann, besteht darin, sich bei jeder sich bietenden Gelegenheit über das Glück anderer zu freuen. Im Rahmen dieser Übung ist es auch hilfreich, anderen so oft wie möglich Respekt zu erweisen und sie auch mit Lob zu ermutigen, wenn es angebracht erscheint. Sollte ein solches Lob eher wie eine

Schmeichelei wirken oder beim Gegenüber Selbstgefälligkeit wecken, dürfte es besser sein, wenn wir unsere guten Absichten nicht laut äußern. Und wenn wir es sind, die gelobt werden, dann ist es von entscheidender Bedeutung, daß wir uns das Lob nicht zu Kopf steigen lassen und uns wichtig fühlen. Wir sollten lediglich erkennen, daß es vom anderen großzügig ist, wenn er unsere guten Eigenschaften lobt.

Wenn es bei vergangenen Ereignissen dazu gekommen ist, daß wir die Gefühle anderer mißachtet und uns auf deren Kosten mit unseren selbstsüchtigen Interessen beschäftigt haben, so ist es äußerst hilfreich, ein Gefühl der Reue zu entwickeln, damit wir diese negativen Empfindungen für uns selbst bewältigen können. Doch der Leser oder die Leserin verstehe mich bitte nicht falsch: Ich befürworte hier nicht jenes Schuldgefühl, von dem so viele meiner westlichen Freunde sprechen. Offenbar haben wir im Tibetischen überhaupt kein Wort, welches dem Begriff »Schuld« exakt entspricht. Und aufgrund seiner starken kulturellen Prägung bin ich mir nicht einmal sicher, ob ich dieses Konzept überhaupt in seiner ganzen Tiefe begriffen habe. Es ist natürlich und zu erwarten, daß wir in bezug auf frühere Fehler Unbehagen empfinden, doch wenn sich das zu einem Schuldgefühl ausweitet, dann kommt, so scheint mir, ein Element der Maßlosigkeit gegen sich selbst hinzu. Es ist sinnlos, über Dingen, die wir in der Vergangenheit falsch gemacht haben, so lange unruhig zu brüten, bis wir wie gelähmt sind. Sie sind geschehen, es ist vorbei. Wenn die betreffende Person an Gott glaubt, dann ist es angebracht, versöhnliche Wege zu beschreiten. Im Buddhismus gibt es zum Beispiel verschiedene Rituale und Übungen, die der Läuterung dienen. Besitzt dieser Mensch aber keinen religiösen Glauben, dann sollte er sich allen negativen Gefühlen, die früheren Fehlern entstammen, stellen, sie akzeptieren und Trauer und Bedauern über sie entwickeln. Er sollte jedoch nicht bei dieser Trauer und Reue verharren, sondern sie zur Ausgangsbasis seiner guten Vorsätze machen – einer tief empfundenen Selbstverpflichtung, anderen nie wieder Schaden zuzufügen und alle Handlungen noch entschlossener auf das Wohl anderer auszurichten. Es erweist sich auch als äußerst hilfreich, die negativen Taten einem anderen Menschen anzuvertrauen, sie zu beichten, vor allem jemandem, den man wirklich respektiert und dem man vertraut. Doch vor allem sollten wir nie vergessen, daß uns die Möglichkeit der Wandlung – der Besserung – erhalten bleibt, solange wir in uns die Fähigkeit zur Anteilnahme bewahren. Wenn wir uns lediglich die Schwere unserer Verfehlungen eingestehen, dann alle Hoffnung fahrenlassen und nichts weiter tun, als uns mit diesen Eindrücken zu konfrontieren, dann machen wir es ganz falsch, denn damit verschlimmern wir unsere Fehleinschätzung nur.

Ein tibetisches Sprichwort lautet: Tugendhaft zu handeln ist so schwer, wie einen Esel bergauf zu treiben, aber sich schändlich zu verhalten ist so leicht, wie einen Felsbrocken bergab zu rollen. Man sagt bei uns auch, daß negative Impulse so unvermittelt kommen wie ein Regen und daß sie an Wucht gewinnen wie Wasser, das abwärts stürzt. Verschlimmert wird das Ganze außerdem durch unsere Neigung, negativen Gedanken und Gefühlen nachzugeben, selbst wenn wir wissen, daß wir das nicht tun sollten. Daher ist es so wichtig, daß wir direkt unseren Hang angehen, die Dinge auf die lange Bank zu schieben und unsere Zeit mit unwichtigem Kram zu vertun, sowie der Aufgabe, uns selbst zu verändern, mit dem Argument auszuweichen, sie sei viel zu groß. In diesem Zusammenhang ist es besonders wichtig, daß wir uns von dem großen Ausmaß des Leids auf der Welt nicht abschrecken lassen. Das Elend von Millionen ist kein Grund zum Jammern, sondern vielmehr ein Grund, Mitgefühl zu entwickeln.

Ferner sollten wir uns bewußt machen, daß es auch als negative Tat bewertet werden kann, wenn wir nicht aktiv werden, wo Tatkraft angezeigt ist. Wenn so eine Unterlassung auf Verärgerung, Bosheit oder Eifersucht zurückzuführen ist, dann haben wir es eindeutig mit blockierenden Gefühlen zu tun. Das gilt für einfache Dinge genauso wie für komplizierte Angelegenheiten. Wenn ein Kellner einem Gast nicht sagt, daß der Teller, den er ihm gebracht hat, soeben aus dem Herd kommt, weil er möchte, daß der Gast sich die Finger verbrennt, dann sind zweifellos blockierende Gefühle im Spiel. Wenn andererseits eine Unterlassung nur auf Trägheit zurückgeht, dann ist der geistige und emotionale Zustand dieser Person nicht unbedingt so negativ. Die Auswirkungen können aber auch in solch einem Fall durchaus schwerwiegend sein, wobei die Ursache weniger in negativen Gedanken und Gefühlen als in mangelndem Mitgefühl zu suchen ist. Daher ist es wichtig, daß wir unseren Hang zur Trägheit genauso entschlossen zu überwinden versuchen, wie wir die Beschränkung unserer Reaktionen auf blockierende Gefühle trainieren.

Das ist keine leichte Aufgabe, und die religiös Orientierten müssen begreifen, daß es hierfür keinen Segen und keine Weihe gibt, die uns, wenn wir überhaupt Zugang dazu hätten, in die Lage versetzten, unsere Wandlung auf der Stelle zu vollziehen. Ebensowenig kann man auf irgendeine geheimnisvolle Formel oder auf ein magisches Ritual hoffen, mit denen dieser Prozeß beschleunigt wird – alles geht nur Schritt für Schritt, so wie man ein Haus aus einzelnen Ziegeln baut. Oder wie wir im Tibetischen sagen: Ein Meer besteht aus lauter Tropfen. Unsere Körper werden mit der Zeit krank, alt und verbraucht, doch die blockierenden Gefühle altern niemals; daher muß man sich klarmachen, daß dieser Kampf das ganze Leben lang andauert. Der Leser oder die Leserin darf auch nicht dem Irrtum verfallen, es gehe bei unserem Thema lediglich um die Aneignung von Wissen. Und genausowenig geht es um die Bildung einer Weltanschauung, die sich vielleicht aus solchen Kenntnissen entwickeln läßt. Nein, wir reden davon, sich eine praktische Tugend anzueignen, und zwar durch beständige Übung und Gewöhnung, so daß diese Tugend schließlich wie von selbst wirken kann. Je mehr Anteilnahme am Wohl anderer wir entwickeln, desto leichter fällt es uns, in ihrem Sinn zu handeln. Und je mehr wir uns an die dazu notwendigen Anstrengungen gewöhnen, desto leichter fallen sie uns. Schließlich wird uns diese Einstellung zur zweiten Natur. Doch Abkürzungen auf dem Weg dorthin gibt es nicht.

Sich tugendhaft zu verhalten erinnert ein bißchen an das Großziehen eines Kindes. Sehr viele Aspekte spielen dabei eine Rolle. Und bei unserem Unterfangen, unsere Gewohnheiten und Motive umzuwandeln, müssen wir besonders zu Beginn umsichtig und geschickt sein. Wir dürfen uns auch über das erreichbare Ziel keine falschen Vorstellungen machen. Es hat lange gedauert, bis wir so wurden, wie wir sind, und Gewohnheiten lassen sich nicht über Nacht ändern. Wenn wir Fortschritte machen, sollten wir das Ziel ruhig immer höher stecken, doch es wäre falsch, wenn wir uns von Anfang an schon am Idealzustand orientierten. Wenn ein Kind gerade in der ersten Klasse ist, beurteilen wir sein Fortkommen ja auch nicht so, als ob es sich bereits um einen Abiturienten handelt. In diesem Sinn ist das Abitur das Ideal und nicht der Standard. Anstatt sich immer wieder kurz zu heldenhaften Anstrengungen aufzuschwingen, denen immer wieder Erschöpfungsphasen folgen, ist es effektiver, konstant wie ein Fluß dem Ziel der Umwandlung zuzustreben.

Eine sehr hilfreiche Methode bei dieser lebenslangen Aufgabe der Umwandlung besteht darin, sich eine tägliche Routine anzugewöhnen, die je nach Fortschritt angepaßt werden kann. Wie bei allem, was Tugenden angeht, ist auch hier ein religiöser Hintergrund von Nutzen. Doch das ist kein Grund, warum sich nicht auch Nichtgläubige der Vorstellungen und Methoden bedienen sollten, die der Menschheit über Jahrtausende hinweg so nützlich waren. Aus der Anteilnahme am Wohl anderer eine Gewohnheit zu machen und jeden Morgen nach dem Aufwachen ein paar Minuten damit zu verbringen, über den Wert einer ethisch-disziplinierten Lebensführung nachzudenken, ist ein guter Start in den Tag, ganz unabhängig davon, ob man einen Glauben hat oder nicht. Und dasselbe gilt entsprechend für das Ende eines Tages: Hier sollte man sich die Zeit nehmen und überlegen, wie erfolgreich man in diesem Sinn gewesen ist. Diese Selbstdisziplin ist außerdem dabei hilfreich, die Nachgiebigkeit gegenüber sich selbst abzubauen.

Wenn diese Ratschläge Ihnen ziemlich beschwerlich erscheinen, wo Sie doch gar nicht das Nirwana oder die Erlösung anstreben, sondern einfach als Mensch glücklich werden wollen, dann sollten Sie sich daran erinnern, daß jene Dinge uns im Leben die größte Freude und Zufriedenheit schenken, die wir aus Anteilnahme für andere heraus tun. Wir können sogar noch weiter gehen. Denn während die fundamentalen Fragen der Menschheit – Warum sind wir hier? Wohin gehen wir? Hat das Universum einen Anfang? – in jeder philosophischen Schule andere Antworten hervorbrachten, bedarf es keiner Erklärung, daß ein großzügiges Herz und gute Taten zu mehr Frieden führen. Und ebenso offensichtlich ist es, daß ihre negativen Gegenstücke entsprechende Auswirkungen haben. Glück erwächst aus tugendhaften Anliegen. Wenn wir wahrhaftig glücklich werden wollen, gibt es keinen anderen Weg als den der Tugend: Sie ist die Methode, die das Glück hervorbringt. Und die Grundlage der Tugend, so können wir ergänzen, ist die ethische Disziplin.

8.

Die Ethik des Mitgefühls

Wie wir weiter oben festgestellt haben, heben alle bedeutenden Religionen die Wichtigkeit der Entwicklung von Liebe und Mitgefühl hervor. In der philosophischen Tradition des Buddhismus werden diesbezüglich verschiedene Verwirklichungsstufen beschrieben. Auf der ersten Stufe wird unter Mitgefühl (nying je) weitgehend das Einfühlungsvermögen verstanden, also die Fähigkeit, sich in andere hineinzuversetzen und ihr Leid bis zu einem gewissen Grad zu teilen. Doch Buddhisten – und vielleicht auch andere Menschen – glauben, daß sich diese Fähigkeit so weit fortentwickeln läßt, daß unser Mitgefühl nicht nur ohne jeden Aufwand wie von selbst in Erscheinung treten kann, sondern daß es zugleich bedingungslos ist, keine Unterschiede macht und allumfassend ist. Ein Gefühl der Nähe zu allen anderen Lebewesen entsteht – selbstverständlich einschließlich jener, die uns weh tun –, ein Wesenszug, der in der entsprechenden Literatur mit der Liebe einer Mutter zu ihrem einzigen Kind verglichen wird.

Doch diese Gelassenheit, die man anderen gegenüber empfindet, wird nicht als das Ende der Entwicklung betrachtet, sondern eher als Sprungbrett zu einer noch größeren Liebe. Da uns das Einfühlungsvermögen genauso wie die Urteilsfähigkeit angeboren ist, verfügt das Mitgefühl über dieselben Eigenschaften wie das Bewußtsein selbst. Deshalb sind wir in der Lage, das Mitgefühl konstant und dauerhaft zu entwickeln. Es handelt sich bei ihm nicht um so etwas wie einen Bodenschatz, der verbraucht werden kann. Und obwohl wir von ihm wie von einer Aktivität sprechen, ist es dennoch nicht einer körperlichen Tätigkeit gleichzusetzen, die wir trainieren können, wie zum Beispiel den Hochsprung, der jedoch bei einer festgelegten Höhe endet. Ganz im Gegenteil: Wenn wir unsere Empfänglichkeit für das Leid anderer steigern, indem wir ihm uns bewußt öffnen, dann – so die Annahme – können wir unser Mitgefühl allmählich bis zu einer Stufe steigern, auf der uns selbst das geringste Leid anderer derart bewegt, daß wir ein alles übersteigendes Verantwortungsgefühl ihnen gegenüber empfinden. Das veranlaßt einen mitfühlenden Menschen, sich ganz und gar dem anderen zu widmen, indem er ihm dabei hilft, sowohl das Leid als auch die Ursache dieses Leids zu überwinden. Im Tibetischen wird diese höchste Stufe *nying je chenmo* genannt: das Große Mitgefühl.

Diese Stufe muß man aber nicht erreichen, um ein ethisch stimmiges Leben führen zu können. Ich habe nying je chenmo hier nicht beschrieben, weil es eine Voraussetzung für ethisches Verhalten ist, sondern weil ich glaube, daß es höchst anspornend sein kann, wenn man die Logik des Mitgefühls bis zum Äußersten durchdenkt. Auch wenn es vielen Lesern unmöglich erscheinen mag: Nach meiner Auffassung ist diese höchste Stufe tatsächlich zu erreichen, wenn auch sicher nur unter größten Anstrengungen. Doch selbst wenn wir uns bemühen, nying je chenmo – das Große Mitgefühl – zu erreichen, und nur das Ideal im Auge behalten, wird das allein schon einen enormen Einfluß auf unsere Lebenseinstellung haben. Diese Wirkung beruht auf der schlichten Erkenntnis, daß jeder – genau wie ich auch – glücklich sein und nicht leiden will. Das Idealbild wird uns immer wieder daran erinnern, uns nicht selbstsüchtig und voreingenommen zu verhalten. Es wird uns daran erinnern, daß Freundlichkeit und Großzügigkeit nichts taugen, solange wir auf eine Gegenleistung hoffen. Es wird uns daran erinnern, daß Dinge, die wir tun, um unser Image aufzubessern, nach wie vor selbstsüchtig sind, auch wenn sie noch so gut zu sein scheinen. Es wird uns auch daran erinnern, daß an unserer Güte nichts Besonderes ist, wenn wir sie Menschen angedeihen lassen, denen wir uns ohnehin verbunden fühlen. Und wir werden deutlicher erkennen, daß wir Gefahr laufen, unsere Verantwortung gegenüber Außenstehenden zu vernachlässigen, wenn wir unser ethisches Verhalten für die Menschen reservieren, die uns nahestehen. Die Zuneigung, die wir natürlicherweise für unsere Angehörigen und Freunde empfinden, ist keine zuverlässige Grundlage für ethisches Verhalten.

Und warum nicht? Solange die betreffenden Menschen unsere Erwartungen erfüllen, ist alles in Ordnung. Doch wenn sie das nicht mehr tun, dann kann jemand, den wir als guten Freund betrachten, von einem Tag auf den anderen zu einem Feind werden. Wie wir weiter oben schon sahen, neigen wir dazu, harsch auf all jene zu reagieren, die die Erfüllung unserer Sehnsüchte behindern, selbst wenn es nächste Verwandte sind. Daher bilden Mitgefühl und gegenseitiger Respekt eine viel solidere Basis für Beziehungen zu anderen – und das gilt auch für Liebesbeziehungen. Wenn unsere Liebe zu jemandem sich vorwiegend auf dessen oder deren Anziehungskraft gründet, sei es das Aussehen oder eine andere Äußerlichkeit, dann dürften sich unsere Gefühle zu diesem Menschen nach einer Weile verflüchtigen. Und wenn er dieses Merkmal, das wir attraktiv fanden, nicht mehr hat oder es uns nicht mehr ausreicht, dann kann die Situation sich schlagartig ändern, obwohl es sich natürlich immer noch um denselben Menschen handelt. Aus diesem Grund sind Beziehungen, die sich allein auf Attraktivität gründen, so gut wie nie von Dauer. Wenn wir dagegen beginnen, unser Mitgefühl zu perfektionieren, dann wird weder das Erscheinungsbild noch das Auftreten des oder der anderen unsere grundsätzliche Einstellung beeinflussen.

Denken Sie auch daran, daß unsere Gefühle für andere gewöhnlich sehr von deren jeweiligen Lebensumständen abhängen. So wird ein behinderter Mensch bei den meisten Mitgefühl erwecken, während jemand, der reicher, besser ausgebildet oder sozial bessergestellt ist, oft Neid oder Konkurrenzdenken hervorruft. Solche negativen Empfindungen hindern uns daran, das Gemeinsame zwischen uns und allen anderen wahrzunehmen. Wir vergessen dann, daß sie genau wie wir gerne glücklich sein und nicht leiden wollen, gleichgültig wie erfolgreich oder erfolglos oder wie fern oder wie nah sie sein mögen.

Also geht es darum, diese Voreingenommenheit zu bekämpfen. Obwohl es naheliegend und auch angemessen ist, zunächst echtes Mitgefühl für die uns Nahestehenden zu entwickeln, da unser Verhalten auf sie natürlich viel größere Auswirkungen hat als auf andere und wir ihnen gegenüber eine erheblich größere Verantwortung tragen, sollten wir uns dennoch darüber im klaren sein, daß es letztlich keinen Grund gibt, sie anderen vorzuziehen. So gesehen befinden wir uns alle in der Situation eines Arztes, der zehn Patienten mit derselben schweren Krankheit heilen soll: Jeder von ihnen hat dasselbe Anrecht auf Behandlung. Doch der Leser glaube nicht, daß ich hier als Befürworter einer distanzierten Neutralität sprechen will. Die folgende wichtige Aufgabe besteht darin, daß wir damit beginnen, unser Mitgefühl auf alle anderen Menschen auszudehnen und den Grad der Nähe zu ihnen auf einem Niveau zu halten, das dem Gefühl für unsere Nächsten entspricht. Mit anderen Worten: Wir sollten uns in bezug auf andere um Gerechtigkeit bemühen – eine Grundlage, in die wir die Saat des nying je chenmo pflanzen können, die Saat der Großen Liebe und des Mitgefühls.

Wenn uns erst einmal der erste Schritt dazu gelingt, mit anderen auf einer solchen Basis umzugehen, dann gründet sich unser Mitgefühl nicht mehr darauf, daß eine Person unser Mann, unsere Frau, unser Verwandter oder unser Freund ist. Statt dessen können wir allen Menschen gegenüber dieses Gefühl von Nähe entwickeln, weil die schlichte Erkenntnis dahintersteckt, daß jeder Mensch, genau wie ich selbst, glücklich werden und Leid vermeiden will. Das bedeutet, daß wir zu anderen eine Beziehung auf der Grundlage herstellen, daß wir beide Empfindungen haben. Da das in der Umsetzung ungeheuer schwierig ist, läßt sich auch dieses Ziel als ein Ideal betrachten. Aber was mich selbst betrifft, so empfinde ich dieses Ideal als ungemein anspornend und hilfreich.

Betrachten wir nun die Auswirkung der mitfühlenden Liebe und Warmherzigkeit auf unser tägliches Leben. Verlangt das Ideal, daß wir sie bis zu dem Punkt entwickeln, an dem sie wahrhaft bedingungslos wird, und daß wir unsere eigenen Belange völlig aufgeben müssen? Ganz und gar nicht. Hier haben wir es im Gegenteil mit der besten Methode zu tun, unsere eigenen Interessen zu unterstützen, ja, man kann sogar behaupten, daß dies der weiseste

Weg ist, unsere eigenen Wünsche zu erfüllen. Denn wenn unsere Annahme richtig ist, daß es Eigenschaften wie Liebe, Geduld, Toleranz und Vergebung sind, die das Glück ausmachen, und wenn es ebenfalls stimmt, daß nying je, das Mitgefühl, wie ich es definiert habe, sowohl Voraussetzung als auch Frucht dieser Eigenschaften ist, dann sorgen wir um so mehr für unser eigenes Glück, je mehr wir mit anderen mitfühlen. Jedes Konzept, welches das Mitgefühl zwar für eine edle Regung hält, es aber auf den privaten Bereich beschränkt sehen will, ist daher schlicht kurzsichtig. Mitgefühl muß all unsere Tätigkeiten begleiten, und damit gehört es natürlich auch an unseren Arbeitsplatz.

Ich stelle allerdings fest, daß offenbar viele Menschen die Auffassung teilen, Mitgefühl sei im Berufsleben wenn schon kein Hindernis, so doch zumindest unangebracht. Dem halte ich entgegen, daß es meiner Meinung nach nicht nur angebracht ist, sondern daß unser Handeln destruktiv zu werden droht, wenn das Mitgefühl fehlt. Das liegt daran, daß wir unvermeidlich andere verletzen, wenn wir nicht mehr bedenken, welche Auswirkungen unser Tun auf ihr Wohlergehen hat. Die Ethik des Mitgefühls kann einen Beitrag zum notwendigen Fundament und zur Motivation leisten, damit sowohl Selbstbeschränkung als auch Tugend entwickelt werden können. Von dem Augenblick an, in dem wir uns des Werts des Mitgefühls wahrhaftig bewußt werden, beginnt sich unser Blick auf andere wie von selbst zu verändern. Das allein kann sich bereits enorm auf unser Alltagsverhalten auswirken. Wenn wir uns zum Beispiel versucht fühlen, jemanden zu hintergehen, dann wird uns das Mitgefühl für ihn oder sie daran hindern, diesem Gedanken nachzugeben. Und wenn wir etwa feststellen, daß wir etwas tun oder schaffen, was anderen zum Schaden gereichen kann, dann wird das Mitgefühl uns veranlassen, diese Sache aufzugeben. Wenn ein Wissenschaftler, um ein erfundenes Beispiel zu nehmen, feststellt, daß seine Forschungsergebnisse anderen Menschen wahrscheinlich Leid bringen werden, dann wird er sich entsprechend verhalten und gegebenenfalls sogar das ganze Projekt aufgeben.

Ich will nicht leugnen, daß echte Probleme auftauchen können, wenn man sich dem Ideal des Mitgefühls hingibt. Der Wissenschaftler, der sich nicht in der Lage sieht, seine Arbeit wie bisher fortzusetzen, muß mit ernsten Konsequenzen nicht nur für sich, sondern auch für seine Familie rechnen. Und Menschen, die in sozialen Bereichen tätig sind – in medizinischen, in beratenden Berufen oder in der Sozialarbeit – oder die zu Hause jemanden pflegen müssen, können von ihren Pflichten manchmal so mitgenommen werden, daß sie sich überfordert fühlen. Ständig mit Leid und Elend konfrontiert zu werden und dazu gelegentlich das Gefühl zu haben, daß die Leistung, die man erbringt, als selbstverständlich angesehen wird, das kann Gefühle der Hilflosigkeit oder gar Verzweiflung wecken. Oder es kann passieren, daß jemand nur, ohne es zu hinterfragen, selbstlos handelt – gewissermaßen automatisch.

Das ist natürlich besser als nichts, doch wenn man sich seiner Motivation nicht mehr bewußt ist, kann man gegenüber dem Leid anderer abstumpfen. Wenn dieser Prozeß einsetzt, sollte man am besten erst einmal zur Ruhe kommen, damit die eigene Sensibilität bewußt wiedererweckt werden kann. Dabei kann es hilfreich sein, sich in Erinnerung zu rufen, daß es nie eine Lösung ist, in Verzweiflung zu geraten. Sie kennzeichnet eher das endgültige Scheitern. Daher müssen wir – so das tibetische Sprichwort – das Seil, das neunmal gerissen ist, eben zum zehntenmal flicken. Und selbst wenn wir am Ende unser Ziel doch nicht erreichen, dann brauchen wir uns wenigstens keine Vorwürfe zu machen. Wenn wir uns außerdem deutlich klarmachen, daß wir die Fähigkeit besitzen, anderen zu helfen, dann werden sich Hoffnung und Zuversicht allmählich wieder einstellen.

Mancher mag hier einwenden, daß wir uns selbst Leid antun, wenn wir uns auf das Leid anderer einlassen. In einem gewissen Maß ist das richtig. Doch meiner Ansicht nach besteht ein wichtiger qualitativer Unterschied zwischen dem Leid, das man selbst erfährt, und dem, das man mit jemandem teilt. Wenn man selbst Leid erduldet – und ich unterstelle, daß man das nicht freiwillig tut –, dann schwingt immer ein Element der Bedrängnis mit: Es scheint von außen zu kommen. Wenn man dagegen das Leid mit jemand anderem teilt, dann muß auf irgendeiner Ebene so etwas wie eine Freiwilligkeit mit im Spiel sein, die auf ein gewisses Maß innerer Kraft schließen läßt. Aus diesem Grund ist es viel unwahrscheinlicher, daß uns die damit einhergehenden Probleme so sehr lähmen können wie unser eigenes Leid.

Selbst wenn man es nur als Ideal betrachtet, so hat das Konzept des bedingungslosen Mitgefühls doch etwas Entmutigendes. Die meisten Menschen – mich selbst eingeschlossen – haben schwer zu kämpfen, um auch nur den Punkt zu erreichen, an dem es einem nicht mehr schwerfällt, die Anliegen anderer den eigenen gleichzusetzen. Doch das darf uns nicht abschrecken. Denn während auf dem Weg zur Entwicklung echter Warmherzigkeit ohne Zweifel Hindernisse auftauchen werden, so schöpft man doch einen tiefen Trost aus dem Wissen, daß man auf diese Weise die Voraussetzungen für das eigene Glück schafft. Wie ich weiter vorne schon sagte: Je mehr es unser Wunsch ist, anderen wahrhaft helfen zu wollen, um so mehr Kraft und Selbstvertrauen entwickeln wir und um so tiefer erleben wir Frieden und Glück. Wenn das immer noch unwahrscheinlich klingt, dann sollten wir uns fragen, auf welche Weise wir denn sonst dieses Ziel erreichen wollen. Mit Gewalt und Aggression? Natürlich nicht. Mit Geld? Vielleicht bis zu einem gewissen Punkt, aber nicht darüber hinaus. Doch mit Liebe und indem wir das Leid anderer teilen und uns selbst deutlich in allen anderen – und besonders in jenen, die benachteiligt sind und deren Rechte nicht respektiert werden – wiedererkennen und ihnen zum Gluck verhelfen: Ja. Mit Liebe, mit Freundlichkeit und Mitgefühl schlagen wir eine Brücke des Verstehens von uns zum anderen. Und auf diese Weise gelangen wir zu Einheit und Harmonie.

Mitgefühl und Liebe sind kein Luxus. Als Quellen des inneren wie äußeren Friedens sind sie von grundlegender Bedeutung für das weitere Überleben unserer Art. Auf der einen Seite ermöglichen sie gewaltloses Handeln, und zum anderen bringen sie alle geistig-spirituellen Qualitäten hervor: Vergebung, Toleranz und all die anderen Tugenden. Darüber hinaus sind sie es, die unseren Handlungen Sinn geben und sie konstruktiv werden lassen. Eine gute Ausbildung allein hat nichts Sensationelles an sich, auch Reichtum als solcher nicht. Erst wenn der oder die Betreffende ein großes Herz hat, erweisen sich diese Eigenschaften als wertvoll.

Diejenigen, die meinen, der Dalai Lama sei weltfremd und gehe an der Wirklichkeit vorbei, wenn er dieses Ideal der bedingungslosen Liebe vertritt, möchte ich dringend bitten, den Versuch zu unternehmen, dieses Konzept dennoch anzuwenden. Sie werden feststellen, daß unsere Herzen sich mit Kraft füllen, wenn wir die Grenzen der engstirnigen Eigeninteressen überwinden. Frieden und innere Freude werden unsere ständigen Begleiter. Die bedingungslose Liebe überwindet jede Art von Hindernissen, und letzten Endes hebt sie jene Wahrnehmung auf, durch die sich meine Interessen von den Interessen anderer Menschen unterscheiden. Aber das Wichtigste, wenn es um die Ethik geht, ist, daß sich dort, wo Nächstenliebe, Zuneigung, Freundlichkeit und Mitgefühl herrschen, das ethische Verhalten ganz von selbst einstellt.

9.

Ethik und Leid

Ich habe dargelegt, daß wir alle glücklich werden wollen, daß wahres Glück an innerem Frieden erkennbar ist und daß wir diesen Frieden am sichersten erlangen, wenn wir aus Fürsorge für andere heraus handeln, daß dies wiederum ethische Disziplin mit sich bringt und bewirkt, daß wir mit den blockierenden Gefühlen konstruktiv umgehen. Ich habe weiterhin dargelegt, daß wir bei unserer Suche nach dem Glück ganz von selbst und zu Recht Leid vermeiden wollen. Lassen Sie uns nun dieses Phänomen oder diesen Zustand untersuchen, von dem wir so gern ganz und gar befreit wären, der aber doch im Innersten unseres Daseins begründet liegt.

Leid und Schmerz gehören zu den unveränderbaren Bestandteilen unseres Lebens. Meiner Standarddefinition zufolge ist ein Lebewesen, das zu Empfindungen fähig ist, eines, welches in der Lage ist, Schmerz und Leid zu erleben. Man könnte auch sagen, daß es diese Erfahrung ist, die uns mit anderen verbindet. Und auf dieser gemeinsamen Erfahrung basiert unser Einfühlungsvermögen. Weiterhin können wir feststellen, daß das Leid sich in zweierlei Kategorien einteilen läßt, die sich überschneiden. Es gibt die vermeidbaren Formen, die als Folge solcher Phänomene wie Krieg, Armut, Gewalt, Kriminalität, aber auch aufgrund mangelnder Bildung und bestimmter Krankheiten auftreten. Daneben gibt es die unvermeidbaren Erscheinungsformen, die etwa Krankheit, Alter und Tod einschließen. Bisher haben wir uns vorwiegend mit den vermeidbaren, von Menschen verursachten Leidensformen befaßt. Nun möchte ich etwas näher auf die unvermeidbaren Formen eingehen.

Die Probleme und Schwierigkeiten, denen wir uns im Leben gegenübersehen, haben im allgemeinen nichts mit Naturkatastrophen gemein. Wir können uns vor ihnen nicht schützen, indem wir einfach ein paar Vorsichtsmaßnahmen ergreifen und etwa Nahrungsvorräte anlegen. Wenn uns zum Beispiel eine Krankheit befällt, spielt es keine Rolle, wie fit wir uns gehalten oder wie sorgfältig wir uns ernährt haben – letztlich ergibt sich unser Organismus. Das kann ernste Folgen für unser Leben haben: Wir können eventuell nicht mehr tun, was wir tun wollen, oder uns nicht mehr so bewegen, wie wir möchten. Oft können wir auch nicht mehr essen, was wir möchten, sondern müssen schrecklich schmeckende Arzneimittel einnehmen. Wenn es wirklich schlimm wird, leiden wir möglicherweise Tag und Nacht unter Schmerzen – eventuell so sehr, daß wir uns den Tod wünschen.

Was das Altern angeht, so steht uns vom Augenblick unserer Geburt an die Aussicht bevor, daß wir die Geschmeidigkeit der Jugend verlieren und eines Tages alt sind. Wenn es soweit ist, verlieren wir Haare und Zähne, unsere Augen werden schlecht, und wir hören nicht mehr gut. Speisen, die uns früher gut geschmeckt haben, können wir nicht mehr verdauen. Schließlich können wir uns nicht mehr an Ereignisse erinnern, die uns einst lebendig vor Augen standen, und vielleicht vergessen wir sogar die Namen unser engsten Freunde oder Verwandten. Wenn wir lange genug am Leben bleiben, erreichen wir schließlich einen Zustand derartiger Hinfälligkeit, daß andere schon unseren bloßen Anblick abstoßend finden, obwohl dies genau die Phase ist, in der wir sie am nötigsten brauchen.

Dann kommt der Tod, der in der modernen Gesellschaft offenbar fast ein Tabu darstellt. Auch wenn wir ihn eines Tages unter Umständen fast als Erleichterung empfinden mögen – und ganz unabhängig davon, was vielleicht danach kommt –, der Tod bedeutet in jedem Fall, daß wir von denen, die wir lieben, und ebenso von dem, was uns kostbar ist, getrennt werden, ja von allem, was uns teuer ist.

Zu dieser knappen Auflistung unvermeidbarer Leiden kommt jedoch noch eine weitere Gruppe hinzu. Da ist das Leid, das durch ein Unglück oder einen Unfall überraschend kommen kann. Da ist das Leid, das entsteht, wenn uns etwas genommen wird – so wie wir Flüchtlinge unsere Heimat verloren haben und viele von uns gewaltsam von ihren Lieben getrennt wurden. Da ist das Leid, das entsteht, wenn wir etwas Ersehntes nicht erlangen, obwohl wir soviel Mühe darauf verwendet haben. Wenn trotz aller Plackerei die Ernte auf dem Feld mißrät oder wenn trotz allen Einsatzes unser Geschäft ohne unser Verschulden nicht läuft. Dann gibt es das Leid, das uns die Ungewißheit auferlegt, weil wir nicht wissen, wann, wie und wo vielleicht Widrigkeiten auftreten werden; wir alle kennen die dadurch entstehenden Ängste und Unsicherheiten. Und dann ist da das Leid, das alles, was wir tun, untergräbt, nämlich das Leid der Unzufriedenheit, das selbst dann entstehen kann, wenn wir alles erreichen, worum wir uns bemühen. All das sind alltägliche Erfahrungen für uns Menschen, die wir das Glück ersehnen, aber nicht leiden wollen.

Und als würde das noch nicht ausreichen, ist es außerdem noch so, daß ausgerechnet jene Erlebnisse, die wir im allgemeinen als wohltuend, lustvoll und angenehm ansehen, selbst wieder zu einer Quelle des Leidens werden. Sie versprechen Befriedigung, aber sie liefern sie nicht – ein Phänomen, das wir schon bei der Erörterung des Glücks ansprachen. Wenn wir genau hinsehen, stellen wir sogar fest, daß wir solche Erfahrungen nur insoweit angenehm finden, als sie weiteres Leid kompensieren, etwa wenn wir essen, um den Hunger zu stillen. Wir nehmen einen Bissen, dann einen zweiten, dritten, vierten, fünften, und wir genießen das Gefühl, das sich dabei einstellt – doch schon bald kommt der Punkt, an dem wir das Essen eher als unangenehm empfinden, obwohl die Speise noch dieselbe ist und wir noch derselbe Mensch sind. Wenn wir gar nicht aufhören, dann wird es uns schließlich schaden, so wie uns so ziemlich jeder irdische Genuß schadet, den wir bis zum Exzeß betreiben. Darum ist Zufriedenheit unabdingbar, wenn wir wirklich glücklich werden wollen.

All diese Ausprägungen des Leidens sind ihrem Wesen nach unvermeidbar, ja, sie gehören zum Leben an sich. Das bedeutet aber nicht, daß wir nichts dagegen unternehmen können. Ich will aber auch nicht sagen, daß die Frage der ethischen Disziplin damit nichts zu tun hat. Die buddhistische wie auch andere indische Religionsphilosophien sehen das Leid als Auswirkung des Karma. Daraus aber zu schließen, wie es viele Menschen in Ost und West gleichermaßen tun, daß alles, was wir erleben, vollkommen vorherbestimmt ist, ist absolut falsch. Und noch weniger darf uns das als Ausrede dienen, um uns in irgendeiner Situation aus der Verantwortung zu stehlen.

Da der Begriff des Karma offenbar in die Alltagssprache eingegangen ist, dürfte es sinnvoll sein, einen Blick auf seine Bedeutung zu werfen. Das Wort stammt aus dem Sanskrit und heißt »Tat« oder »Handlung«. Es bezeichnet eine aktive Kraft, in dem Sinn, daß der Verlaut zukünftiger Ereignisse von unseren heutigen Handlungen beeinflußt werden kann. Anzunehmen, das Karma sei so etwas wie eine unabhängig existierende Energie, die den Verlauf unseres ganzen Lebens bestimmt, ist schlicht falsch. Wer erschafft das Karma? Wir selbst. Was immer wir denken, sagen, anstreben, tun oder unterlassen – wir erschaffen Karma. Während ich jetzt zum Beispiel schreibe, erschafft die bloße Handlung neue Bedingungen und verursacht irgendein anderes Ereignis. Meine Worte erwecken eine Reaktion im Kopf des Lesers. Bei allem, was wir tun, gibt es Ursache und Wirkung, Ursache und Wirkung. Wenn wir essen, wenn wir arbeiten, aber genauso, wenn wir uns entspannen, immer haben wir es mit den Auswirkungen von Handlungen zu tun: unseren Handlungen. Das ist Karma. Wir können daher nicht einfach resignierend die Hände zum Himmel strecken, wenn wir uns einem unvermeidbaren Leid gegenübersehen. Wenn wir alle Widrigkeiten einfach dem Karma anlasten, dann ist das genauso, als würden wir uns völliger Hilflosigkeit ergeben. Aber wenn das so wäre, dann hätten wir keinerlei Grund zur Hoffnung und könnten ebensogut gleich für das Ende der Welt beten.

Mit dem richtigen Verständnis von Ursache und Wirkung erkennt man, daß wir nicht nur nicht hilflos sind, sondern im Gegenteil sehr viel tun können, um das Erleben unseres Leidens zu beeinflussen. Alter, Krankheit und Tod sind unausweichlich, doch was die Qualen durch negative Gedanken und Gefühle angeht, so können wir zweifellos frei entscheiden, wie wir darauf reagieren. Wir können zum Beispiel weniger gefühlsbetont und dafür mehr vom Kopf her an sie herangehen und unsere Reaktion auf diese Weise in den Griff bekommen. Andererseits können wir uns über unser Mißgeschick auch einfach nur grämen. Das ist allerdings frustrierend und läßt blockierende Gefühle entstehen, so daß unser Seelenfrieden dahin ist. Wenn wir unsere Neigung, auf Leid negativ zu reagieren, nicht zu beherrschen lernen, dann bringt sie weitere negative Gedanken und Empfindungen hervor. Es besteht also eine deutliche Beziehung zwischen dem Einfluß, den das Leid auf unser Herz und unseren Geist hat, und unserer Ausübung innerer Disziplin.

Je nachdem welche Grundhaltung wir dem Leiden gegenüber einnehmen, erleben wir es völlig unterschiedlich. Stellen Sie sich etwa zwei Menschen vor, die beide an derselben tödlichen Krebsart erkrankt sind. Der einzige Unterschied zwischen den beiden besteht in ihrer Einstellung dazu. Der eine begreift die Krankheit als etwas, das man akzeptieren und möglichst als Anlaß zur Entwicklung innerer Stärke nehmen muß. Der andere schaut dagegen mit Angst, Verbitterung und Sorgen in die Zukunft. Obwohl diese beiden nun rein medizinisch betrachtet in etwa dasselbe erdulden müssen, besteht in ihrer tatsächlichen Leidenserfahrung ein beträchtlicher Unterschied. Denn der zweite Patient muß neben dem körperlichen zusätzlich noch sein inneres Leid ertragen.

Daraus kann man schlußfolgern, daß das Ausmaß, in dem das Leid uns zu schaffen macht, weitgehend von uns selbst abhängt. Daher ist es von größter Bedeutung, daß wir bezüglich unserer Leidenserfahrung die richtige Einstellung entwickeln. Wenn wir ein bestimmtes Problem aus der Nähe der direkten Betroffenheit betrachten, dann füllt es unser gesamtes Blickfeld aus und wirkt riesengroß. Schauen wir es uns dagegen aus einer gewissen Distanz an, dann sehen wir es ganz von selbst in Relation zu anderen Dingen. Dieser einfache Schritt macht einen gewaltigen Unterschied aus. Er läßt uns erkennen, daß selbst eine vielleicht wirklich tragische Situation noch zahllose Aspekte besitzt und auf viele verschiedene Weisen angegangen werden kann. Eine Situation, die in wirklich jeder Hinsicht nur negativ ist, läßt sich kaum, wenn überhaupt, finden.

Wenn uns ein Unglück oder etwas Tragisches widerfährt, was mit Sicherheit immer wieder der Fall sein wird, dann kann es sehr hilfreich sein, wenn wir es mit einem anderen Vorfall vergleichen oder uns an eine ähnliche oder noch schlimmere Situation erinnern, in die wir oder jemand anderes einmal geraten sind. Falls es uns gelingt, unseren Blick von uns weg und auf andere zu richten, dann erleben wir ein Gefühl der Befreiung. Wenn wir uns mit unseren Sorgen zu sehr auf uns selbst konzentrieren, dann setzt ein Prozeß ein, der unser Leid noch zusätzlich vergrößert. Wenn es uns dagegen gelingt, sie im Vergleich zum Leiden anderer zu betrachten, dann erkennen wir bald, daß sie gar nicht so unerträglich sind. Dadurch können wir unseren Seelenfrieden viel leichter bewahren, als wenn wir uns nur auf unsere eigenen Probleme konzentrieren und alles übrige außen vor lassen.

Was mich selbst angeht, so besteht zum Beispiel meine spontane Reaktion auf schlechte Neuigkeiten aus Tibet, die leider ziemlich oft eintreffen, in großer Trauer, Doch indem ich sie in einen größeren Zusammenhang stelle und mich daran erinnere, daß sich letzten Endes die elementare Ausrichtung des Menschen auf Zuneigung, Freiheit,

Wahrheit und Gerechtigkeit durchsetzen muß, gelingt es mir, damit einigermaßen zurechtzukommen. Die Gefühle hilfloser Wut, die nichts anderes vollbringen, als den Geist zu vergiften, das Herz zu verbittern und den Willen zu schwächen, tauchen bei mir selbst auch nach den schlechtesten Neuigkeiten nur selten auf.

Es lohnt sich auch, sich ins Gedächtnis zurückzurufen, daß man in Zeiten größter Schwierigkeiten oft am meisten an Weisheit und innerer Stärke hinzugewinnt. Wenn man den richtigen Ansatz hat – und hier zeigt sich erneut die überragende Bedeutung der Entwicklung einer positiven Grundeinstellung –, kann die Erfahrung des Leids uns die Augen für die Wirklichkeit öffnen. So haben mir meine eigenen Erfahrungen als Flüchtling bei der Einsicht geholfen, daß die schier endlosen protokollarischen Formalitäten, die in Tibet einen so bedeutenden Teil meines Lebens ausmachten, ziemlich überflüssig waren. Als Folge des Leidens können auch unsere Zuversicht, unsere Selbstsicherheit und unser Mut anwachsen. Diesen Schluß können wir jedenfalls ziehen, wenn wir uns in der Welt umschauen. So gibt es zum Beispiel in unserer Exilgemeinschaft unter den Überlebenden der ersten Jahre einige, die, obwohl sie Schreckliches durchmachen mußten, zu den geistesstärksten und heitersten Menschen gehören, die zu kennen ich die Ehre habe. Umgekehrt gibt es Leute, die zwar nichts entbehren müssen, die aber schon angesichts vergleichsweise geringfügiger Schwierigkeiten alle Hoffnung verlieren und verzweifeln. Wir sind so veranlagt, daß

Wohlstand uns leicht den Charakter verderben kann. Als Folge davon fällt es uns immer schwerer, mit Problemen fertigzuwerden, wie sie jedem von uns gelegentlich begegnen.

Welche Möglichkeiten stehen uns offen, wenn wir auf besondere Schwierigkeiten stoßen? Wir können uns von ihnen überwältigen lassen; das ist das eine Extrem. Dem anderen geben wir nach, wenn wir das Problem einfach ignorieren und statt dessen etwa einen Ausflug machen oder in Urlaub gehen. Die dritte Möglichkeit besteht darin, uns der Situation direkt zu stellen. Dazu gehört, daß wir sie untersuchen, sie analysieren, ihre Ursachen klären und herausfinden, wie wir am besten mit ihr umgehen.

Obwohl diese dritte Möglichkeit uns kurzfristig noch zusätzliche Schmerzen bereiten kann, ist sie den beiden anderen Vorgehensweisen eindeutig vorzuziehen. Wenn wir ein Problem zu vermeiden oder zu verdrängen versuchen, indem wir es einfach ignorieren, zu Alkohol oder Drogen greifen oder gar bestimmte Formen der Meditation oder des Gebets als Fluchtmittel benutzen, weil uns das eine kurzfristige Entspannung verspricht, dann bleibt das Problem trotzdem bestehen. Auf diese Weise drückt man sich einfach vor der Angelegenheit, aber man löst sie nicht. Und auch hierbei läuft man wieder Gefahr, daß außerdem eine geistige und psychische Unruhe hinzukommt. Die Blockaden durch Sorgen, Ängste und Zweifel nehmen zu. Schließlich kann das zu Wut- und Verzweiflungszuständen führen, die (für sich und andere) das Potential für weiteres Leid beinhalten.

Stellen Sie sich vor, Sie hätten einen Bauchschuß erlitten. Die Schmerzen sind unerträglich. Was tun Sie? Natürlich muß die Kugel entfernt werden, also lassen Sie sich operieren. Das steigert das traumatische Erlebnis noch. Doch um das ursprüngliche Problem zu überwinden, nehmen Sie das gern in Kauf. Ähnlich ist es, wenn jemandem aufgrund einer Infektion oder eines Unfalls ein Arm oder Bein abgenommen werden muß, um sein Leben zu retten. Auch in so einem Fall nehmen wir dieses kleinere Übel hin, wenn es uns vor dem größeren Übel des Sterbens errettet. Es ist nichts anderes als der gesunde Menschenverstand, der einen dazu bringt, freiwillig Mühsal auf sich zu nehmen, wenn man dadurch Schlimmeres vermeiden kann. Ich gebe allerdings zu, daß es nicht immer leicht ist, die Möglichkeiten richtig abzuwägen. Als ich sechs oder sieben war, wurde ich gegen Pocken geimpft. Hätte ich vorher gewußt, wie schmerzhaft das sein würde, hätte ich wahrscheinlich nicht geglaubt, daß die Impfung gegenüber der Krankheit das geringere Übel darstellt. Der Schmerz hielt ganze zehn Tage an, und ich habe bis heute vier große Narben zurückbehalten.

Die Aussicht, sich dem Leid direkt zu stellen, kann bisweilen ziemlich abschreckend sein. Es ist dann sehr hilfreich, sich daran zu erinnern, daß nichts in unserer normalen Alltagswelt von Dauer ist. Alles unterliegt der Veränderung und dem Verfall. Wie meine Beschreibung der Wirklichkeit im ersten Teil verdeutlicht, irren wir uns, wenn wir annehmen, daß unser Leid – respektive unser Glück –

auf eine einzige Quelle zurückzuführen ist. Alles, was entsteht, tut das im Kontext zahlloser Ursachen und Bedingungen. Wäre das nicht so, dann müßten wir nur mit etwas, das wir als »gut« betrachten, in Berührung kommen, um automatisch glücklich zu sein; und genauso würde uns der Kontakt mit etwas »Schlechtem« sofort unglücklich machen. Die Ursachen von Freude und Schmerz wären leicht auszumachen, und das Leben wäre höchst einfach. Wir würden uns aus gutem Grund an eine bestimmte Person, eine bestimmte Sache oder einen bestimmten Vorgang klammern, dafür auf andere verärgert reagieren und den Kontakt zu ihnen meiden. Doch die Wirklichkeit ist nicht so.

Für mich selbst finde ich den Rat ausgesprochen hilfreich, den Shantideva, der große indische Heilige und Gelehrte, in bezug auf das Leiden gab. Er sagte, daß es, wenn wir uns irgendwelchen Schwierigkeiten gegenübersehen, von größter Wichtigkeit sei, sich nicht von ihnen lähmen zu lassen, da sonst die Gefahr bestehe, daß sie uns völlig überwältigen. Statt dessen sollten wir mit unseren Verstandesfähigkeiten das Wesen dieser Schwierigkeiten genau untersuchen. Wenn wir dabei zu dem Schluß kämen, daß sie auf irgendeinem Weg gelöst werden könnten, gebe es keinen Grund, sich Sorgen zu machen. Das Vernünftigste sei es dann, diesen Weg mit aller Energie zu suchen und zu beschreiten. Wenn wir jedoch feststellten, daß es für dieses Problem einfach keine Lösung gebe, dann bestehe ebenfalls kein Grund zur Sorge: Wenn die Lage durch nichts zu ändern sei, machten Sorgen sie nur noch schlimmer. Wenn man Shantidevas Ansatz aus dem philosophischen

Zusammenhang herausreißt, in dem er als Schlußpunkt einer Reihe umfassender Überlegungen steht, dann mag er etwas simpel klingen. Doch gerade in dieser Schlichtheit liegt seine Schönheit. Und über die reine Vernunft, die diesen Gedanken innewohnt, läßt sich ohnehin nicht streiten.

Auf die Möglichkeit, daß das Leiden vielleicht einen tatsächlichen Zweck haben könnte, will ich an dieser Stelle nicht eingehen. Aber in dem Sinn, daß uns unsere Leidenserfahrung an das erinnert, was auch alle anderen ertragen müssen, stellt es eine eindringliche Aufforderung dar, uns mitfühlend zu verhalten und anderen keinen Schmerz zuzufügen. Und in dem Maß, wie das Leiden unser Einfühlungsvermögen weckt, schafft es Verbundenheit mit anderen und kann als Grundlage für Liebe und Mitgefühl dienen. Hier fällt mir das Beispiel eines großen tibetischen Religionsgelehrten ein, der nach der Invasion unseres Landes mehr als zwanzig Jahre im Gefängnis verbringen mußte, wo er aufs schrecklichste mißhandelt und gefoltert wurde. Diejenigen seiner Schüler, die ins Exil entkommen waren, erzählten mir während dieser Jahre oft, daß die Briefe, die er aus dem Gefängnis schmuggeln konnte, die tiefgründigsten Lehren über Liebe und Mitgefühl enthielten, die sie je gelesen hätten. Obwohl schlimme Ereignisse eine mögliche Quelle für Haß und Verzweiflung sind, besitzen sie doch zugleich auch das Potential, eine Quelle geistiger Reifung zu werden. Aber es liegt an unserer Reaktion, in welche dieser beiden Richtungen sich die Ereignisse entwickeln.

10.

Von der Notwendigkeit des Unterscheidens

Bei unserer Untersuchung, was das ethische Verhalten und die geistige Entwicklung angeht, haben wir häufig davon gesprochen, daß Disziplin nötig ist. In einer Zeit und innerhalb einer Kultur, in der man soviel Wert auf Selbstverwirklichung legt, mag das ein bißchen altmodisch oder gar unlogisch klingen. Doch der Grund, warum man in der Disziplin etwas Negatives sieht, liegt meiner Ansicht nach vor allem in der landläufigen Auffassung dieses Begriffs: Viele verstehen darunter etwas, das ihnen gegen ihren Willen aufgezwungen wird. Darum wiederhole ich hier, daß ich unter ethischer Disziplin etwas verstehe, das man freiwillig erfüllt, da man um seine großen Vorteile weiß. Dieses Konzept ist uns auch nicht fremd. Denn wenn es etwa um unsere körperliche Gesundheit geht, sehen wir die Notwendigkeit eines disziplinierten Verhaltens ohne weiteres ein. Auf die Empfehlung eines Arztes hin meiden wir unzuträgliche Lebensmittel, selbst wenn der Heißhunger kommt, und essen statt dessen Dinge, die uns guttun. Zwar ist auch freiwillige Selbstdisziplin anfangs nicht leicht und erfordert vielleicht sogar einige Mühe, doch durch Gewöhnung und gewissenhafte Einhaltung gibt sich das mit der Zeit. Es ist ein bißchen, als würde man einen Fluß umleiten: Zuerst muß man das Bett ausschachten und die Ufer befestigen, und wenn das Wasser dann eingeleitet ist, sind an verschiedenen Stellen noch Ausbesserungen nötig. Doch ist das einmal getan, dann fließt das Wasser dorthin, wo wir es haben wollen.

Ethische Disziplin ist unabdingbar, denn sie ist die Methode, mit der wir zwischen den konkurrierenden Ansprüchen des eigenen Rechts auf Glück und dem Recht anderer auf ihr Glück vermitteln. Natürlich wird es immer Leute geben, die ihr eigenes Glück derart über alles erheben, daß ihnen der Schmerz anderer nichts bedeutet. Das ist jedoch kurzsichtig. Wenn der Leser meiner Definition von Glück zustimmt, dann gilt für ihn auch die Schlußfolgerung, daß niemand wirkliche Vorteile daraus zieht, wenn er anderen Leid zufügt. Welchen unmittelbaren Nutzen jemand auch auf Kosten anderer erringt, er kann nicht von Dauer sein. Wenn wir andere verletzen und ihr Glück und ihren inneren Frieden stören, dann wird uns das langfristig zu schaffen machen und uns in innere Unruhe versetzen. Wenn wir uns nicht diszipliniert verhalten, entstehen Unruhe und Angst im Kopf und tief im Herzen, weil unsere Handlungen sich immer auf uns und zugleich auf andere auswirken. Wenn wir andererseits unsere Reaktionen auf negative Gedanken und Gefühle in den Griff bekommen, dann wird uns das – mit wie vielen Mühen es auch verbunden sein mag – langfristig weniger Probleme verursachen, als wenn wir uns selbstsüchtig verhalten.

An dieser Stelle muß noch einmal betont werden, daß ethische Disziplin mehr beinhaltet als nur Selbstbeschränkung; auch die Entwicklung von Tugenden gehört dazu. Liebe und Mitgefühl, Geduld, Toleranz, Vergebung und so weiter sind dabei grundlegende Qualitäten. Wenn sie in unserem Leben präsent sind, dann wirkt sich alles, was wir tun, vorteilhaft auf die gesamte Menschheitsfamilie aus. Das gilt auch für die alltäglichsten Dinge: Ob man sich zu Hause um die Kinder kümmert oder in einer Fabrik arbeitet oder in seinem Wohnort als Arzt, Rechtsanwalt, Geschäftsmann oder Lehrer tätig ist – jede unserer Handlungen dient dem Nutzen aller. Und weil ethische Disziplin eben diese Qualitäten fördert, die unserem Dasein Sinn und Wert verleihen, sollte man sich ihr mit Hingabe und bewußter Anstrengung widmen.

Bevor wir überlegen, wie wir diese innere Disziplin in unsere Beziehungen zu anderen einbringen, sollten wir vielleicht noch einmal die Grundlage betrachten, auf der wir die ethische Lebensführung als »nicht-verletzend« definieren. Da die Wirklichkeit, wie wir sahen, äußerst komplex ist, kann man kaum entscheiden, ob eine bestimmte Handlung oder Kategorie von Handlungen per se richtig oder falsch, gut oder schlecht ist. Daher kann auch die ethische Lebensführung nicht etwas sein, was wir bejahen, weil es irgendwie aus sich selbst heraus gut und richtig ist. Wir nehmen sie vielmehr an, weil wir erkennen, daß nicht allein wir selbst glücklich werden und Leid vermeiden wollen, sondern alle anderen ebenfalls. Deshalb läßt sich schwerlich ein sinnvolles ethisches System denken, das unsere Leidens- und Glückserfahrungen nicht mit einbezieht.

Wenn wir natürlich ausgefallene metaphysische Fragen erörtern wollen, dann kann eine ethische Debatte äußerst kompliziert werden. Natürlich läßt sich die ethische Praxis weder auf ein logisches Gedankenexperiment noch auf ein pures Befolgen von Regeln reduzieren, doch wie auch immer wir uns ihr nähern, letztlich landen wir immer wieder bei den elementaren Fragen von Glück und Leid. Warum ist Glück gut und Leid schlecht für uns? Möglicherweise gibt es darauf keine endgültige Antwort. Doch wir können beobachten, daß es uns mitgegeben ist, das eine dem anderen vorzuziehen, so wie wir auch das Bessere dem lediglich Guten vorziehen. Es verlangt uns einfach nach Glück und nicht nach Leid. Würden wir darüber hinaus fragen, warum das so ist, dann lautete die Antwort vermutlich »So ist es eben« oder – bei Religiösen – »Gott hat uns so geschaffen«.

Was den ethischen Gehalt einer bestimmten Handlung angeht, so haben wir gesehen, daß er von sehr vielen Faktoren abhängig ist. Der Zeitpunkt und die jeweiligen Umstände spielen dabei eine wichtige Rolle, genauso wie das Maß an persönlicher Freiheit, das die betreffende Person besitzt. Eine negative Tat kann man als schwerwiegender ansehen, wenn der Täter sie völlig freiwillig begangen hat – im Gegensatz zu jemandem, der dazu gezwungen wurde. Und wenn man den daraus ablesbaren Mangel an Reue zugrunde legt, dann muß man wiederholte negative Handlungen schwerer werten als Einzeltaten. Doch neben dem Gehalt der Handlung müssen wir auch die dahinterstekkende Absicht mit einbeziehen. Die Frage allerdings, die Vorrang vor allen anderen hat, bezieht sich auf den geistig-spirituellen Zustand der betreffenden Person, auf kun long, ihren Gesamtzustand in Herz und Geist zum Zeitpunkt der Handlung. Denn da dies, ganz allgemein, der Bereich ist, den wir am besten kontrollieren können, ist er am bedeutsamsten, wenn wir den ethischen Wert unserer Handlungen bestimmen wollen. Sind unsere Intentionen mit Selbstsucht, Haß oder betrügerischen Absichten vergiftet, dann werden unsere Handlungen sich auf uns wie auf andere negativ auswirken, wie sehr sie auch nach außen hin konstruktiv wirken mögen.

Doch wie sollen wir dieses Prinzip des Nicht-Verletzens anwenden, wenn wir in einer ethischen Zwickmühle stekken? An dieser Stelle kommen unsere Anlagen zur Kritikfähigkeit und der Imagination ins Spiel. Ich habe sie zwei unserer kostbarsten Ressourcen genannt, deren Besitz uns von den Tieren unterscheidet. Wir haben auch gesehen, daß sie von blockierenden Gefühlen zerstört werden. Und wir haben gesehen, wie wichtig sie sind, wenn man lernen will, richtig mit Leid umzugehen. In bezug auf die ethische Praxis befähigen uns diese Eigenschaften, zwischen vorübergehendem und lang anhaltendem Nutzen zu unterscheiden und bei den uns jeweils offenstehenden Handlungsmöglichkeiten das Maß ihrer ethischen Eignung zu erkennen. Wir sind ebenso in der Lage, das wahrscheinliche Ergebnis unserer Handlungen abzuschätzen, was es uns ermöglicht, geringerwertige Ziele zugunsten höherwertiger aufzugeben. Bei einem Konflikt müssen wir daher zunächst die Besonderheit der Situation im Licht dessen betrachten, was die buddhistische Überlieferung »die Verbindung aus guten Möglichkeiten und Einsicht« nennt. Die »guten Möglichkeiten« können wir als die Bemühungen verstehen, mit denen wir uns versichern, daß unsere Handlungen von Mitgefühl geleitet werden. Die »Einsicht« bezieht sich auf unsere Kritikfähigkeit sowie darauf, wie wir – als Reaktion auf die verschiedenen dazugehörenden Aspekte – das Ideal des Nicht-Verletzens in den Zusammenhang der Situation einbringen. Wir könnten das die »Fähigkeit des weisen Unterscheidens« nennen.

Die Einsetzung dieser Fähigkeit, die besonders wichtig ist, wenn kein religiöser Glaube im Spiel ist, erfordert die ständige Überprüfung unserer Einstellung; außerdem müssen wir uns immer wieder fragen, ob wir offen oder engstirnig sind. Haben wir die gesamte Situation erwogen, oder beschäftigen wir uns nur mit bestimmten Aspekten? Zielen wir auf etwas Momentanes oder auf etwas Langfristiges? Ist unser Blick verstellt, oder sehen wir klar? Sind unsere Beweggründe auch dann noch mitfühlend, wenn wir sie zur Gesamtheit aller Geschöpfe in Bezug stellen? Oder beschränkt sich unser Mitgefühl auf unsere Familie, unsere Freunde und jene, die uns nahestehen? Es ist genauso, als ergründeten wir unsere wahren Gedanken und Gefühle: Wir müssen denken, denken, denken.

Natürlich hat man nicht immer die Zeit für solch eine sorgfältige Untersuchung. Manchmal müssen wir sofort handeln. Daher ist unsere geistige Entwicklung von so eminenter Bedeutung. Sie muß sicherstellen, daß unsere Handlungen ethisch einwandfrei sind. Je spontaner unsere Handlungen sind, desto mehr spiegeln sie unsere derzeitigen Gewohnheiten und Einstellungen wider. Sind diese negativ, dann werden unsere Handlungen sich destruktiv auswirken. Daher glaube ich, daß es eine zusätzliche Hilfe ist, wenn man sich eine Handvoll ethischer Grundsätze aufstellt, die einen durch den Alltag geleiten. Sie können bei der Entwicklung guter Angewohnheiten helfen, wobei wir sie meiner Ansicht nach weniger als Moralgesetze, sondern als Erinnerungsstützen ansehen sollten, die dazu beitragen, daß wir die Interessen anderer immer im Herzen und im Bewußtsein behalten.

Was den Inhalt solcher Grundsätze angeht, so können wir wahrscheinlich kaum etwas Besseres tun, als uns an die grundlegenden ethischen Richtlinien zu halten, die nicht nur von allen großen Religionen der Welt, sondern auch von der Mehrheit der humanistischen Philosophen formuliert wurden. Die Übereinstimmung zwischen ihnen ist, ungeachtet der verschiedenen Ansichten in metaphysischen Fragen, in meinen Augen bestechend. Alle sehen Töten, Stehlen, Lügen und sexuelles Fehlverhalten als negativ an. Außerdem sind sie sich, was die treibenden Kräfte der Handlungen angeht, alle darin einig, daß Haß, Stolz, böse Absichten, Habsucht, Neid, Gier, Lust, schädliche Ideologien (wie etwa Rassismus) und so weiter gemieden werden müssen.

Mancher mag sich fragen, ob die Gebote gegen die sexuellen Verfehlungen heutzutage wirklich noch nötig sind, da es einfache und wirksame Methoden der Empfängnisverhütung gibt. Dazu ist folgendes zu sagen: Als menschliche Wesen werden wir ganz natürlich von äußeren Dingen angezogen, sei es durch die Augen, wenn uns eine Form oder Gestalt gefällt, sei es durch die Ohren, wenn uns ein Klang anzieht, oder sei es durch eines der anderen Sinnesorgane. Und jeder dieser Wahrnehmungsbereiche ist in der Lage, uns Probleme zu bereiten. Die sexuelle Anziehung erfaßt jedoch alle fünf Sinne. Trifft daher ein extremes Begehren auf sexuelle Reize, dann kann das enorme Schwierigkeiten verursachen. Ich glaube, daß es dieser Umstand ist, der den ethischen Vorschriften gegen sexuelle Verfehlungen in allen größeren Religionen zugrunde liegt. Und zumindest in der buddhistischen Lehre werden wir auch daran erinnert, daß sexuelles Begehren dazu neigt, zur Sucht zu werden. Es kann schnell einen Punkt erreichen, an dem jemand so gut wie keinen Raum für konstruktive Aktivitäten mehr hat. Stellen wir uns in diesem Zusammenhang einen Fall von Untreue vor. Wenn es zu einem stimmigen ethischen Verhalten gehört, daß man die Auswirkungen seiner Handlungen nicht nur auf sich selbst, sondern auch auf andere bedenkt, dann muß man hier die Gefühle Dritter mit berücksichtigen. Außer der Tatsache, daß wir unserem Partner Leid zufügen, weil sich eine Beziehung auf Vertrauen gründet, erhebt sich hier auch die Frage, welche dauerhaften Auswirkungen ein solches Familiendrama auf unsere Kinder haben wird. Man stimmt überall auf der Welt weitgehend darin überein, daß sie bei Familienzerwürfnissen und Ehekrisen die Hauptleidtragenden sind. Aus unserer eigenen Sicht als Täter müssen wir zudem erkennen, daß wahrscheinlich der negative Effekt eintreten wird, daß unsere Selbstachtung allmählich schwindet. Und schließlich ist da noch der Umstand, daß die Untreue andere höchst negative Handlungen nach sich ziehen kann, wobei Lügen und Betrügereien noch die harmlosesten sein dürften. Eine ungewollte Schwangerschaft etwa kann einen verzweifelten angehenden Elternteil zu einer Abtreibung veranlassen.

Wenn wir sie unter diesem Aspekt betrachten, dann wird deutlich, daß die vorübergehenden Genüsse einer außerehelichen Affäre von den wahrscheinlich eintretenden negativen Auswirkungen unseres Handelns auf uns selbst und auf andere weit in den Schatten gestellt werden. Daher sollten wir die Einwände gegen sexuelle Verfehlungen weniger als Beschneidung unserer Freiheit betrachten, sondern sie vielmehr als eine vernünftige Mahnung ansehen, daß Handlungen dieser Art unser Wohlbefinden und das anderer unmittelbar beeinträchtigen.

Heißt das, daß das schlichte Befolgen von Regeln Vorrang vor der weisen Unterscheidung hat? Nein. Ethisch richtiges Verhalten hängt davon ab, daß wir das Prinzip des Nicht-Verletzens zur Anwendung bringen. Allerdings wird es immer wieder Situationen geben, in denen wir mit jeder möglichen Handlung eine Regel verletzen. In einem solchen Fall müssen wir mit Hilfe unserer Intelligenz entscheiden, welche Handlungsweise auf Dauer den geringsten Schaden verursacht. Stellen wir uns zum Beispiel vor, wir sehen jemanden vor Leuten davonlaufen, die Messer tragen und den Flüchtenden offensichtlich angreifen wollen. Dieser verschwindet in einem Eingang. Kurz darauf kommt einer aus der Gruppe auf uns zu und fragt, wohin der Verfolgte gelaufen ist. Jetzt wollen wir einerseits nicht lügen, weil wir damit das Vertrauen des anderen verletzen. Wenn wir andererseits die Wahrheit sagen, könnten wir dazu beitragen, daß ein Mitmensch verwundet oder gar getötet wird. Wie wir uns auch entscheiden, jede angemessene Handlung schließt eine negative Tat ein. In solch einer Lage kann es durchaus richtig sein, wenn wir sagen »Ich habe niemanden gesehen« oder in eine falsche Richtung deuten, denn wir dienen damit dem höheren Zweck, jemanden vor Schaden zu bewahren. Wir müssen die Gesamtsituation betrachten und abwägen, was wir unter dem Strich für am wenigsten schädlich halten – lügen oder die Wahrheit sagen. Anders ausgedrückt: Zur Beurteilung des moralischen Werts einer Handlung müssen sowohl Zeit, Ort und Umstände berücksichtigt werden, wie auch die heutigen und zukünftigen Anliegen aller Menschen. Doch während eine bestimmte Handlung unter bestimmten Umständen ethisch richtig sein kann, ist sie das zu einer anderen Zeit, an einem anderen Ort und unter anderen Umständen möglicherweise nicht.

Was tun wir aber, wenn es um andere geht, wenn ein anderer Dinge tut, die wir eindeutig für falsch halten? Zunächst müssen wir uns daran erinnern, daß wir keinesfalls einen genügenden Einblick in die Situation des Betreffenden haben können, um den ethischen Gehalt seiner Handlungen eindeutig zu beurteilen, ehe wir nicht sämtliche Umstände – äußere wie innere – bis ins letzte Detail kennen. Natürlich gibt es Extremfälle, bei denen der negative Charakter einer Handlung ganz offensichtlich ist, doch meist ist das nicht der Fall. Darum ist es viel sinnvoller, sich auch nur eine einzige eigene Schwäche bewußt zu machen, als tausend Schwächen bei einem anderen Menschen zu sehen. Denn eigene Fehler können wir selbst beheben.

Auch wenn wir im Kopf behalten müssen, daß wir zwischen einer Person und ihrer Handlung klar zu unterscheiden haben, können wir in Situationen geraten, die ein Eingreifen erforderlich machen. Im Alltagsleben ist es normal und richtig, daß wir uns in einem gewissen Maß auf unsere Freunde und Bekannten einstellen und ihre Wünsche respektieren. Diese Fähigkeit wird als gute Eigenschaft angesehen. Doch wenn wir uns auf Leute einlassen, die ein eindeutig negatives Verhalten an den Tag legen, nur ihren eigenen Vorteil suchen und den anderer ignorieren, dann laufen wir sozusagen Gefahr, unseren Orientierungssinn zu verlieren. Dadurch setzen wir unsere Fähigkeit aufs Spiel, anderen zu helfen. Eine tibetische Redensart sagt, daß, wenn man sich auf einen Berg aus Gold legt, auch etwas davon haften bleibt. Dasselbe passiert, wenn wir uns auf einen

Berg aus Unrat legen. Es ist richtig, solche Leute zu meiden, aber dennoch sollte man aufpassen, sie nicht völlig auszugrenzen. Denn es wird bestimmt Momente geben, in denen es angezeigt ist, diese Leute an ihrem Tun zu hindern – vorausgesetzt natürlich, daß unsere Motive dafür lauter und unsere Methoden nicht verletzend sind. Auch hier sind die Hauptkriterien wieder Mitgefühl und Verständnis.

Dasselbe gilt in bezug auf jene ethischen Konflikte, denen wir im Bereich der ganzen Gesellschaft begegnen, insbesondere bei den schwierigen und herausfordernden Fragen, die von der modernen Wissenschaft und Technologie aufgeworfen werden. Zum Beispiel ist es der Medizin inzwischen möglich, Leben auch in solchen Fällen zu erhalten und zu verlängern, die vor wenigen Jahren noch als hoffnungslos gegolten hätten. So etwas kann natürlich höchst erfreulich sein. Doch gar nicht selten ergeben sich hinsichtlich der Grenzen medizinischer Versorgung schwierige und heikle Fragen. Ich glaube, daß sich in diesem Bereich keine allgemeine Regel aufstellen läßt. Vielmehr werden wohl viele Überlegungen miteinander konkurrieren, die wir im Licht der Vernunft und des Mitgefühls bewerten müssen. Wenn es notwendig wird, eine schwierige Entscheidung in bezug auf einen Patienten zu fällen, müssen wir eine Fülle unterschiedlicher Aspekte in Betracht ziehen. Und jeder Fall wird natürlich anders liegen. Wenn man zum Beispiel jemanden am Leben erhält, der zwar unheilbar krank, dessen Geist aber klar ist, dann bewahren wir ihm die Möglichkeit, so zu denken und zu fühlen, wie nur der Mensch es kann. Auf der anderen Seite müssen wir dabei in Betracht ziehen, ob der Betroffene aufgrund einer radikalen Therapie, die sein Leben verlängert, große körperliche und psychische Leiden erdulden muß. Das allein ist jedoch noch kein ausschlaggebendes Kriterium. Als jemand, der an das Weiterbestehen des Bewußtseins nach dem Tod des Körpers glaubt, halte ich es in diesem Fall für besser, Schmerzen in unserem jetzigen Körper auszuhalten – wenigstens kümmert sich dann jemand um uns. Wählen wir dagegen den Tod, dann müssen wir vielleicht andere Leiden ertragen.

Ein anderes Problem ist es, wenn der Patient bewußtlos ist und daher nicht mit entscheiden kann. Und schließlich muß man auch die Wünsche der Familie berücksichtigen, einschließlich der enormen Schwierigkeiten, die eine lang andauernde Pflege ihnen und anderen bereiten kann. So könnte es etwa sein, daß für die kontinuierliche Erhaltung dieses einen Lebens Mittel aus anderen Bereichen abgezogen werden müssen, die sonst vielen anderen Menschen zugute gekommen wären. Falls man hier überhaupt ein allgemeines Prinzip aufstellen kann, dann meiner Ansicht nach schlicht dies, daß wir den einmaligen Wert des Lebens anerkennen und uns, wenn es soweit ist, bemühen, einem Sterbenden den Abschied so leicht und friedlich wie möglich zu machen.

Wenn jemand in solchen Fachgebieten wie der Genetik oder Biotechnologie arbeitet, dann erhält das Prinzip des Nicht-Verletzens besondere Bedeutung, da hier Leben auf dem Spiel stehen könnten. Ist das Motiv, das hinter einer solchen Forschung steckt, auf bloßen Profit oder Ruhm ausgerichtet oder wird die Forschung allein um ihrer selbst willen betrieben, dann ist es höchst fraglich, wohin das Ganze führen wird. Ich denke hier besonders an die Entwicklung von Techniken, mit denen körperliche Eigenschaften wie das Geschlecht oder auch die Haar- oder Augenfarbe manipuliert werden, um die Idealvorstellungen von Eltern kommerziell auszubeuten. Obwohl das Thema zu kompliziert ist, um alle Arten von genetischen Versuchen kategorisch abzulehnen, möchte ich hier deutlich sagen, daß dieses Gebiet so problematisch ist, daß sich alle Beteiligten hier unbedingt mit Umsicht und tiefer Demut bewegen sollten. Dabei müssen sie sich besonders der Mißbrauchsmöglichkeiten bewußt sein. Es ist unabdingbar, daß sie auch die indirekten Auswirkungen ihrer Arbeit im Auge behalten und – das ist das wichtigste – sich immer wieder vergewissern, daß ihre Motive wahrhaft mitfühlend sind. Denn wenn das Grundprinzip hinter solchen Tätigkeiten lediglich das der Nützlichkeit ist, so daß das für nutzlos Erachtete quasi legitim zum Vorteil des als nützlich Angesehenen eingesetzt werden kann, dann gibt es keinen Hinderungsgrund mehr, die Rechte derer, die zu der ersten Kategorie gezählt werden, denen unterzuordnen, die zu letzterer gehören. Das Attribut der Nützlichkeit kann niemals die Beschneidung individueller Rechte rechtfertigen. Wir wandeln hier an einem höchst gefährlichen und glitschigen Abhang entlang.

Vor kurzem sah ich eine Dokumentation der BBC über das Klonen. Mit Hilfe von Computeranimationen zeigte der Film, wie Wissenschaftler an der Schaffung eines Lebewesens arbeiteten: einer Art Halbmensch mit großen Augen und verschiedenen, eindeutig menschlichen Merkmalen, der in einem Käfig auf dem Boden lag. Natürlich ist so etwas derzeit nichts als Phantasterei, doch, so wurde erklärt, lasse sich eine Zeit absehen, in der man solche Wesen tatsächlich erschaffen könne. Sie würden sich dann züchten lassen, und ihre inneren Organe sowie andere Körperteile könnten zum Nutzen von Menschen bei der »Ersatzteilchirurgie« Verwendung finden. Ich war äußerst erschrocken darüber. Wie grauenhaft! Damit begibt sich die Wissenschaft zweifellos in eine Randzone. Die Vorstellung, daß wir eines Tages vielleicht wirklich Lebewesen, die zu Empfindungen fähig sind, allein zu diesem Zweck erschaffen könnten, finde ich furchtbar. Und genauso geht es mir in bezug auf Experimente, die mit menschlichen Föten angestellt werden.

Doch zugleich vermag ich kaum zu erkennen, wie so etwas verhindert werden soll, solange der Einzelne seine Handlungen nicht kontrolliert. Natürlich können wir Gesetze erlassen, und natürlich können wir internationale Konventionen schaffen – ja, wir brauchen in der Tat beides. Doch wenn der einzelne Wissenschaftler überhaupt nicht wahrnimmt, daß er etwas extrem Groteskes, Destruktives und Negatives tut, dann besteht keine Aussicht, solchen beunruhigenden Unterfangen wirklich ein Ende zu setzen.

Und wie steht es mit Methoden wie etwa der Vivisektion, bei der Tieren im Dienst der wissenschaftlichen Forschung regelmäßig schreckliches Leid zugefügt wird, ehe sie getötet werden? Ich möchte hier nur so viel dazu sagen, daß auch solche Praktiken für einen Buddhisten äußerst entsetzlich sind. Ich kann nur hoffen, daß die schnellen Fortschritte auf dem Gebiet der Computertechnologie solche wissenschaftlichen Tierversuche zunehmend überflüssig machen. Als positive Entwicklung der modernen Gesellschaft sehe ich – neben einer wachsenden Einsicht in die Bedeutung der Menschenrechte –, daß immer mehr Menschen am Schicksal der Tiere Anteil nehmen. So gilt zum Beispiel die Massentierhaltung in fabrikähnlichen Anlagen zunehmend als grausam. Außerdem zeigen mehr und mehr Menschen Interesse an vegetarischen Lebensweisen und schränken ihren Fleischverbrauch ein. Ich begrüße das. Und ich hege die Hoffnung, daß diese Anteilnahme sich zukünftig bis auf die kleinsten Meerestiere erstrecken wird.

Doch hier ist auch ein warnendes Wort angebracht. Kampagnen, die menschliches und tierisches Leben schützen, sind ehrenwerte Angelegenheiten. Dabei ist es aber von entscheidender Bedeutung, daß wir uns von unserem Gerechtigkeitsempfinden nicht so weit bringen lassen, die Rechte anderer zu verletzen. Wir müssen sicherstellen, daß wir bei der Verfolgung unserer Idealvorstellungen weise urteilen.

Wenn wir das Vermögen unserer kritischen Unterscheidungsfähigkeit im Bereich der Ethik ausüben wollen, dann gehört dazu auch, daß wir sowohl für unsere Handlungen als auch für die ihnen zugrunde liegenden Beweggründe die Verantwortung übernehmen, seien sie positiv oder negativ. Tun wir das nicht, dann wächst die Wahrscheinlichkeit, daß wir jemanden verletzen. Wie wir gesehen haben, sind negative Gefühle die Quelle unethischen Verhaltens. Und jede unserer Handlungen betrifft nicht nur die Menschen in unserer unmittelbaren Nähe, sondern auch unsere Kollegen und Freunde, unsere Gemeinde und letzten Endes die ganze Welt.

Teil 3

Ethik und Gesellschaft

11.

Die Verantwortung für das Ganze

Ich glaube, daß jede unserer Handlungen eine universelle Dimension hat. Aus diesem Grund sind ethische Disziplin, eine gesunde, zuträgliche Lebensführung und eine mit Bedacht angewandte Urteilsfähigkeit unabdingbare Elemente eines sinnvollen, glücklichen Lebens. Lassen Sie uns nun über einen Vorschlag in bezug auf die umfassendere Gemeinschaft nachdenken.

Früher konnten Familien und kleinere Gemeinschaften mehr oder weniger unabhängig voneinander existieren. Wenn sie dabei noch das Wohlergehen ihrer Nachbarn im Auge behielten, um so besser, doch überleben konnten sie auch so. Heute ist das anders. Die Realität der Gegenwart ist so komplex und – zumindest auf der materiellen Ebene – derart verwoben, daß eine neue Perspektive nötig ist. Die moderne Wirtschaft bietet ein typisches Beispiel dafür. Ein Börsenkrach auf der einen Seite der Welt kann unmittelbare Folgen für die Wirtschaft der Länder auf der anderen Seite haben. Auf ähnliche Weise bringen unsere technischen Errungenschaften es mit sich, daß unsere Aktivitäten sich direkt auf unsere natürliche Umwelt auswirken. Und schon die alleinige Größe der Weltbevölkerung hat zur Folge, daß wir es uns nicht mehr leisten können, die Anliegen anderer einfach nicht zur Kenntnis zu nehmen.

Statt dessen sind diese so oft mit unseren eigenen verknüpft, daß wir häufig, wenn auch ohne Absicht, fremden Interessen dienen, wenn wir eigentlich nur die eigenen wahrnehmen. Wenn sich zum Beispiel zwei Familien eine Quelle teilen, dann ist beiden damit gedient, wenn sie sauber bleibt.

In Anbetracht dessen bin ich davon überzeugt, daß wir unbedingt eine Einstellung entwickeln müssen, die ich als globale Verantwortung bezeichnen möchte. Das ist vermutlich keine exakte Übersetzung des tibetischen Begriffs, an den ich dabei denke, nämlich *chi sem*, was wörtlich »universelles (chi) Bewußtsein (sem)« heißt. Obwohl der Aspekt der Verantwortlichkeit im Tibetischen nicht explizit ausgedrückt wird, so ist er doch ohne Zweifel vorhanden. Wenn ich sage, daß wir auf der Grundlage der Anteilnahme am Wohl anderer ein globales Verantwortungsgefühl entwickeln können und sollten, dann meine ich damit aber nicht, daß jeder Einzelne etwa direkt für Kriege oder Hungersnöte in anderen Gegenden der Welt verantwortlich ist. Es ist zwar richtig, daß wir Buddhisten uns selbst ständig an unsere Pflicht erinnern, überall und immer allen Lebewesen, die zu Empfindungen fähig sind, zu dienen, ähnlich wie ein gläubiger Mensch erkennt, daß seine Hingabe an Gott auch die Hingabe an das Wohl all Seiner Geschöpfe mit einschließt. Bestimmte Dinge jedoch, wie etwa die Armut eines Dorfes auf der anderen Seite der Erde, entziehen sich völlig dem Einfluß des Einzelnen. Darum sind nicht Schuldgefühle gefragt, sondern – auch hier wieder – die Umorientierung von Geist und Herz weg vom Ich und hin zu den anderen. Die Entwicklung eines globalen Verantwortungsgefühls – also der universellen Dimension all unserer Handlungen, die allen dasselbe Recht auf Glück und die Vermeidung von Leid zugesteht – bedeutet, zu einer Geisteshaltung zu gelangen, mit der wir uns in entsprechenden Situationen vorrangig für das Wohl anderer einsetzen, anstatt nur unseren eigenen kleinen Interessen zu dienen. Und obwohl wir natürlich auch an allem Anteil nehmen, was den Rahmen unserer Möglichkeiten überschreitet, akzeptieren wir das als Teil des natürlichen Laufs der Dinge und begnügen uns damit zu tun, was wir tun können.

Wenn man dieses globale Verantwortungsgefühl entwikkelt, dann schließt das zugleich einen bedeutenden Vorteil ein: Man wird nicht nur den Menschen, die uns am nächsten stehen, sondern auch allen anderen gegenüber aufgeschlossen und einfühlsam. Wir erkennen, wie notwendig es ist, besonders denjenigen zu helfen, die am meisten leiden, und wie wichtig es ist, unseren Mitmenschen gegenüber nichts Entwertendes aufkommen zu lassen. Und wir werden uns der überwältigenden Bedeutung der Zufriedenheit bewußt.

Wenn uns das Wohlergehen anderer nicht kümmert und wir die globale Dimension unserer Handlungen nicht zur Kenntnis nehmen, dann werden wir unvermeidlich unsere eigenen Interessen als abgetrennt von den Interessen anderer wahrnehmen. Das grundsätzliche Einssein der gesamten Menschenfamilie bleibt uns verschlossen. Natürlich kann man leicht auf diverse Punkte verweisen, die diesem Einheitsgedanken zuwiderlaufen. Dazu gehören die Unterschiede der Religionen, der Sprachen, der Sitten und der Kultur et cetera. Doch wenn wir solchen äußeren Unterschieden zuviel Gewicht beimessen und deswegen auch nur kleine, aber deutliche Diskriminierungen zulassen, dann werden wir unweigerlich anderen und uns selbst zusätzliches Leid zufügen. Und das ergibt keinen Sinn. Wir Menschen haben schon genug Probleme. Wir alle müssen mit Krankheit, Alter und Tod fertigwerden, ganz zu schweigen von den unvermeidlichen Enttäuschungen. All dies können wir nicht vermeiden. Und reicht das etwa nicht? Was bringt es, wenn wir immer noch neue, unnötige Schwierigkeiten schaffen, nur weil jemand anders denkt oder eine andere Hautfarbe hat?

Wenn wir das alles in unsere Erwägungen mit einbeziehen, dann stellen wir fest, daß sowohl die Ethik als auch die sich ergebenden Notwendigkeiten dieselbe Reaktion erfordern. Wollen wir unsere gewohnheitsmäßige Ignoranz in bezug auf die Bedürfnisse und die Rechte anderer überwinden, dann müssen wir uns ständig das ganz Offensichtliche in Erinnerung rufen: nämlich daß wir im Grunde alle gleich sind. Ich stamme aus Tibet, während die meisten von Ihnen vermutlich keine Tibeter sind. Würde ich Ihnen allen persönlich begegnen und Sie anschauen, dann würde ich feststellen, daß die meisten von Ihnen, oberflächlich betrachtet, tatsächlich Eigenschaften besitzen, die sich von meinen unterscheiden. Würde ich mich dann auf diese Verschiedenartigkeiten konzentrieren, dann würde ich einen deutlichen Unterschied zu mir selbst wahrnehmen. Doch das würde dazu führen, daß wir uns eher noch weiter entfremdeten, anstatt uns anzunähern. Würde ich dagegen jeden von Ihnen unter dem Blickwinkel betrachten, daß wir derselben Art angehören – menschliche Wesen mit einer Nase, zwei Augen und so weiter sind, gleichgültig welche Unterschiede in Gestalt und Hautfarbe es gibt –, dann verflöge die Distanz wie von selbst. Ich würde erkennen, daß wir gleichermaßen aus menschlichem Fleisch und Blut sind und daß Sie darüber hinaus genau wie ich glücklich werden und Leid vermeiden wollen. Und auf der Grundlage dieser Erkenntnis nähme ich Ihnen gegenüber eine positive Haltung ein, durch die in mir, beinahe wie von selbst, Anteilnahme an Ihrem Wohlergehen entstünde.

Doch ich habe den Eindruck, daß die meisten Menschen die Notwendigkeit einer Einigkeit zwar innerhalb ihrer jeweiligen Gruppierung einsehen und in diesem Rahmen auch akzeptieren, daß sie das Wohlergehen der anderen in ihre Überlegungen mit einbeziehen müssen, daß sie aber dazu neigen, den Rest der Menschheit zu vergessen. Damit vergessen wir aber zugleich nicht nur die Wechselwirkungen der Wirklichkeit, sondern auch unsere tatsächliche Situation. Wäre es einer Gruppierung oder einer Rasse oder einer Nation möglich, vollkommene Zufriedenheit und Erfüllung zu erlangen, indem sie als Gesellschaft innerhalb eigener Grenzen völlig unabhängig und autark bliebe, dann gäbe es möglicherweise Argumente dafür, daß die Ablehnung von Außenseitern gerechtfertigt ist. Aber das ist nicht der Fall. Die heutige Welt ist so beschaffen, daß die Erfüllung der Interessen in einer einzelnen Gruppierung allein nicht mehr möglich ist.

Für ein friedliches Miteinander ist daher die Ausbildung von Zufriedenheit und Genügsamkeit unabdingbar. Unzufriedenheit bringt unstillbare Habsucht hervor. Wenn das, wonach der Einzelne strebt, seinem Wesen nach unendlich groß ist, wie etwa die Eigenschaft der Toleranz, dann stellt sich die Frage nach einer Begrenzung durch die Genügsamkeit nicht: Je mehr wir unsere Fähigkeit, tolerant zu sein, entwickeln, desto toleranter werden wir auch. In bezug auf geistige Qualitäten ist Genügsamkeit weder notwendig noch wünschenswert. Doch wenn das, was wir erstreben, begrenzt ist, dann ist es mehr als wahrscheinlich, daß wir selbst dann nicht zufrieden sind, wenn wir es erlangt haben. Nehmen wir das Streben nach Reichtum: Selbst wenn jemand irgendwie in der Lage wäre, die Wirtschaft eines ganzen Landes an sich zu reißen, dann würden seine Überlegungen aller Wahrscheinlichkeit nach in die Richtung gehen, auch die Wirtschaft anderer Länder an sich zu bringen. Das Begehren nach endlichen Dingen kann nie wirklich befriedigt werden. Wenn wir dagegen die Zufriedenheit kultivieren, kann uns nichts enttäuschen oder ernüchtern.

Mangelnde Zufriedenheit oder Genügsamkeit – ich könnte auch sagen: Gier – legt den Samen für den Neid und einen aggressiven Wettbewerb und führt zu einer Kultur des exzessiven Materialismus. Die daraus entstehende negative Atmosphäre läßt alle möglichen gesellschaftlichen Übel entstehen, unter denen sämtliche Mitglieder dieser Gruppierung zu leiden haben. Hätten Gier und Neid keine darüber hinausgehenden Auswirkungen, dann könnte man durchaus sagen, daß dies allein ein Problem der jeweiligen Gesellschaft wäre. Doch das ist wiederum nicht der Fall. Mangelnde Genügsamkeit führt insbesondere zu Schäden an unserer natürlichen Umwelt und schädigt somit auch andere. Welche anderen? Vor allem die Armen und Schwachen. Während die Wohlhabenden dieser Gesellschaft in der Lage sind, ihren Wohnsitz zu verlegen, um zum Beispiel hochgradiger Luftverschmutzung zu entgehen, haben die Armen diese Möglichkeit nicht.

Auf ähnliche Weise leiden die Menschen aus ärmeren Nationen, denen die Mittel fehlen, um im Wettbewerb mithalten zu können, sowohl was die Exzesse der reicheren Länder angeht als auch in bezug auf die Umweltbelastungen, die ihre eigene, rückständigere Technologie verursacht. Auch die nachwachsenden Generationen werden darunter zu leiden haben. Und letzten Endes leiden auch wir darunter. Wieso? Wir müssen schließlich in der Welt leben, die wir mit gestalten. Wenn wir unser Verhalten aus Respekt für dasselbe Recht der anderen auf Glück und Leidensfreiheit nicht ändern wollen, dann wird es nicht lange dauern, bis wir die negativen Folgen zu spüren bekommen. Stellen Sie sich etwa die Umweltverschmutzung vor, die weitere zwei Milliarden Autos verursachen. Sie würde auf uns alle zurückfallen. Genügsamkeit ist daher nicht nur eine Sache der Ethik. Wenn wir unserem Leid nicht noch weiteres hinzufügen wollen, dann ist sie eine Sache der Notwendigkeit.

Das ist einer der Gründe, warum ich glaube, daß die Philosophie des ständigen Wirtschaftswachstums in Frage gestellt werden muß. Meiner Ansicht nach begünstigt sie die Unzufriedenheit, aus der wiederum vielfältige Probleme sozialer und ökologischer Art entstehen. Wenn wir uns einer Entwicklung im materiellen Bereich derart verschreiben, muß es zwangsläufig dazu kommen, daß wir die Folgen vernachlässigen, die das für eine menschliche Gemeinschaft im größeren Rahmen hat. Auch das hat wieder weniger mit der Kluft zwischen Erster und Dritter Welt zu tun, zwischen Nord und Süd, entwickelt und unentwikkelt, reich und arm, und auch nicht so sehr damit, daß es unmoralisch und falsch ist, wenngleich beides durchaus eine Rolle spielt. Denn in mancherlei Hinsicht ist der Umstand bedeutsamer, daß eine solche Ungleichheit selbst schon allen Beteiligten Probleme bereitet. Wäre zum Beispiel Europa die gesamte Welt, anstatt nur die Heimat für knapp zehn Prozent ihrer Bevölkerung zu sein, dann wäre die dort vorherrschende Ideologie des grenzenlosen Wachstums vielleicht zu rechtfertigen. Doch die Welt besteht nicht nur aus Europa. Fakt ist, daß anderswo Menschen verhungern. Und wo Ungleichgewichte von so grundlegender Art existieren, da können negative Folgen für alle nicht ausbleiben, selbst wenn nicht alle mit derselben Unmittelbarkeit betroffen sind – doch auch die Reichen erleben die Symptome der Armut in ihrem Alltag: Der Anblick von Überwachungskameras und Eisengittern vor den Fenstern trägt nicht gerade zu heiterer Unbeschwertheit bei.

Globales Verantwortungsgefühl bringt uns auch dazu, uns zum Prinzip der Ehrlichkeit zu bekennen. Was meine ich damit? Wir können uns Ehrlichkeit und Unehrlichkeit als Ausdruck der Beziehung von Schein und Wirklichkeit vorstellen. Manchmal stimmen sie überein; oft tun sie das nicht. Doch wenn Schein und Wirklichkeit übereinstimmen, dann handelt es sich nach meinem Verständnis um Ehrlichkeit. Wir sind also ehrlich, wenn unsere Handlungen sind, was sie zu sein scheinen. Wenn wir vorgeben, etwas anderes zu sein, als wir in Wirklichkeit sind, dann erwecken wir Argwohn in anderen, und der wiederum erzeugt Angst. Angst aber ist etwas, das wir alle vermeiden wollen. Wenn wir dagegen im Umgang mit unseren Nachbarn in allem, was wir sagen und tun, offen und ehrlich sind, dann braucht niemand Angst vor uns zu haben. Das gilt für den Einzelnen genauso wie für Gemeinschaften. Und wenn wir den Wert der Aufrichtigkeit in bezug auf all unsere Unternehmungen begreifen, dann erkennen wir auch, daß es letzten Endes keinen Unterschied zwischen den Bedürfnissen einzelner Menschen und denen ganzer Gemeinschaften gibt. Ob es einer ist oder viele sind, der Wunsch – und das Recht –, nicht hintergangen zu werden, ist bei allen gleich. Wenn wir uns also der Aufrichtigkeit und Ehrlichkeit verschreiben, dann tragen wir dazu bei, das Maß an Mißverständnissen, Zweifeln und Ängsten in der ganzen Gesellschaft herabzusetzen. Auf bescheidene, aber wichtige Weise schaffen wir die Voraussetzungen für eine bessere und glücklichere Welt.

Auch die Gerechtigkeit ist sowohl eng mit der globalen Verantwortung als auch mit der Aufrichtigkeit verknüpft. Gerechtigkeit verlangt von uns, daß wir nicht schweigen, wenn wir eine Ungerechtigkeit wahrnehmen. Unterlassen wir das, dann kann das falsch sein, wenn auch nicht in dem Sinn, daß es uns zu einem schlechten Menschen macht. Doch wenn wir aus egoistischen Gründen zaudern, den Mund aufzutun, dann haben wir ein Problem. Reagieren wir auf eine Ungerechtigkeit, indem wir uns fragen »Was riskiere ich, wenn ich mich äußere? Mache ich mich vielleicht unbeliebt?«, dann ist das unethisch, weil wir die weitergehenden Auswirkungen unseres Schweigens ignorieren. Im Zusammenhang mit dem Recht aller auf Glück und Leidensvermeidung ist so etwas außerdem unangemessen und wenig hilfreich. Und das gilt auch – vielleicht sogar besonders –, wenn zum Beispiel Regierungen, Behörden oder Institutionen sagen »Das ist unsere Sache« oder »Das ist eine interne Angelegenheit«. Sich vernehmlich zu äußern kann unter solchen Umständen nicht nur eine Pflicht, sondern auch, was noch wichtiger ist, ein Dienst an anderen sein.

Man kann hier natürlich einwenden, daß eine solche Offenheit nicht immer möglich ist, daß wir auch »realistisch« sein müssen. Die jeweiligen Umstände können uns daran hindern, immer im Einklang mit unserem Verantwortungsgefühl zu handeln. So könnte zum Beispiel unsere Familie gefährdet sein, wenn wir uns über eine Ungerechtigkeit äußern, die wir entdeckt haben. Doch während wir die Realitäten unseres Lebens Tag für Tag neu beurteilen müssen, ist es von entscheidender Bedeutung, einen großen Blickwinkel beizubehalten. Wir müssen unsere eigenen Bedürfnisse gegen die der anderen abwägen und bedenken, auf welche Weise unsere Handlungen und Unterlassungen sich auf lange Sicht auf sie auswirken. Es ist schwierig, jemanden zu kritisieren, der sich um seine Nächsten sorgt, aber manchmal ist es notwendig, zum Wohl vieler Menschen Risiken auf sich zu nehmen.

Verantwortungsgefühl anderen gegenüber bedeutet auch, daß wir sowohl als Einzelne wie auch als Gemeinschaft, die aus Einzelnen besteht, die Verpflichtung haben, uns um jedes Mitglied unserer Gemeinschaft zu kümmern. Das gilt auch, wenn jemand körperlich oder geistig nicht im Vollbesitz seiner Kräfte ist. Genau wie wir selbst haben diese Menschen das Recht, glücklich zu werden und Leid zu vermeiden. Darum müssen wir unter allen Umständen dem Drang widerstehen, Behinderte wegzusperren, als seien sie eine Last. Und dasselbe gilt für Kranke oder Ausgegrenzte. Sie wezugschieben heißt, Leid auf Leid zu häufen. Wären wir selbst in solch einer Lage, dann wären wir auf die Hilfe anderer angewiesen. Deshalb müssen wir dafür sorgen, daß sich ein kranker oder behinderter Mensch niemals hilflos, zurückgewiesen oder schutzlos fühlt. Meiner Meinung nach zeigt sich der Grad unserer geistig-psychischen Gesundheit sogar an der Zuwendung, die wir solchen Menschen als Einzelnen oder als Gesellschaft entgegenbringen.

Wenn ich hier die ganze Zeit von globaler Verantwortung rede, klingt das wahrscheinlich hoffnungslos idealistisch. Immerhin vertrete ich dieses Konzept schon seit 1973, also seit meinem ersten Besuch im Westen. Damals zeigten sich viele Leute solchen Gedanken gegenüber skeptisch. Genauso war es nicht immer leicht, jemanden für meine Vorstellung vom Weltfrieden zu interessieren. Doch es macht mir Mut, wenn ich heute feststellen kann, daß die Zahl derer wächst, die sich diesen Ideen gegenüber aufgeschlossen zeigen.

Es kommt mir so vor, als sei die Menschheit in der Folge der vielen außergewöhnlichen Ereignisse, die sie im Verlauf des 20. Jahrhunderts mit angesehen hat, reifer geworden. In den Fünfzigern und Sechzigern – und in manchen Gegenden auch noch in jüngerer Zeit – vertraten viele Leute die Ansicht, daß grundlegende Konflikte durch Kriege entschieden werden sollten. Heute ist diese Denkweise nur noch in den Köpfen einer kleinen Minderheit zu Hause. Und während zu Beginn dieses Jahrhunderts viele Leute glaubten, daß Fortschritt und gesellschaftliche Entwicklungen nur im Rahmen strenger Kontrollen und Reglementierungen stattfinden sollten, haben der Untergang des Faschismus und das spätere Verschwinden des sogenannten Eisernen Vorhangs deutlich gemacht, daß solche Versuche hoffnungslos sind. Es lohnt sich, diese Lektion der Geschichte zu lernen, daß nämlich Ordnungen, die durch Gewalt erzwungen wurden, nie lange existieren. Zudem lockert sich allmählich die einst feste Ansicht (die auch von manchen Buddhisten geteilt wird), daß Wissenschaft und geistige Werte unvereinbar sind. Mit unserem immer tiefer werdenden Verständnis vom Wesen der Wirklichkeit ändert sich diese Auffassung. Aus diesem Grund interessieren sich die Menschen zunehmend für das, was ich »unsere innere Welt« genannt habe. Ich meine damit die Dynamik und Funktionsweisen des Bewußtseins beziehungsweise des Geistes. Weltweit wächst das Umweltbewußtsein, genauso wie das Bewußtsein wächst, daß weder der Einzelne noch ganze Nationen all ihre Probleme allein lösen können – daß wir einander brauchen. In meinen Augen sind das alles sehr hoffnungsvolle Entwicklungen, die mit Sicherheit weitreichende Auswirkungen haben werden. Außerdem ermutigt mich der Umstand, daß – ganz unabhängig von den Möglichkeiten der praktischen Durchführung – zumindest deutlicher erkannt wird, daß Konflikte gewaltfrei und durch Schlichtung gelöst werden müssen. Weiterhin wird, wie schon angemerkt, mehr und mehr akzeptiert, daß die Menschenrechte weltweite Gültigkeit haben müssen und daß Unterschiedlichkeit in Bereichen von allgemeiner Tragweite hingenommen werden muß, etwa bei religiösen Fragen. Hier spiegelt sich meiner Meinung nach die Einsicht wider, daß wir aufgrund der Unterschiede, die innerhalb der Menschheitsfamilie vorhanden sind, unseren Blickwinkel erweitern müssen. Obwohl im Namen von Ideologien und Religionen, im Namen des Fortschritts und wirtschaftlicher Entwicklungen Einzelnen und ganzen Völkern weiterhin viel Leid angetan wird, zeigt sich den Armen und Schwachen hierdurch doch ein neuer Hoffnungsschimmer. Zweifellos wird es schwierig sein, wirklichen Frieden und wirklichen Einklang herzustellen, doch es ist sicher machbar. Das Potential dafür ist vorhanden. Und die Grundlage dafür besteht im Verantwortungsbewußtsein eines jeden Einzelnen gegenüber allen anderen.

12.

Stufen der Hingabe

Wenn wir uns eine verantwortungsbewußte Einstellung anderen gegenüber angewöhnen, können wir damit beginnen, jene freundlichere und einfühlsamere Welt zu schaffen, von der wir alle träumen. Der Leser mag mein Konzept der globalen Verantwortlichkeit teilen oder nicht, aber wenn es richtig ist, daß unsere Realität in hohem Maße Wechselwirkungen unterworfen ist, dann stellt unsere übliche Trennung zwischen uns selbst und anderen Menschen in gewisser Weise eine Übertreibung dar, so daß sich daraus ergibt, daß wir uns bemühen sollten, unser Mitgefühl auf *alle* anderen auszuweiten. Daher müssen wir uns bewußt werden, daß das Mitgefühl – und damit auch ethisches Verhalten – zum Kernelement all unserer individuellen und gemeinschaftlichen Handlungen werden muß. Und obwohl man im einzelnen darüber noch streiten kann, bin ich davon überzeugt, daß globale Verantwortlichkeit darüber hinaus bedeutet, daß das Mitgefühl auch auf die politische Bühne gehört. Es kann uns wichtige Hilfestellung dabei geben, wie wir unser Alltagsleben gestalten sollten, wenn wir auf eine Art und Weise glücklich werden wollen, die meiner oben dargelegten Definition von Glück entspricht. Ich hoffe aber, daß es klar geworden ist, daß ich keinesfalls von jedem verlange, seinen bisherigen Lebensstil aufzugeben und sich neuen Regeln oder Denkweisen zu verpflichten. Ich möchte vielmehr nahelegen, daß sich jeder Mensch verändern kann, auch wenn er so weiterlebt wie bisher, um sich in ein besseres, mitfühlenderes und glücklicheres Wesen zu verwandeln. Und wenn wir zu besseren und mitfühlenderen Individuen werden, können wir allmählich unsere geistige Revolution in Angriff nehmen.

Die Arbeit eines Menschen, der einer schlichten Tätigkeit nachgeht, ist für das Wohlergehen der Gemeinschaft nicht weniger wichtig als etwa die Arbeit einer Ärztin, eines Lehrers, eines Mönchs oder einer Nonne. Jedes menschliche Bemühen ist potentiell großartig und edel. Solange wir unsere Arbeit aus guten Motiven heraus tun und uns sagen »Ich mache das für andere«, so lange kommt sie einem größeren Ganzen zugute. Wenn uns die Gefühle und das Wohlergehen anderer jedoch gleichgültig sind, dann bekommen unsere Aktivitäten einen negativen Zug. Ohne die elementaren menschlichen Empfindungen kann ein Tätigkeitsfeld wie etwa die Religion, die Politik, die Wirtschaft und so weiter zu einem schmutzigen Geschäft werden. Es kommt dann nicht mehr der Menschlichkeit zugute, sondern wird zum Wegbereiter ihrer Zerstörung.

Darum müssen wir nicht nur globales Verantwortungsgefühl entwickeln, sondern darüber hinaus tatsächlich verantwortungsvolle Menschen sein. Solange wir unsere Grundsätze nicht in die Praxis umsetzen, bleiben sie eben nur Grundsätze. So muß zum Beispiel ein wirklich verantwortungsvoller Politiker tatsächlich auch ehrlich und integer sein. Ein Geschäftsmann oder eine Geschäftsfrau muß entsprechend bei allen Vorgängen die Bedürfnisse anderer mit berücksichtigen. Und ein Anwalt muß seine Fachkenntnisse zum Kampf für die Gerechtigkeit einsetzen.

Es läßt sich schwer genau vorhersagen, wie sich unser Verhalten im Detail ändern wird, wenn wir uns der globalen Verantwortung verschreiben. Deshalb kann ich auch keine allgemeinverbindlichen Richtlinien vorschlagen. Ich hoffe lediglich, daß Sie, die Leser, sofern Ihnen meine Ausführungen einleuchten, sich in Ihrem Alltag um Mitgefühl bemühen und daß Sie aus Verantwortungsbewußtsein für andere das tun, was Ihnen möglich ist. Wenn Sie einen tropfenden Wasserhahn sehen, drehen Sie ihn zu, wenn ein Licht unnötigerweise brennt, schalten Sie es aus – und genauso sollte es auch auf der menschlichen Ebene sein. Wenn

Sie eine Religion ausüben und Ihnen morgen ein Angehöriger einer anderen Glaubensrichtung begegnet, dann sollten Sie ihm denselben Respekt erweisen, den Sie für sich selbst erwarten. Oder wenn Sie als Wissenschaftler arbeiten und feststellen, daß Ihre Untersuchungen anderen möglicherweise schaden könnten, dann sollten Sie aus Verantwortungsgefühl davon Abstand nehmen. Tun Sie, was Ihren Umständen und Möglichkeiten entspricht und durchführbar ist. Darüber hinaus verlange ich keinerlei Bekenntnis oder etwas ähnliches von Ihnen. Und wenn sie an manchen Tagen mitfühlender handeln als an anderen, nun, das ist ganz normal. Und wenn meine Worte Ihnen nicht sehr hilfreich erscheinen, macht das auch nichts. Entscheidend ist, daß all das, was wir für andere tun und welche Opfer wir auch bringen, freiwillig geschieht – aus dem Bewußtsein heraus, daß unsere Handlungen Früchte tragen werden.

Als ich vor kurzem in New York war, erzählte mir ein Freund, daß die Zahl der amerikanischen Milliardäre in wenigen Jahren von siebzehn auf etliche Hundert angestiegen sei. Gleichzeitig bleiben aber die Armen arm, und viele werden sogar noch ärmer. Das scheint mir völlig unmoralisch zu sein. Außerdem kann das möglicherweise weitere Probleme verursachen. Wenn Millionen Menschen nicht einmal die elementarsten Dinge besitzen – genug zu essen, ein Dach über dem Kopf, Schulbildung und ausreichende medizinische Versorgung –, dann ist ein solches Ungleichgewicht der Wohlstandsverteilung schlicht eine Schande. Hätte jeder genug, um seine Grundbedürfnisse zu decken und noch etwas darüber hinaus, dann könnte man den Luxus einiger weniger vielleicht hinnehmen. Würde der Betreffende darauf beharren, dann ließe sich in dem Fall schlecht argumentieren, er solle sein Recht auf ein ihm angemessen erscheinendes Leben aufgeben. Doch so liegen die Dinge nicht. In dieser einzigen Welt, die wir haben, gibt es Gegenden, in denen überschüssige Lebensmittel weggeworfen werden, während Menschen ganz in der Nähe – unsere *Mit*menschen und ihre unschuldigen Kinder – im Abfall wühlen müssen und oftmals verhungern. Ich kann zwar nicht behaupten, daß der üppige Lebensstil der Reichen an sich unrechtmäßig ist (sofern sie ihn mit eigenem und ehrlich erworbenem Geld finanzieren), doch er ist unwürdig und schadet uns.

Darüber hinaus kann ich es kaum fassen, wie grotesk kompliziert das Leben der Reichen häufig ist. Einer meiner Freunde, der einmal bei einer überaus reichen Familie zu Gast war, erzählte mir, was er dort beobachtet hatte: Immer wenn ein Familienmitglied in den Swimmingpool stieg, wurde ihm oder ihr anschließend frische Kleidung gereicht. Jedesmal, auch wenn jemand mehrfach am Tag schwimmen ging. Das finde ich nicht nur höchst ungewöhnlich, sondern auch lächerlich. Ich vermag nicht nachzuvollziehen, wie so etwas zum persönlichen Wohlbefinden beitragen soll. Wir als Menschen haben nur einen Magen, und die Menge, die wir essen können, ist begrenzt. Wir haben auch nur acht Finger und zwei Daumen, die wir mit Ringen schmücken können. Wie sollen wir da hundert Ringe tragen? Unabhängig von allen Fragen des persönlichen Geschmacks: In dem Moment, in dem wir einen Ring tragen, erfüllen die anderen ihren Zweck nicht mehr und liegen sinnlos in ihren Kästchen. Der eigentliche Nutzen des Reichtums, so erläuterte ich es einmal einer sehr wohlhabenden indischen Familie, liegt in philanthropischem Geben. Und da ich gefragt wurde, riet ich, daß es vielleicht das beste sei, das Geld in Ausbildungsbereiche zu investieren. Denn die Zukunft unserer Welt liegt in den Händen unserer Kinder. Wenn wir eine mitfühlendere – und damit gerechtere – Gesellschaft anstreben, dann ist es folglich notwendig, unsere Kinder zu verantwortungsvollen, fürsorglichen Menschen zu erziehen. Ist jemand reich geboren oder wird auf andere Weise wohlhabend, dann hat er phantastische Möglichkeiten, anderen Gutes zu tun. Und welch eine Verschwendung ist es, solche Möglichkeiten eigennützig zu vertun.

Ich fühle sehr stark, daß ein Leben im Luxus unangemessen ist, so sehr, daß ich mich jedesmal unwohl fühle, wenn ich zum Beispiel in einem komfortablen Hotel untergebracht werde und sehe, wie andere teure Mahlzeiten zu sich nehmen, während vor der Tür Menschen sind, die noch nicht einmal eine Bleibe für die Nacht haben. In unserem Wunsch nach Glück und unserem Wunsch, Leid zu vermeiden, sind wir alle gleich. Und wir haben auch alle dasselbe Recht auf dieses Glück. Daher würde ich mich wohl anschließen, wenn draußen eine Arbeiterdemonstration vorbeizöge. Und doch ist natürlich der Mensch, der dies sagt, einer, der den Komfort eines solchen Hotels genießt. Ich muß wirklich noch viel an mir arbeiten. Es stimmt auch, daß ich mehrere wertvolle Armbanduhren besitze. Und obwohl ich weiß, daß ich zum Beispiel ein paar Hütten für die Armen bauen könnte, wenn ich sie verkaufte, habe ich es bisher nicht getan. Genauso weiß ich, daß ich nicht nur ein besseres Vorbild abgäbe, wenn ich konsequent vegetarisch leben würde, sondern daß ich auch das Leben einiger unschuldiger Tiere damit retten könnte. Aber auch das tue ich nicht und muß daher zugeben, daß zwischen meinen Grundsätzen und meiner Lebenspraxis in manchen Bereichen keine Übereinstimmung herrscht. Doch andererseits glaube ich auch nicht, daß jeder wie Mahatma Gandhi das Leben eines armen Bauern leben sollte oder könnte. Solch eine Selbstverpflichtung ist großartig und bewundernswert. Doch das Schlüsselwort lautet »Soweit es uns möglich ist«, ohne dabei in Extreme zu verfallen.

13.

Gesellschaftliche Ethik: Erziehung und Medien

Wenn wir ein wirklich ethisches Leben führen und den Bedürfnissen anderer Menschen den Vorrang geben und zu ihrem Glück beitragen, dann hat das enorme Auswirkungen auf unsere gesamte Gesellschaft. Ändern wir uns innerlich, indem wir unsere negativen Gedanken und Empfindungen konstruktiv angehen und uns damit »entwaffnen«, können wir buchstäblich die ganze Welt verändern. Uns stehen so viele wirksame Mittel zur Verfügung, mit denen wir eine friedliche und ethische Gesellschaft schaffen können. Doch viele dieser Mittel schöpfen wir bei weitem nicht aus. An dieser Stelle möchte ich deshalb einige meiner Vorstellungen darüber darlegen, wie und in welchen Bereichen wir damit beginnen können, die geistige Revolution der Freundlichkeit, des Mitgefühls, der Geduld, Toleranz, Vergebung und Demut herbeizuführen.

Wenn wir uns dem Ideal verschreiben, an allen anderen Menschen Anteil zu nehmen, dann heißt das auch, daß unsere sozialen und politischen Leitlinien davon geprägt werden sollten. Ich sage das nicht, weil ich glaube, daß wir die Probleme unserer Gesellschaft dann über Nacht lösen können. Doch ich bin davon überzeugt, daß unser politisches Handeln der Menschheit insgesamt eher schadet als nützt, solange es nicht von jenem umfassenden Mitgefühl inspiriert wird, das ich Ihnen hier so dringlich ans Herz lege. Ich glaube, wir müssen heute wie auch in Zukunft ganz praktische Schritte unternehmen, um unsere Verantwortlichkeit gegenüber allen anderen deutlich zu machen. Das gilt auch dann, wenn zwischen politischen Aktivitäten, deren Ursprung im Mitgefühl zu suchen ist, und jenen, die, sagen wir, aus nationalem Interesse heraus entstanden sind, wenig Unterschiede bestehen sollten.

Obwohl es sicher zutrifft, daß die Welt wie von selbst ein freundlicherer und friedlicherer Ort würde, wenn meine Vorschläge in bezug auf das Mitgefühl, auf innere Disziplin, kluge Urteilsfähigkeit und die Entwicklung von Tugenden insgesamt in großem Ausmaß umgesetzt würden, so sehe ich doch auch, daß die Wirklichkeit es einfordert, daß wir unsere Probleme gleichzeitig auf der gesellschaftlichen und auf der persönlichen Ebene angehen. Die Welt wird sich ändern, wenn jeder Einzelne sich bemüht, seine negativen Gedanken und Gefühle in die Schranken zu weisen, und allen Erdenbewohnern voller Mitgefühl gegenübersteht, gleichgültig, ob er sie persönlich kennt oder nicht.

In dieser Hinsicht gibt es meiner Meinung nach einige Bereiche, die wir – im Licht der globalen Verantwortlichkeit – etwas genauer betrachten müssen. Hierzu gehören Erziehung und Ausbildung, die Medien, die Umwelt, Politik und Wirtschaft, Frieden und Abrüstung sowie die Beziehungen zwischen den Religionen. Jedes dieser Gebiete spielt bei der Gestaltung unserer Welt eine bedeutende Rolle, daher möchte ich sie der Reihe nach kurz erläutern.

Zuvor muß ich jedoch betonen, daß es sich hier lediglich um meine persönlichen Ansichten handelt. Zudem sind es die Ansichten eines Menschen, der keinerlei Fachkenntnisse in bezug auf ihre praktische Umsetzbarkeit für sich in Anspruch nimmt. Doch wenn meine Darlegungen vielleicht auch zu beanstanden sind, so hoffe ich doch, daß sie Ihnen einige gedankliche Anregungen bieten. Denn wenn es mich auch nicht überraschen würde, wenn sich zwischen meinen Vorschlägen und ihrer tatsächlichen Umsetzbarkeit eine Kluft auftäte, so halte ich doch die Notwendigkeit von Mitgefühl, von geistigen Grundwerten, von innerer Disziplin und ethischem Verhalten insgesamt für unbestreitbar.

Der menschliche Geist (lo) bildet sowohl die Ursache als auch – richtig angeleitet – die Lösung für all unsere Probleme. Wer sehr viel Bildung erwirbt, aber kein gutes Herz hat, läuft Gefahr, ein Opfer von Ängsten und Unruhe zu werden, so wie sie aus unerfüllbaren Wünschen heraus entstehen. Umgekehrt hat ein echtes Verständnis geistiger Werte einen gegenteiligen Effekt. Wenn wir unsere Kinder so erziehen, daß sie zwar Wissen, aber kein Mitgefühl besitzen, dann wird ihre Einstellung anderen gegenüber vermutlich aus einer Mischung von Neid in bezug auf die Bessergestellten, Aggressionen gegenüber Gleichrangigen und Verachtung im Hinblick auf weniger Glückliche bestehen. So etwas führt zu Gier, Anmaßung, übersteigertem Verhalten und sehr schnell zum Verlust des Glücks. Wissen und Bildung sind wichtig. Doch noch wichtiger ist das Ziel, für das sie eingesetzt werden. Und das hängt vom Herzen und vom Geist des Menschen ab, der sie einsetzt.

Unter Ausbildung und Erziehung verstehe ich weit mehr als die bloße Vermittlung von Kenntnissen und Fähigkeiten, mit denen sich begrenzte Ziele erreichen lassen. Zu ihnen gehört auch, daß man einem Kind die Augen für die Bedürfnisse und Rechte der anderen öffnet. Wir müssen unseren Kindern begreiflich machen, daß ihre Handlungen einen globalen Aspekt in sich tragen. Und es muß uns auf irgendeine Weise gelingen, ihr natürliches Einfühlungsvermögen zu fördern, damit sie Verantwortungsgefühl gegenüber anderen entwickeln. Denn es ist erst das, was uns handeln läßt. Die Tugend ist zweifellos das Wertvollere, wenn man zwischen ihr und dem Wissen zu entscheiden hat. Das gute Herz – die Frucht der Tugend – ist für sich allein bereits ein großer Gewinn für die Menschheit. Das Wissen allein ist es nicht.

Doch wie sollen wir unseren Kindern moralisches Verhalten beibringen? Ich habe den Eindruck, daß die modernen Erziehungsmethoden ethische Themen meist ausklammern. Das geschieht sicher weniger absichtlich, als daß es eine Nebenerscheinung der historischen Entwicklung ist. Die weltlichen Erziehungssysteme entstanden zu einer Zeit, als die Gesellschaft noch stark von religiösen Institutionen geprägt wurde. Weil die Vermittlung von ethischen und menschlichen Werten seinerzeit – wie auch heute noch – hauptsächlich in den Zuständigkeitsbereich der Religionen fiel, ging man davon aus, daß dieser Aspekt der Kindererziehung im Rahmen der religiösen Erziehung stattfinden würde. Das funktionierte ganz gut, bis der Einfluß der Religion abzunehmen begann. Die Notwendigkeit dieser Wertevermittlung besteht zwar noch, aber sie wird nicht mehr erfüllt. Deshalb müssen wir einen anderen Weg finden, damit wir den Kindern zeigen können, daß menschliche Grundwerte wichtig sind. Und wir müssen ihnen dabei helfen, sie zu entwickeln.

Letzten Endes lernt man die Bedeutung der Anteilnahme am Wohlergehen anderer nicht durch Worte, sondern durch Taten: Wir müssen uns beispielhaft verhalten. Darum ist das familiäre Umfeld ein so wichtiges Element für ein heranwachsendes Kind. Wenn zu Hause die umsorgende und mitfühlende Atmosphäre fehlt, wenn die Eltern es vernachlässigen, kann man sich die zerstörerischen Auswirkungen leicht vorstellen. Das Kind fühlt sich hilflos und unsicher, und es ist beunruhigt. Erfährt es dagegen dauerhaft Zuneigung und Schutz, dann ist es viel glücklicher und entwickelt mehr Vertrauen in seine Fähigkeiten. Auch gesundheitlich geht es ihm im allgemeinen besser. Und dazu können wir feststellen, daß es sich nicht nur für sich selbst interessiert, sondern auch für andere. Aber Kinder lernen in ihrer häuslichen Umgebung auch negative Verhaltensweisen von ihren Eltern. Streitet sich etwa der Vater ständig mit der Verwandtschaft oder liegen sich die Eltern immer wieder in den Haaren, dann wird ein Kind das anfangs zwar unangenehm finden, es mit der Zeit aber für normal halten. Und diese Einstellung nimmt es später mit in die Welt.

Es muß kaum betont werden, daß auch das, was Kinder in der Schule über ethisches Verhalten lernen, zunächst eines praktischen Beispiels bedarf. Hier tragen die Lehrer große Verantwortung. Durch ihr Verhalten können sie Kindern oft ein Leben lang in Erinnerung bleiben. Gründet es sich auf Prinzipien, Disziplin und Mitgefühl, dann werden sich diese Werte einem Kind leicht einprägen, denn der Unterricht eines Lehrers wirkt sich am intensivsten auf den Geist seiner Schüler aus, wenn er eine positive Grundeinstellung (kun long) hat. Ich weiß das aus eigener Erfahrung. Als Junge war ich sehr faul. Doch wenn ich bei meinen Lehrern Zuneigung und Anteilnahme verspürte, nahm ich den Lernstoff viel besser auf, als wenn sie einen schlechten Tag hatten.

Details in Erziehungsfragen möchte ich den Fachleuten überlassen und mich hier auf einige allgemeine Vorschläge beschränken. Um bei jungen Leuten das Bewußtsein für die Bedeutung der menschlichen Grundwerte zu wecken, sollte man die Probleme der gegenwärtigen Gesellschaft nicht allein als ethische oder religiöse Angelegenheiten darstellen. Wichtig ist vielmehr, ihnen zu vermitteln, daß es um unser zukünftiges Überleben als Menschheit geht. Auf diese Weise erkennen die Schüler, daß die Zukunft in ihren Händen liegt. Des weiteren glaube ich, daß in der Schule das Miteinander-Sprechen und -Diskutieren gelehrt werden kann und sollte. Wenn man Schülern ein kontroverses Thema präsentiert und sie darüber debattieren läßt, kann man ihnen auf diese Weise wunderbar vermitteln, daß Konflikte gewaltfrei gelöst werden können. Würden die Schulen dies besonders fördern, dann könnte man sogar hoffen, daß sich das wohltuend auf das Familienleben der Schüler auswirken würde. Ein junger Mensch, der den Wert des Dialogs begriffen hat, würde seinen streitenden Eltern ganz von selbst vermitteln: »Das führt doch so zu nichts. Ihr müßt die Sache vernünftig diskutieren!«

Und schließlich ist es ganz wichtig, daß wir jeden Anflug, andere negativ darzustellen, aus dem Unterricht verbannen. Es gibt zweifellos auf der Welt Gegenden, in denen Intoleranz und Rassismus etwa im Geschichtsunterricht gefördert werden. Das ist selbstverständlich von Übel. Es trägt nichts zum Glück der Menschheit bei. Wir müssen unseren Kindern heute mehr denn je klarmachen, daß Unterscheidungen zwischen »meinem Land« und »deinem Land«, zwischen »meiner Religion« und »deiner Religion« zweitrangig sind. Statt dessen müssen wir beharrlich verdeutlichen, daß dem eigenen Recht auf Glück nicht mehr Gewicht beigemessen wird als dem Recht anderer. Damit meine ich jedoch nicht, daß wir Kinder dahingehend erziehen sollen, daß sie ihre kulturellen und historischen Wurzeln aufgeben oder verleugnen. Ganz im Gegenteil: Es ist sehr wichtig, daß sie darin zu Hause sind. Es ist gut für Kinder, wenn sie ihr Land, ihre Religion, ihre Kultur und so weiter lieben lernen. Doch wenn diese Liebe in engstirnigen Nationalismus, in Ethnozentrik und religiöse Überheblichkeit übergeht, wird es gefährlich. Das Beispiel Mahatma Gandhis paßt genau hierher. Obwohl er eine hochrangige westliche Ausbildung besaß, blieb er dem reichen Erbe seiner indischen Kultur immer verbunden.

Wenn die Erziehung unserer Kinder eine der wirksamsten Waffen zum Aufbau einer besseren, friedlicheren Welt ist, dann gilt das ebenso für die Massenmedien. Wie alle Politiker wissen, sind es nicht mehr sie allein, die in der Gesellschaft eine Autorität darstellen. Zusammen mit Zeitungen und Büchern haben Radio, Film und Fernsehen insgesamt einen solch enormen Einfluß auf die Menschen gewonnen, wie es vor einem Jahrhundert noch undenkbar gewesen wäre. Aus dieser Macht ergibt sich eine große Verantwortung, die alle, die im Bereich der Medien arbeiten, zu tragen haben. Doch auch uns, die wir hören, lesen und zusehen, wird große Verantwortung abverlangt. Denn auch wir spielen eine Rolle. Wir sind den Medien nicht hilflos ausgeliefert, denn schließlich sind wir es, die den Einschaltknopf bedienen.

Das bedeutet nicht, daß ich ein Verfechter seichter Berichterstattung oder langweiliger Unterhaltung bin. Im Gegenteil, was den investigativen Journalismus angeht, so respektiere und schätze ich die Einmischung durch die Medien. Nicht alle Inhaber eines öffentlichen Amtes erfüllen ihre Pflichten gewissenhaft. Deshalb ist es angemessen, wenn Journalisten mit ihren Nasen wie mit Elefantenrüsseln herumstöbern und Fehlverhalten aufdecken, wo immer sie es finden. Wir sollten schon wissen, wenn diese oder jene bekannte Persönlichkeit hinter ihrer sympathischen Fassade ganz andere Seiten verbirgt. Die äußere Erscheinung und das Innerste eines Menschen sollten nicht auseinanderklaffen. Schließlich handelt es sich um *eine* Person. Diskrepanzen dieser Art lassen sie nicht gerade vertrauenswürdig erscheinen. Doch in solch einem Fall ist es ebenfalls wichtig, daß der »Detektiv« nicht aus unlauteren Motiven heraus handelt. Wenn er nicht unparteiisch ist und die Rechte des anderen nicht achtet, dann haftet der Untersuchung selbst ein Makel an.

Was den Punkt betrifft, daß die Medien so viel Gewicht auf die Darstellung von Sex und Gewalt legen, so gibt es hier viele Aspekte zu bedenken. Zunächst ist es offensichtlich, daß ein Großteil der Zuschauer die Empfindungen genießt, die damit ausgelöst werden. Des weiteren bezweifle ich sehr, daß diejenigen, die das Material mit expliziten Sex- und Gewaltszenen erstellen, Schaden anrichten wollen. Ihre Beweggründe sind wahrscheinlich rein kommerzieller Natur. Ob das für sich genommen positiv oder negativ ist, halte ich für eine weniger wichtige Frage als jene, ob das ethisch gesunde Auswirkungen hat. Wenn ein Film, in dem viel Gewalt vorkommt, beim Zuschauer Mitgefühl erweckt, dann mag diese Darstellung der Gewalt vielleicht gerechtfertigt sein. Doch wenn die Häufung gewaltvoller Bilder zu einer Abstumpfung führt, dann trifft das meines Erachtens nicht zu. Solch eine Verhärtung des Herzens stellt eine potentielle Gefahr dar, denn sie führt nur allzu leicht zu Gleichgültigkeit.

Wenn sich die Medien zu stark auf die negativen Seiten der menschlichen Natur konzentrieren, dann besteht das Risiko, daß wir allmählich glauben, Gewalt und Aggression seien ihre Hauptmerkmale – und das stimmt nicht. Der Umstand, daß Gewalt nachrichtentauglich ist, verweist auf das genaue Gegenteil. Bedenken Sie einmal: In jedem beliebigen Augenblick müssen auf der Welt Hunderte Millionen freundlicher Taten geschehen. Obwohl zweifellos zur selben Zeit auch viele gewaltsame Handlungen passieren, ist ihre Zahl mit Sicherheit viel geringer. Wenn die Medien also so etwas wie eine ethische Verantwortung haben sollen, dann müssen sie diese schlichte Tatsache auch widerspiegeln.

Selbstverständlich ist es notwendig, die Medien zu beaufsichtigen. Der Umstand, daß wir unsere Kinder daran hindern, bestimmte Sendungen zu sehen, zeigt, daß wir ohnehin schon mit entscheiden, was wir für angemessen halten und was nicht. Doch ob die richtige Methode hierfür in der Gesetzgebung liegt, ist schwer zu beurteilen. Wie bei allen ethischen Fragen bewirkt Disziplin nur dann wirklich etwas, wenn sie von innen heraus kommt. Und der beste Ansatz, der dazu führt, daß die Medien gute Inhalte produzieren, liegt vielleicht in der Art, wie wir unsere Kinder erziehen. Wenn wir sie im Bewußtsein ihrer Verantwortung groß werden lassen, dann werden sie disziplinierter sein, wenn sie es mit den Medien zu tun bekommen.

Wahrscheinlich ist es vermessen zu hoffen, daß die Medien jemals die Ideale und Grundsätze des Mitgefühls fördern werden, doch wir sollten zumindest erwarten dürfen, daß die Beteiligten auf der Hut sind, wenn sich negative Auswirkungen abzeichnen. Wenigstens sollten sie nicht zu verwerflichen Taten, wie etwa zu rassistischer Gewalt, anstiften. Weiter kann ich dazu auch nichts sagen. Vielleicht lassen sich ja Wege finden, die diejenigen, die die Manuskripte für Nachrichten- und Unterhaltungsbeiträge schreiben, enger mit den Zuschauern, Lesern und Hörern in Kontakt bringen.

14.

Die Umwelt

Wenn es einen Bereich gibt, in dem sowohl die Erziehung als auch die Medien eine besondere Verantwortung tragen, dann ist es meiner Ansicht nach der Bereich unserer natürlichen Umwelt. Auch diese Verantwortung hat weniger mit Fragen nach dem, was richtig oder falsch ist, zu tun, dafür aber mit der Frage unseres Überlebens. Die natürliche Umwelt ist unsere Heimat. Sie ist nicht unbedingt geweiht oder heilig, sie ist einfach der Ort, an dem wir leben. Daher liegt es in unserem eigenen Interesse, uns ihrer anzunehmen. Das ist eine Binsenweisheit. Doch seit relativ kurzer Zeit haben die Größe der Erdbevölkerung und die Möglichkeiten von Wissenschaft und Technik ein solches Ausmaß erreicht, daß sie sich direkt auf die Natur auswirken können. Mit anderen Worten: Bisher hat Mutter Erde unsere schlampige Haushaltsführung verkraftet. Doch nun ist ein Punkt erreicht, an dem sie unser Verhalten nicht mehr schweigend dulden kann. Die Probleme, die durch Umweltsünden entstehen, können wir als ihre Antwort auf unser verantwortungsloses Benehmen auffassen. Sie zeigt uns damit, daß selbst ihre Belastungsfähigkeit Grenzen hat.

Nirgendwo sind die Folgen unseres Versagens, wenn es um diszipliniertes Umweltverhalten geht, deutlicher sichtbar als im heutigen Tibet. Es ist nicht übertrieben, wenn ich sage, daß das frühere Tibet, in dem ich aufwuchs, ein Paradies für Tiere war. Jeder Reisende, der Tibet vor der Mitte des 20. Jahrhunderts besuchte, sprach davon. Außer in den entlegensten Gebieten, in denen man nichts anpflanzen konnte, wurden Tiere nur selten gejagt. Statt dessen war es üblich, daß Regierungsbeamte jedes Jahr einen Erlaß zum Schutz der Fauna veröffentlichten: »Niemand«, so hieß es da, »ob von niedrigem oder hohem Stand, darf die Tiere im Wasser oder in der freien Wildbahn schädigen oder ihnen Gewalt antun.« Als einzige Ausnahmen galten Ratten und Wölfe.

Ich weiß noch, daß ich als junger Mann oft viele verschiedene Tiere sah, wenn ich etwas außerhalb von Lhasa zu tun hatte. Meine Haupterinnerung an die dreimonatige Reise, die mich von meinem Geburtsort Takster im Osten

Tibets nach Lhasa führte, wo ich als Vierjähriger offiziell zum Dalai Lama ausgerufen wurde, besteht aus den wilden Tieren, denen wir unterwegs begegneten. Riesige *Kiang-* und *Drong-*Herden (wilde Esel und Yaks) durchstreiften die großen Ebenen. Und gelegentlich sahen wir die schimmernden Rücken einer *Gowa-*Herde, der scheuen tibetischen Gazellen, der Wa, der weißlippigen Rehe, oder der *Tso*, unserer majestätischen Antilopen. Ich kann mich auch noch erinnern, wie entzückt ich von den kleinen *Chibi* war, einer Hasenart mit runden Ohren, die sich gern auf Rasenflächen versammeln. Sie wirkten so freundlich auf mich. Ich liebte es auch, den Vögeln zuzusehen, etwa dem würdevollen *Gho* (dem Bartgeier), der hoch über den Bergklöstern seine Runden zog, oder auch den Gänsevölkern *(Nangbar)*; und manchmal konnte ich nachts den Ruf einer *Wookpa* hören, der langohrigen Eule.

Selbst in Lhasa hatte man überhaupt nicht das Gefühl, von der natürlichen Umwelt getrennt zu sein. In meinen Zimmern oben im Potala, dem Winterpalast der Dalai Lamas, verbrachte ich als Kind zahllose Stunden damit, das Verhalten des rotschnäbeligen *Khyungkar* zu studieren, der in den Mauernischen nistete. Und hinter dem Norbulingka, dem Sommerpalast, sah ich oft Paare des *Trung Trung*, einer japanischen Kranichart mit schwarzem Nackengefieder. Diese Vögel, die dort in den Sümpfen leben, waren für mich der Inbegriff von Eleganz und Anmut. Und damit habe ich die prächtigsten Exemplare der tibetischen Tierwelt noch gar nicht erwähnt: die Bären und Bergfüchse, die *Chanku* (Wölfe) und *Sazik* (wunderschöne Schneeleoparden) und die *Sik* (Luchse), die den nomadischen Viehzüchtern das Blut in den Adern gefrieren lassen, oder die sanftblickenden Riesenpandas, die im Grenzgebiet zwischen Tibet und China zu Hause sind.

So bitter es ist: diese artenreiche Tierwelt existiert nicht mehr. Zum Teil liegt es an der Jagd, vor allem aber daran, daß den Tieren die Lebensgrundlage entzogen wurde, und deshalb ist in Tibet, ein halbes Jahrhundert nach seiner Besetzung, nur noch ein Bruchteil seiner früheren Fauna zu finden. Jeder Tibeter, der nach dreißig oder vierzig Jahren sein Land besuchte, berichtete mir, daß die Anzahl der wilden Tiere dramatisch zurückgegangen sei. Früher waren die Tiere oft in der Nähe der Wohnhäuser zu sehen, heute so gut wie nie.

Genauso erschreckend ist die Zerstörung der tibetischen Wälder. Früher waren alle Hügel dicht bewaldet; heute berichten Reisende, sie seien so kahl wie Mönchsschädel. Die Regierung in Beijing (Peking) hat eingeräumt, daß die schrecklichen Überschwemmungen, die Westchina und noch andere Gebiete heimsuchen, zum Teil auf die Abholzung der tibetischen Wälder zurückzuführen sind. Und dennoch erhalte ich ständig Berichte, daß LKW-Kolonnen rund um die Uhr Baumstämme aus Tibet nach Osten abtransportieren. Angesichts der gebirgigen Beschaffenheit des Landes und seines harten Klimas ist das besonders tragisch, denn Neuanpflanzungen erfordern ständige Pflege und Aufmerksamkeit, und davon ist leider kaum etwas zu bemerken.

All das soll nicht besagen, daß wir Tibeter früher bewußte »Bewahrer der Umwelt« gewesen sind. Wir waren es nicht. Den Begriff »Umweltverschmutzung« gab es bei uns überhaupt nicht. In dieser Beziehung, das läßt sich nicht leugnen, waren wir ziemlich verwöhnt. Eine kleine Bevölkerung bewohnte ein sehr großes Gebiet mit sauberer, trockener Luft und einer Fülle von klarem Bergwasser. Unsere unschuldig-naive Einstellung in bezug auf die Sauberkeit der Natur führte zum Beispiel dazu, daß wir im Exil verblüfft feststellen mußten, daß es Flüsse gibt, deren Wasser man nicht trinken kann. Wie bei einem Einzelkind hatte Mutter Natur unser Verhalten hingenommen, was immer wir auch taten. Das Ergebnis davon war, daß wir gar keine richtige Vorstellung von Reinheit und Hygiene hatten. Auf der Straße schnaubten die Leute aus oder spuckten, ohne darüber nachzudenken. Dabei fällt mir ein älterer Khampa ein, ein ehemaliger Leibwächter, der in Dharamsala jeden Tag um mein Haus herumschritt (eine gängige Andachtsbezeugung). Leider litt er sehr an Bronchitis, die durch den Weihrauch, den er bei sich trug, noch verschlimmert wurde. An jeder Hausecke hielt er deshalb an, um zu husten und den Schleim auszuspucken, so daß ich mich manchmal fragte, ob er zum Beten kam oder zum Spucken.

In den Jahren seit dem Beginn des Exils habe ich mich intensiver mit Umweltfragen auseinandergesetzt. Die tibetische Exilregierung hat besonderen Nachdruck darauf gelegt, daß unsere Kinder mit ihrer Verantwortlichkeit als Bewohner dieses empfindlichen Planeten vertraut gemacht werden. Und wann immer ich Gelegenheit habe, mich zu diesem Thema öffentlich zu äußern, ergreife ich sie. Ich betone insbesondere immer die Notwendigkeit, unsere Handlungen unter dem Gesichtspunkt zu überprüfen, inwieweit sie durch ihre Auswirkungen auf die Umwelt auch andere betreffen. Ich gebe zu, daß das sehr oft schwer zu beurteilen ist. Wir können nicht mit Gewißheit vorhersagen, welche Effekte etwa die Abholzung letzten Endes auf den Boden und die Niederschlagsmenge in dem betreffenden Gebiet haben wird, ganz zu schweigen von den Folgen, die sie für das globale Wettergeschehen hat. Die einzige Gewißheit, die wir haben, besteht darin, daß wir Menschen als einzige Spezies die Macht haben, die Erde, so wie wir sie kennen, zu zerstören. Weder die Vögel haben diese Macht noch die Insekten, genausowenig wie irgendwelche Säugetiere. Doch wenn wir in der Lage sind, die Erde zu zerstören, dann sind wir auch in der Lage, sie zu erhalten.

Entscheidend ist, daß wir Produktionsverfahren entwickeln, die die Natur nicht belasten und zerstören. Wir müssen Möglichkeiten finden, wie wir unseren Gebrauch von Holz und anderen natürlichen Ressourcen einschränken können. Ich bin kein Fachmann auf diesem Gebiet und weiß daher nicht, wie das bewerkstelligt werden könnte. Ich weiß nur, daß es mit der erforderlichen Zielstrebigkeit möglich sein wird. So erinnere ich mich, daß ich während eines Besuchs in Stockholm vor einigen Jahren hörte, daß seit langer Zeit zum erstenmal wieder Fische in dem Fluß gesichtet wurden, der durch die Stadt fließt. Aufgrund von Industrieabwässern gab es bis vor kurzem dort keine mehr. Und diese positive Entwicklung war nicht etwa darauf zurückzuführen, daß sämtliche Fabriken in der Gegend geschlossen worden wären. Entsprechend besichtigte ich bei einem Besuch in Deutschland eine Fabrikationsanlage, die die Umwelt nicht belastet. Es gibt also offensichtlich Lösungen, die den Schaden an der Natur begrenzen, ohne die Industrie zum Erliegen zu bringen.

Deswegen bin ich aber trotzdem nicht der Ansicht, daß wir uns zur Überwindung all unserer Probleme nur auf Technologien verlassen sollten. Und genausowenig können wir es uns meiner Meinung nach leisten, mit den zerstörerischen Methoden weiterzumachen und darauf zu setzen, daß es schon irgendwann technische Reparaturmöglichkeiten geben wird. Außerdem muß die Natur nicht repariert werden. Wir müssen unser Verhalten im Umgang mit ihr ändern. Ich wage zu bezweifeln, ob es im Fall einer so riesigen und drohenden Katastrophe, wie sie durch den Treibhauseffekt bewirkt wird, überhaupt eine »Reparatur« geben kann, selbst in der Theorie. Und wenn doch, dann müßten wir uns fragen, ob sie überhaupt in der notwendigen Größenordnung anwendbar wäre. Was würde sie uns kosten, sowohl an Geld als auch an Ressourcen? Ich habe den Verdacht, daß dieser Preis unerschwinglich wäre. In vielen anderen Bereichen – wie etwa bei der humanitären Hungerbekämpfung – kommt außerdem noch hinzu, daß die vorhandenen Mittel kaum zur Finanzierung dessen ausreichen, was wirklich machbar ist. Selbst wenn jemand argumentierte, daß man die nötigen Gelder schon zusammenbekommen würde, dann wäre das angesichts der bereits vorhandenen Defizite moralisch so gut wie nicht zu rechtfertigen. Es wäre nicht rechtens, riesige Summen allein dafür aufzuwenden, daß die Industrienationen mit ihrer schädlichen Praxis fortfahren können, während Menschen anderswo nicht genug zu essen haben.

All das zeigt, wie wichtig es ist, die globale Dimension unserer Handlungen zu erkennen und sich daraufhin in Beschränkung zu üben. Diese Notwendigkeit wird uns besonders drastisch vor Augen geführt, wenn wir an die Vermehrung unserer Spezies denken. Obwohl es aus dem Blickwinkel aller großen Religionen heraus heißt »Je mehr Menschen, desto besser« und obwohl einige neuere Untersuchungen einen drastischen Bevölkerungsrückgang in hundert Jahren vorhersagen, glaube ich dennoch, daß wir dieses Thema nicht ignorieren dürfen. Ich halte Familienplanung für wichtig. Natürlich soll das nicht heißen, daß wir gar keine Kinder haben sollen. Das menschliche Leben ist ein kostbarer Schatz, und verheiratete Paare sollten Kinder haben, wenn keine zwingenden Gründe dagegen sprechen. Keine Kinder zu haben, weil man ein Leben ohne Verantwortung genießen will, ist in meinen Augen ein Fehler. Doch Paare haben zugleich auch die Pflicht, die Auswirkungen zu bedenken, die die existierende Anzahl der

Menschen auf unsere natürliche Umwelt hat, zumal die moderne Technologie sich hier bereits sehr belastend auswirkt. Vielleicht ist es für mich als Mönch unangemessen, mich zu diesem Thema zu äußern, aber so sehe ich die Dinge nun mal.

Zum Glück erkennen immer mehr Menschen die Bedeutung der ethischen Disziplin als Mittel zur Erhaltung einer intakten Umwelt. Daher bin ich zuversichtlich, daß eine Katastrophe abgewendet werden kann. Noch vor relativ kurzer Zeit haben nur wenige Menschen über die Auswirkungen der menschlichen Aktivitäten auf diesen Planeten nachgedacht. Heute gibt es dagegen schon politische Parteien, die darin ihr Hauptanliegen sehen. Außerdem gibt jener Umstand Anlaß zur Hoffnung, daß die Luft, die wir atmen, das Wasser, das wir trinken, die Wälder und Meere, die Millionen Lebensformen ernähren, und die klimatischen Gegebenheiten, die unser Wetter bestimmen, die Staatsgrenzen allesamt überschreiten. Das bedeutet, daß kein Land, so mächtig es auch sein mag, es sich leisten kann, in diesem Bereich nichts zu unternehmen.

Was den Einzelnen angeht, so sind die Probleme, die aus unserer Vernachlässigung der Umwelt entstanden sind, als deutliche Mahnung zu verstehen, daß wir alle unseren Beitrag leisten müssen. Und während die Handlungen eines einzigen Menschen vielleicht keine feststellbaren Auswirkungen haben, so haben es sicherlich die Handlungen von Millionen. Das bedeutet, daß alle, die in den industriell entwickelten Ländern leben, ernsthaft daran denken müssen, ihren Lebensstil zu ändern. Auch das ist wiederum weniger eine Frage der Ethik. Die Tatsache, daß die Bevölkerung der restlichen Welt dasselbe Recht auf eine Verbesserung ihres Lebensstandards hat, ist in jedem Fall wichtiger als das Bestreben der Wohlhabenden, ihr Leben immer weiter so fortzuführen. Wenn diese Angleichung nicht noch weitere irreparable Schäden an der Umwelt mit sich bringen soll – samt aller Beschneidungen für das Glück der Menschen, die damit einhergingen –, dann müssen die reicheren Länder mit gutem Beispiel vorangehen. Und sie müssen einsehen, daß ihr Streben nach einem immer höheren Lebensstandard nicht aufrechtzuerhalten ist. Der Preis für unseren Planeten – und damit auch für andere – ist einfach zu hoch.

15.

Politik und Wirtschaft

Wir alle träumen von einer freundlicheren, glücklicheren Welt. Doch wenn sie wahr werden soll, müssen wir dafür sorgen, daß alle unsere Handlungen von Mitgefühl bestimmt werden. Das trifft besonders auf politische und wirtschaftspolitische Aspekte zu. Nachdem ungefähr die halbe Erdbevölkerung nicht ausreichend mit Nahrung, Wohnungen, ärztlicher Hilfe und Ausbildung versorgt ist, müssen wir uns meiner Ansicht nach fragen, ob wir in dieser Hinsicht wirklich den besten Weg eingeschlagen haben. Ich glaube nicht. Spräche vieles dafür, daß wir auf diesem Weg die Armut in fünfzig Jahren wirklich besiegen könnten, dann wäre die derzeitige Ungerechtigkeit bei der Verteilung des Reichtums vielleicht nachzuvollziehen. Doch es ist ja umgekehrt: Wenn die gegenwärtige Entwicklung so anhält, dann werden die Armen mit Sicherheit noch ärmer werden. Allein schon unser Sinn für Fairneß und Gerechtigkeit sagt uns, daß wir das nicht zulassen dürfen.

Natürlich verstehe ich nicht viel von Wirtschaftsfragen. Doch ich kann schwerlich umhin festzustellen, daß der Wohlstand der reichen Länder durch die Vernachlässigung der armen aufrechterhalten wird – besonders aufgrund deren immenser Verschuldung. Damit will ich nicht andeuten, daß die unentwickelten Länder nicht für ihre Probleme mitverantwortlich sind. Und genausowenig können wir alle sozialen und wirtschaftlichen Mißstände den Politikern und Beamten in die Schuhe schieben. Ich sehe auch, daß es selbst in hochentwickelten Demokratien ganz normal ist, daß Politiker völlig wirklichkeitsfremde Versprechen machen und sich damit brüsten, was sie alles leisten werden, wenn sie erst einmal gewählt sind. Aber diese Leute fallen nicht vom Himmel. Wenn die Politiker eines beliebigen Landes korrupt sind, dann wird es wahrscheinlich auch der dortigen Gesellschaft an Moral mangeln, und die einzelnen Mitglieder dieser Gesellschaft werden sich auch nicht unbedingt an ethischen Grundsätzen orientieren. In einem solchen Fall ist es nicht gerade angemessen, wenn die Wähler ihre Politiker kritisieren. Wenn die Bevölkerung aber andererseits über gesunde Wertvorstellungen verfügt und sich aus Anteilnahme für andere ethisch diszipliniert verhält, dann werden ihre Beamten ganz von allein dieselben Werte respektieren. Deshalb spielt jeder von uns eine Rolle, wenn es darum geht, eine Gesellschaft zu schaffen, in der Werte wie Einfühlungsvermögen, Respekt und Fürsorge Vorrang haben und fest in den Grundlagen verankert sind.

Was die Praxis der Wirtschaftspolitik angeht, so gelten hier dieselben Überlegungen wie für andere Betätigungsfelder: Entscheidend ist das globale Verantwortungsgefühl. Ich muß allerdings zugeben, daß ich es ziemlich schwierig finde, praktische Vorschläge für das Einbringen von geistigen Werten im Bereich des Handels zu machen. Das liegt daran, daß der Wettbewerb eine so große Rolle spielt. Aus diesem Grund steht das Verhältnis zwischen dem Einfühlungsvermögen und dem Profitdenken auf recht tönernen Füßen. Dennoch vermag ich nicht einzusehen, warum es nicht möglich sein sollte, ein konstruktives Wettbewerbsverhalten zu entwickeln. Der entscheidende Punkt dabei ist die Motivation der Beteiligten. Wenn beabsichtigt wird, andere auszubeuten oder gar zu ruinieren, dann kann natürlich nichts Positives dabei herauskommen. Doch wenn Wettbewerb mit guten Absichten und Großmut geführt wird, dann werden seine Ergebnisse nicht ganz so zerstörerisch sein, wenngleich die Unterlegenen natürlich ein gewisses Maß an Leid hinnehmen müssen.

Hier läßt sich wiederum einwenden, daß wir der Realität der Geschäftswelt entsprechend nicht ernsthaft erwarten können, daß Menschen plötzlich Vorrang vor Profiten erhalten. Doch dabei sollte man bedenken, daß die Federführenden in Industrie und Wirtschaft ebenfalls menschliche Wesen sind. Selbst der Hartgesottenste unter ihnen würde wohl zugeben, daß es nicht angehen kann, einen Profit ohne Rücksicht auf jedwede Folgen anzustreben. Wäre das in Ordnung, dann ließe sich auch gegen den Drogenhandel nichts einwenden. Also ist es auch hier wieder nötig, daß jeder von uns die mitfühlende Ader in sich weiterentwickelt. Je mehr wir das tun, desto häufiger werden sich die menschlichen Grundwerte auch in wirtschaftlichen Aktivitäten widerspiegeln.

Vernachlässigen wir dagegen diese Werte, dann wird der Handel sie zwangsläufig auch vernachlässigen. Es geht mir hier nicht um irgendein unerreichbares Ideal. Die Geschichte zeigt, daß viele Fortschritte innerhalb der menschlichen Gesellschaft aus Mitgefühl heraus entstanden sind. Denken Sie zum Beispiel an die Abschaffung der Sklaverei. Wenn wir die Entwicklung der menschlichen Gesellschaft betrachten, erkennen wir, daß Visionen nötig sind, um positive Veränderungen herbeizuführen. Ideale sind der Motor des Fortschritts. Wer das ignoriert und schlicht sagt, man müsse »realistisch« sein, der irrt sich.

Die Probleme, die aus dem wirtschaftlichen Ungleichgewicht heraus entstehen, stellen für die ganze Menschheitsfamilie eine sehr ernste Herausforderung dar. Dennoch glaube ich, daß wir am Beginn des neuen Jahrtausends gute Gründe haben, zuversichtlich zu sein. Zu Beginn und in der Mitte des 20. Jahrhunderts herrschte allgemeine Übereinstimmung darin, daß politische und wirtschaftliche Macht wichtiger sei als die Wahrheit. Meiner Einschätzung nach ändert sich das. Selbst die reichsten und mächtigsten Nationen begreifen, daß es zu nichts führt, wenn man die menschlichen Grundwerte vernachlässigt. Daß Ethik in den Fragen der internationalen Beziehungen einen Platz hat, ist eine Ansicht, die an Boden gewinnt. Ganz unabhängig davon, ob daraus sinnvolle Taten erwachsen, werden Begriffe wie »Aussöhnung«, »Gewaltfreiheit« oder »Mitgefühl« unter Politikern zu Standardformeln. Diese Entwicklung ist positiv. Und mir selbst geht es so, daß ich bei Auslandsreisen oft gebeten werde, vor einer ziemlich großen Zuhörerschaft über Frieden und Mitgefühl zu sprechen – häufig kommen dabei über tausend Menschen zusammen. Ich bezweifle, daß solche Themen vor vierzig oder fünfzig Jahren solche Massen angelockt hätten. Entwicklungen dieser Art deuten daraufhin, daß wir Menschen insgesamt mehr Gewicht auf so elementare Werte wie Gerechtigkeit und Wahrheit legen.

Mich beruhigt auch der Umstand, daß die Weltwirtschaft im Zuge ihrer Entwicklung immer stärker verflochten wird. Das führt dazu, daß jede Nation mehr oder weniger von jeder anderen Nation abhängt. Die moderne Wirtschaft kennt – wie die Umwelt – keine Staatsgrenzen. Selbst Länder, die miteinander in offener Feindschaft liegen, müssen bei der Nutzung der Weltressourcen kooperieren. So sind sie zum Beispiel auf dieselben Flüsse angewiesen. Und je mehr die Wirtschaftsbeziehungen zu einem Netzwerk werden, desto mehr verknüpfen sich notwendigerweise auch die politischen Beziehungen. So konnten wir zum Beispiel das Anwachsen der Europäischen Union von einem kleinen Handelsabkommen bis hin zu einer Organisation verfolgen, die inzwischen einem Staatenbund nahekommt und deren Mitgliederzahl sich seither mehr als verdoppelt hat. Ähnliche, wenn auch noch nicht so weit entwickelte Gruppierungen finden sich überall auf der Welt: der Verband Südostasiatischer Nationen, die Organisation für Afrikanische Einheit, die Organisation Erdölexportierender Länder, um nur drei zu nennen. Jede von ihnen ist ein Beleg für den menschlichen Impuls, sich zum allgemeinen Wohl zusammenzuschließen, und spiegelt die unentwegte Fortentwicklung der menschlichen Gesellschaft wider. Was mit ziemlich kleinen Stammesverbänden begann, hat sich über die Gründung von Stadtstaaten und Nationen zu Allianzen entwickelt, die Milliarden von Menschen umfassen und zunehmend die geographischen, kulturellen und ethnischen Grenzen überschreiten. Diese Tendenz wird sich – und muß sich – meiner Ansicht nach fortsetzen.

Doch wir können andererseits nicht leugnen, daß es parallel zur Ausbreitung dieser politischen und wirtschaftlichen Allianzen auch eine starke Tendenz zu festeren Zusammenschlüssen *innerhalb* ethnischer, sprachlicher, religiöser und kultureller Grenzen gibt – oft im Rahmen gewaltsamer Entwicklungen, die als Folge der Aufweichung staatlicher Strukturen stattfinden. Wie sollen wir mit diesem scheinbaren Widerspruch umgehen – dem Trend zu internationalen Zusammenschlüssen einerseits und der Tendenz zur Konzentration andererseits? Doch eigentlich müssen diese beiden nicht unbedingt im Widerspruch zueinander stehen. Man kann sich durchaus regionale Gemeinschaften vorstellen, die in den Bereichen Handel, Sozial- und Sicherheitspolitik eine Einheit bilden, aber dennoch eine Vielzahl von unabhängigen ethnischen, kulturellen, religiösen und anderen Gruppierungen umfassen. Es könnte ein Rechtssystem geben, das für die Einhaltung der Menschenrechte im Rahmen des Gesamtzusammenschlusses sorgt, während die einzelnen Gemeinschaften, aus denen das Ganze besteht, ihrer jeweils angestrebten Lebensweise nachgehen. Wichtig ist dabei außerdem die Schaffung von Gewerkschaften auf freiwilliger Basis, die sich aus der Einsicht heraus gründen, daß den Interessen der Beteiligten durch Zusammenarbeit besser gedient werden kann. Solche Organisationen dürfen nicht verordnet werden. Die Herausforderung des neuen Jahrtausends besteht in diesem Zusammenhang ganz sicher darin, Wege zur internationalen – oder besser: gemeinschafts-übergreifenden – Kooperation zu finden, bei der die menschliche Vielfalt anerkannt wird und die Rechte aller geachtet werden.

16.

Frieden und Abrüstung

Der Vorsitzende Mao sagte einmal, daß die politische Macht aus den Gewehrläufen komme. Natürlich kann Gewalt bestimmte kurzfristige Ziele durchsetzen, aber sie kann nichts Dauerhaftes zustande bringen. Wenn wir einen Blick in die Geschichte werfen, dann zeigt sich, daß die Liebe der Menschen zu Frieden, Gerechtigkeit und Freiheit immer über Grausamkeit und Unterdrückung triumphiert. Daher bin ich ein so glühender Verfechter der Gewaltlosigkeit. Gewalt erzeugt Gewalt. Und Gewalt bedeutet nur eins: Leid. Theoretisch läßt sich eine Situation konstruieren, in der allein eine Intervention mit Waffen einen großen Konflikt im Frühstadium ersticken kann. Das Problem einer solchen Argumentation liegt aber darin, daß es sehr schwierig ist, wenn nicht gar unmöglich, die Auswirkungen von Gewalt vorherzusehen. Zudem können wir uns der Rechtmäßigkeit einer solchen Aktion niemals sicher sein. Deutlich wird das erst, wenn wir zurückblicken können. Und sicher ist nur, daß jede Gewalt immer und unvermeidbar Leid mit sich bringt.

So mancher wird jetzt einwenden, daß es ja sehr lobenswert sei, wenn der Dalai Lama sich so sehr für die Gewaltlosigkeit einsetzt, aber praktikabel sei das nicht. Es ist jedoch viel blauäugiger zu glauben, daß die Probleme, die durch Menschen geschaffen werden und die zu Gewaltausübung führen, jemals im Rahmen von Konflikten gelöst werden könnten. Erinnern Sie sich zum Beispiel daran, daß Gewaltlosigkeit das Hauptmerkmal der politischen Umwälzungen war, die in den achtziger Jahren in vielen Teilen der Welt stattfanden.

Meiner Überzeugung nach besteht der Hauptgrund, warum viele Leute in der Gewaltlosigkeit einen ungangbaren Weg sehen, in seiner abschreckenden Wirkung: Man verliert mit der Zeit den Mut. Dennoch: wo es früher ausreichte, sich den Frieden im eigenen Land oder nur in der direkten Umgebung zu wünschen, sprechen wir heute vom Weltfrieden. Das ist nur angemessen. Die Tatsache, daß die Menschheit heutzutage offensichtlich einem Netzwerk gleicht, legt nahe, daß der einzige Frieden, von dem zu sprechen einen Sinn macht, der Weltfrieden ist. So ist auch die Entstehung einer internationalen Friedensbewegung eine der hoffnungsvollsten Erscheinungen der Moderne. Wenn man heute weniger von ihr bemerkt als zum Zeitpunkt der Beendigung des Kalten Krieges, dann liegt das vielleicht daran, daß ihre Ideale inzwischen in das allgemeine Bewußtsein übergegangen sind.

Aber was meine ich eigentlich, wenn ich von Frieden spreche? Gibt es nicht Argumente, die dafür sprechen, daß der Krieg eine zwar bedauerliche, aber ansonsten ganz natürliche menschliche Betätigung ist? Hier müssen wir zwei Dinge unterscheiden: erstens einen Frieden, der als bloße Abwesenheit von Krieg definiert werden kann, und zweitens einen Frieden, der einem Zustand der Ruhe entspricht, dessen Ursache in einer tief im Innern empfundenen Sicherheit zu finden ist, die aus gegenseitigem Verständnis, aus der Tolerierung anderer Ansichten und aus der Respektierung der Rechte anderer entsteht. In diesem Sinn ist Frieden nicht das, was wir zum Beispiel in den viereinhalb Jahrzehnten des Kalten Krieges in Europa beobachten konnten. Das war allenfalls eine Annäherung. Sie basierte auf Angst und Argwohn sowie auf der befremdlichen Psychologie der gegenseitigen Abschreckung und Androhung von Zerstörung. Der »Frieden«, der während des Kalten Krieges herrschte, war derart unsicher und zerbrechlich, daß jedes ernstere Mißverständnis auf einer der beiden Seiten in eine Katastrophe hätte führen können. Wenn ich heute zurückblicke, dann erscheint es mir fast wie ein Wunder, daß wir seinerzeit der Vernichtung entgangen sind, vor allem da wir heute wissen, wie schlampig mancherorts mit den Waffensystemen umgegangen wurde.

Frieden ist nichts, was unabhängig von uns existiert, genausowenig wie Krieg. Bestimmte Menschen – Staatsoberhäupter, Parlamentarier, Generäle – haben zweifellos hinsichtlich des Friedens eine besonders schwere Verantwortung zu tragen. Doch diese Leute tauchen schließlich nicht aus dem Nichts auf. Sie werden nicht irgendwo im Weltraum geboren und erzogen. Ebenso wie wir wurden sie von ihrer Mutter genährt und in Liebe umsorgt. Sie gehören zu unserer Menschheitsfamilie und wuchsen in derselben Gesellschaft auf, die wir als Einzelne mit erschaffen haben.

Der Frieden auf der Welt hängt somit vom Frieden in den Herzen der Menschen ab. Und der wiederum ist davon abhängig, daß unser Verhalten ethisch ist, indem wir lernen, unsere Reaktionen auf negative Gedanken und Gefühle in den Griff zu bekommen, und grundlegende geistige Qualitäten entwickeln.

Wenn echter Frieden etwas Solideres ist als ein zerbrechliches Gleichgewicht auf der Grundlage wechselseitiger Feindschaft, wenn er letztlich von der Lösung innerer Konflikte abhängt, was ist dann Krieg? Obwohl der Frieden paradoxerweise das Ziel fast aller militärischen Aktionen ist, ist der Krieg eher so etwas wie ein Feuer innerhalb der menschlichen Gemeinschaft, das sich von lebenden Menschen nährt. Auch in der Art, wie er sich ausbreitet, ähnelt der Krieg dem Feuer. Wenn wir zum Beispiel den Verlauf des Konflikts im ehemaligen Jugoslawien betrachten, dann sehen wir, wie rasch sich ausbreitete, was als relativ begrenzte Auseinandersetzung begann, bis es schließlich die ganze Region erfaßte. Einzelne Schlachten zeigen einen ähnlichen Verlaut: Wenn ein Kommandeur Schwachstellen in seiner Truppe entdeckt, dann beordert er Verstärkung dorthin, was gleichbedeutend damit ist, Menschenleben zu verheizen. Doch aus Gewöhnung nehmen wir das nicht wahr. Wir sehen oft nicht, daß das eigentliche Wesen des Krieges aus eiskalter Grausamkeit und aus Leid besteht.

Die unglückselige Wahrheit ist, daß wir daran gewöhnt sind, Kriegszüge als etwas Aufregendes und sogar Glanzvolles zu betrachten: die schicken Uniformen der Soldaten (die die Kinder so beeindrucken) und die Militärkapellen, die Marschmusik spielen. Mord finden wir schrecklich, aber Krieg hat für uns nichts Kriminelles an sich. Im Gegenteil, er gilt als Gelegenheit, bei der die Menschen ihre Fähigkeiten und ihren Mut beweisen können. Wir sprechen von den Helden, die er hervorbringt, beinahe so, als seien sie um so heldenhafter, je mehr Menschen sie umgebracht haben. Und wir betrachten diese oder jene Waffe als beeindruckende technische Errungenschaft und vergessen dabei völlig, daß sie im Einsatz lebende Menschen verstümmelt und tötet. Ihren Freund, meinen Freund, unsere Väter, Mütter und Geschwister, Sie und mich.

Noch viel schlimmer ist die Tatsache, daß sich diejenigen, die den Krieg in Gang setzen, bei der modernen Kriegführung oft weit entfernt vom eigentlichen Schauplatz befinden. Und gleichzeitig werden immer mehr Zivilpersonen betroffen. Bei den heutigen bewaffneten Konflikten leiden die Unschuldigen am meisten – nicht allein die Familien der Kämpfenden, sondern in noch weitaus größerem Maß Zivilisten, die oft überhaupt keine Rolle darin spielen. Selbst nach Beendigung eines Krieges setzt sich das ungeheure Leiden fort: durch Landminen und durch die Verseuchung, die durch chemische Waffen hervorgerufen wurde, ganz zu schweigen vom wirtschaftlichen Elend. Das bedeutet, daß immer mehr Frauen, Kinder und Alte zu den Hauptopfern gehören.

Die moderne Kriegführung gleicht heute fast einem Computerspiel. Die immer ausgefeiltere Raffinesse der Waffensysteme übersteigt die Vorstellungskraft jedes Laien. Ihre Zerstörungskraft ist so ungeheuerlich geworden, daß jedes denkbare Argument für den Krieg, angesichts der Argumente gegen ihn, in den Schatten treten muß. Man könnte es fast verzeihlich finden, wenn jemand mit Wehmut daran zurückdenkt, wie die Kriege in früheren Zeiten ausgefochten wurden. Damals kämpfte man immerhin noch von Angesicht zu Angesicht, so daß sich das erlittene Leid nicht verbergen ließ. Damals war es auch noch üblich, daß die Herrscher ihre Truppen persönlich in die Schlacht führten. Wurde ein Herrscher getötet, bedeutete das im allgemeinen auch das Ende des ganzen Unternehmens. Doch mit fortschreitender Technologie blieben die Anführer immer weiter hinter den Linien zurück. Heute können die Generäle Tausende von Kilometern entfernt in ihren unterirdischen Bunkern sitzen. Angesichts dessen möchte man sich manchmal fast so etwas wie eine »intelligente« Rakete ausdenken, die in der Lage ist, jene aufzuspüren, die die Hauptentscheidung über Krieg oder Frieden treffen. Es erschiene mir gerechter, wenn es nur sie träfe, die Unschuldigen aber verschont blieben.

Da es dieses ungeheure Vernichtungspotential in der Realität gibt, müssen wir uns klarmachen, daß diese Waffen, ob sie nun für Angriffs- oder für Verteidigungszwecke gedacht sind, allein deshalb existieren, um Menschen zu vernichten. Sie sind der Sauerstoff der Konflikte – sie erhalten die Flammen am Leben. Damit wir aber nicht dem Glauben verfallen, daß Frieden allein auf Abrüstung beruht, müssen wir auch einsehen, daß die Waffen nicht von sich aus aktiv werden. Sie sind zwar zum Töten gedacht, doch solange sie in ihren Arsenalen bleiben, richten sie keinen physischen Schaden an. Irgend jemand muß auf einen Knopf drücken, damit die Rakete abgefeuert wird; irgendwer muß den Abzug betätigen, damit eine Kugel losfliegt. Keine »böse« Kraft kann das. Nur Menschen können es. Daher gehört zu einem echten Weltfrieden auch, daß wir die militärischen Einrichtungen abreißen, die wir aufgebaut haben. Es wird keine Hoffnung auf einen richtigen Frieden im umfassendsten Sinn des Wortes geben, solange es einigen wenigen Personen möglich ist, militärische Macht auszuüben und anderen ihren Willen zu diktieren. Und genausowenig können wir hoffen, jemals den wahren Frieden zu genießen, solange es autoritäre Regimes gibt, die mit Waffengewalt installiert wurden und nicht zögern, Ungerechtigkeiten nach Gutdünken zu begehen. Ungerechtigkeit unterhöhlt die Wahrheit, und ohne Wahrheit kann es keinen Frieden geben, der von Dauer ist. Warum nicht? Wenn wir die Wahrheit auf unserer Seite haben, verleiht sie uns Geradlinigkeit und Selbstvertrauen. Fehlt uns dagegen die Wahrheit, dann können wir unsere kleinen Ziele nur erzwingen. Werden aber unter Mißachtung der Wahrheit wichtige Entscheidungen herbeigeführt, dann fühlen sich die Menschen irgendwie schlecht – gleichgültig, ob es die Sieger oder die Besiegten sind. Dieses negative

Gefühl aber unterminiert wiederum einen Frieden, der nur gewaltsam zustande kam.

Natürlich können wir nicht erwarten, daß eine Entmilitarisierung über Nacht realisierbar ist. So erstrebenswert sie wäre, eine einseitige Abrüstung brächte immense Schwierigkeiten mit sich. Und auch wenn wir gern in einer Gesellschaft leben würden, für die bewaffnete Konflikte zur Vergangenheit gehörten, müßte unser Ziel doch letztendlich darin bestehen, das Militärwesen insgesamt abzuschaffen. Auf die Vernichtung sämtlicher Waffen zu hoffen ist sicher müßig. Schließlich können wir auch unsere Fäuste als Waffen einsetzen. Außerdem wird es wohl immer Gruppen von Unruhestiftern oder Fanatikern geben, die anderen Menschen Probleme bereiten. Daher müssen wir, solange es Menschen gibt, akzeptieren, daß es auch immer Methoden geben muß, um Bösewichten das Handwerk zu legen. Zugleich müssen wir zur Erlangung des Friedens klare Ziele setzen und den politischen Willen entwickeln, diese auch anzusteuern.

Jeder von uns spielt dabei eine Rolle. Wenn wir uns – jeder für sich – innerlich »entmilitarisieren«, indem wir unseren negativen Gedanken und Gefühlen Einhalt gebieten und positive Eigenschaften entwickeln, schaffen wir die Voraussetzungen für eine äußere Abrüstung. Ein echter, dauerhafter Weltfrieden wird nämlich nur möglich sein, wenn jeder von uns sich von innen heraus darum bemüht. Deshalb ist es entscheidend, daß wir anderen gegenüber einfühlsam bleiben und – aus dem Bewußtsein heraus, daß ihr Glück dem unseren gleichgestellt ist – nichts tun, was ihnen Leid zufügen könnte. Hier ist es hilfreich, sich die Zeit zu nehmen und sich vorzustellen, wie der Krieg von seinen Opfern tatsächlich erlebt wird. Ich selbst denke dabei immer an meinen Besuch in Hiroshima vor ein paar Jahren, und sofort wird sein ganzer Schrecken wieder in mir lebendig. In dem Museum dort befindet sich eine Uhr, die im Moment der Detonation stehenblieb, und ich sah auch eine Schachtel mit Nähnadeln, die durch die Hitze aneinandergeschweißt worden waren.

Wir brauchen also klare Ziele, um eine schrittweise Abrüstung zu erreichen, und den dafür notwendigen politischen Willen. In bezug auf die konkreten Maßnahmen, die für eine Entmilitarisierung nötig sind, müssen wir uns darüber im klaren sein, daß diese nur dann möglich ist, wenn sie auf einer Unterstützung breiten Ausmaßes basiert. Es reicht nicht, nur die Beseitigung der Massenvernichtungswaffen anzustreben, statt dessen müssen wir die Bedingungen schaffen, die unserem Vorhaben dienlich sind. Am naheliegendsten wäre es, auf den bereits existierenden Abkommen aufzubauen. Ich denke dabei an die seit Jahren andauernden Bemühungen, bestimmte Waffenklassen zahlenmäßig zu beschränken oder – in manchen Fällen – zu vernichten. In den siebziger und achtziger Jahren gab es die sogenannten SALT-Verhandlungen (S*trategie* A*rms* L*imitation* T*alks*), die zwischen den Ost- und den Westmächten geführt wurden. Seit vielen Jahren gibt es weiterhin den Atomwaffensperrvertrag über die Nicht-Weitergabe von

Kernwaffen, den inzwischen viele Staaten unterzeichnet haben. Und trotz der Zunahme atomarer Waffen ist der Gedanke eines weltweiten Verbots nach wie vor lebendig. Auch die Bemühungen, Landminen zu verbieten, machen ermutigende Fortschritte. Während ich dies schreibe, hat die Mehrheit aller Regierungen ein Protokoll unterzeichnet, in dem sie Abstand von deren Verwendung nimmt. Wenngleich auch bisher keine dieser Bemühungen ihre angestrebten Ziele völlig erreicht hat, so zeigt doch ihre bloße Existenz, daß diese Zerstörungsmethoden unerwünscht sind. Sie geben Zeugnis von dem grundlegenden Wunsch der Menschen, in Frieden zu leben. Außerdem stellen sie einen sinnvollen Anfang dar, auf dem man aufbauen kann.

Eine weitere Möglichkeit, wie wir dem Ziel weltweiter Entmilitarisierung ein Stück näher rücken können, besteht in der allmählichen Demontage der Rüstungsindustrie. Vielen Lesern wird dieser Vorschlag absurd und undurchführbar erscheinen. Sie werden einwenden, so etwas sei der schiere Wahnsinn, solange man sich nicht einig darüber ist, überall gleichzeitig damit anzufangen. Und das, so werden sie argumentieren, sei ein Ding der Unmöglichkeit. Außerdem, so werden sie hinzufügen, müsse man dabei auch an die ökonomische Seite denken. Doch wenn wir diesen Gedanken aus dem Blickwinkel derjenigen betrachten, die unter den Folgen der Waffengewalt zu leiden haben, dann können wir uns nur schwerlich aus der Verantwortung ziehen, daß wir diese Hindernisse auf die eine oder andere Weise überwinden müssen. Immer wenn ich an die Rüstungsindustrie und an das Leid denken muß, das durch sie entsteht, werde ich an meinen Besuch im Konzentrationslager von Auschwitz erinnert. Als ich vor den Öfen stand, in denen Tausende von Menschen, so wie ich selbst einer bin, verbrannt wurden – viele von ihnen bei lebendigem Leib, und das, wo ein Mensch nicht einmal die Hitze eines einzigen Streichholzes aushält –, da drängte sich mir die Vorstellung auf, daß diese Vorrichtungen einst mit Sorgfalt und Umsicht von fähigen Handwerkern gebaut worden waren. Ich konnte die Konstrukteure (alles intelligente Leute) fast vor mir sehen, wie sie an ihren Reißbrettern standen und versiert die Form der Verbrennungskammern entwarfen und die Höhe und Breite der Kamine berechneten. Mir fielen auch die Handwerker ein, die diese Entwürfe anschließend in die Tat umsetzten. Wie alle guten Handwerker waren sie sicherlich stolz auf ihre Leistungen. Und dann schoß mir durch den Kopf, daß die heutigen Waffenkonstrukteure und -hersteller genau dasselbe tun. Auch sie entwerfen Apparaturen, um Tausende, wenn nicht Millionen ihrer Mitmenschen zu vernichten. Ein beunruhigender Gedanke, nicht wahr?

Unter diesem Aspekt sollten alle, die in diesem Bereich tätig sind, überlegen, ob sie ihren Einsatz wirklich vertreten können. Natürlich hätten sie Nachteile in Kauf zu nehmen, wenn sie einfach kündigten. Und natürlich würden auch die Volkswirtschaften der waffenproduzierenden Länder Einbußen erleiden, wenn dieser Industriezweig abgeschafft würde. Aber wäre es den Preis nicht wert? Außerdem gibt es inzwischen weltweit viele Beispiele dafür, daß Firmen ihre Produktion erfolgreich von Waffen auf andere Produkte umgestellt haben. Und weiterhin gibt es einige wenige entmilitarisierte Staaten auf der Welt, deren Entwicklung man im Verhältnis zu ihren Nachbarländern betrachten kann. Wenn etwa das Beispiel von Costa Rica, das bereits 1949 seine Armee abgeschafft hat, in irgendeiner Weise aussagekräftig ist, dann sind die Vorteile enorm, was den Lebensstandard, das Gesundheitswesen und die Bildung der Menschen angeht.

Was den Vorschlag betrifft, daß es vielleicht realistischer wäre, Waffenexporte auf jene Länder zu beschränken, die als zuverlässig und sicher gelten, so scheint mir das sehr kurzsichtig zu sein. Es hat sich wieder und wieder gezeigt, daß das nicht funktioniert. Wir alle kennen die Geschichte des Gebiets am Persischen Golf. In den siebziger Jahren rüsteten die Westmächte Persien unter der Regierung des Schah auf, um der als bedrohlich empfundenen UdSSR dort militärisch etwas entgegenzusetzen. Als sich dann die politische Situation änderte, wurde Persien (beziehungsweise der Iran) selbst als Bedrohung westlicher Interessen empfunden. Also rüstete der Westen nun den Irak gegen den Iran auf. Als sich dann die politische Lage erneut änderte, wurden diese Waffen gegen Kuwait, einen Verbündeten des Westens am Golf, eingesetzt, so daß sich die waffenproduzierenden Länder plötzlich im Krieg mit ihren Kunden wiederfanden. Mit anderen Worten: so etwas wie einen »sicheren« Abnehmer für Waffen gibt es nicht.

Ich streite nicht ab, daß die von mir ersehnte globale Abrüstung und Entmilitarisierung etwas Idealistisches hat. Doch es gibt durchaus gute Gründe dafür, optimistisch zu sein. Einer davon liegt ironischerweise in dem Umstand, daß man sich nur schwerlich vorstellen kann, daß Atom- und andere Massenvernichtungswaffen zu etwas nütze sein könnten. Denn niemand will einen weltweiten Atomkrieg riskieren. Zudem stellen diese Waffen eine ganz offensichtliche Geldverschwendung dar. Sie sind teuer in der Herstellung, und ihr Einsatz ist nicht vorstellbar, deshalb kann man sie nur lagern, was auch wieder eine Menge Geld kostet. Sie sind also vollkommen nutzlos und verbrauchen darüber hinaus nur Geld und Rohstoffe.

Ein weiterer Grund für Optimismus hängt wiederum mit den sich immer mehr verknüpfenden Volkswirtschaften der einzelnen Staaten zusammen. Durch diese Entwicklung wird ein Milieu geschaffen, in dem Angelegenheiten, die allein nationalen Interessen dienen, immer mehr an Bedeutung verlieren, so daß das Konzept eines Krieges als Mittel zur Konfliktlösung ausgesprochen altmodisch wirkt. Wo Menschen sind, da werden immer Konflikte entstehen, das ist durchaus richtig. Und von Zeit zu Zeit wird es auch immer wieder zu offenen Streitigkeiten kommen. Doch angesichts der zunehmenden Verbreitung der Kernwaffen müssen wir einen anderen Weg als den der Gewalt beschreiten, um Streitigkeiten beizulegen, und das kann durch Gespräche geschehen, die von Versöhnungswillen und Kompromißbereitschaft getragen werden. Das beinhaltet mehr als nur mein persönliches Wunschdenken. Der weltweite Trend hin zu internationalen politischen Gruppierungen, für den die Europäische Union das augenfälligste Beispiel ist, läßt eine Zeit erahnen, in der die Beibehaltung rein nationaler Berufsarmeen sowohl unwirtschaftlich als auch überflüssig sein wird. Anstatt nur den Schutz von Ländergrenzen ins Auge zu fassen, wird es dann sinnvollerweise um die Sicherheit von Regionen gehen. Und in der Tat beginnt dies bereits. Es werden Pläne diskutiert, die die europäischen Verteidigungsstrukturen enger miteinander verknüpfen sollen; eine französisch-deutsche Brigade existiert bereits seit über zehn Jahren. Daher wäre es, zumindest was die EU betrifft, durchaus möglich, daß das, was als reine Handelsgemeinschaft begann, schließlich für die Sicherheit einer ganzen Region zuständig werden könnte. Und wenn so etwas in Europa machbar ist, dann darf man hoffen, daß sich auch andere internationale Wirtschaftszusammenschlüsse – und davon gibt es viele – in dieselbe Richtung entwickeln werden. Was spricht dagegen?

Ich glaube, daß die Entstehung solcher regionalen Verteidigungsgruppierungen einen ganz beträchtlichen Schritt beim Übergang von unserer derzeitigen Konzentration auf Nationalstaaten zur allmählichen Gewöhnung an weniger eng gefaßte Gemeinschaften darstellt. Damit könnte auch der Weg für eine Welt geebnet werden, in der es überhaupt keine Berufsarmeen mehr gibt. Das müßte natürlich Schritt für Schritt geschehen. Nationale Streitkräfte würden allmählich von regionalen Sicherheitsverbänden ersetzt werden. Diese könnten dann ebenfalls Stück für Stück aufgelöst werden, so daß schließlich nur noch eine weltweit koordinierte Polizei übrigbliebe. Sie wäre in erster Linie für Sicherheitsfragen im Justizbereich, für kommunale Sicherheit sowie für die weltweite Garantie der Menschenrechte zuständig, würde aber auch zahlreiche spezifische Einzelaufgaben übernehmen. Dazu gehörte etwa die Verhinderung von gewaltsamen Staatsstreichen. Für ihren Einsatz müßten selbstverständlich zuerst die gesetzlichen Grundlagen erarbeitet werden. Ich stelle mir das so vor, daß diese Polizei entweder von Gemeinschaften zu Hilfe gerufen wird, die etwa von ihren Nachbarn oder von inneren radikalen Kräften bedroht werden, oder daß sie von der internationalen Gemeinschaft selbst eingesetzt wird, um zum Beispiel religiöse oder ideologische Streitigkeiten zu schlichten, die sonst voraussichtlich in Gewalt mündeten.

Natürlich sind wir von diesem Idealzustand noch weit entfernt, doch er ist auch nicht so fiktional, wie es auf den ersten Blick scheinen mag. Die jetzigen Generationen werden ihn vielleicht nicht mehr erleben. Doch auch wir sind bereits daran gewöhnt, daß Truppen der Vereinten Nationen zu Friedensmissionen eingesetzt werden. Und wir können auch beobachten, daß allmählich ein Konsens darüber entsteht, daß es unter bestimmten Umständen gerechtfertigt sein kann, sie verstärkt auch auf interventionistische Weise einzusetzen.

Zur Förderung solcher Tendenzen sollten wir auch über die Einrichtung von – wie ich sie nennen möchte – Friedenszonen nachdenken. Darunter stelle ich mir einen oder mehrere Teile eines oder mehrerer Länder vor, die durch Entmilitarisierung zu Oasen der Stabilität werden, vorzugsweise in Gebieten, die von strategischer Bedeutung sind. Sie würden dem Rest der Welt als Leuchtfeuer der Hoffnung dienen. Sicher, diese Idee ist recht ehrgeizig, aber nicht ohne Präzedenzfall. Die Antarktis bildet bereits, international anerkannt, eine solche demilitarisierte Zone. Und ich bin auch nicht der erste, der vorschlägt, mehrere davon einzurichten: Der ehemalige Staatschef der UdSSR, Michail Gorbatschow, hatte diesen Status für das chinesisch-sibirische Grenzgebiet im Auge. Ich selbst habe Tibet dafür vorgeschlagen.

Natürlich fallen einem leicht auch andere Gebiete auf der Welt ein, deren Bewohner von der Errichtung entmilitarisierter Zonen enorm profitieren würden. So wie China und Indien, die beide immer noch zu den eher armen Ländern gehören, beträchtliche Teile ihrer Etats einsparen würden, so gibt es auf jedem Kontinent noch viele andere Staaten, denen eine riesige, überflüssige Last von den Schultern genommen würde, wenn sie keine großen Truppenkontingente an ihren Grenzen mehr finanzieren müßten. So habe ich zum Beispiel oft gedacht, daß Deutschland angesichts seiner Lage im Herzen Europas und eingedenk der Erfahrung zweier Weltkriege eine höchst geeignete Friedenszone wäre.

Bei alledem sollten meiner Ansicht nach die Vereinten Nationen einen entscheidende Rolle spielen. Nicht, weil sie das einzige Organ wären, das sich mit globalen Angelegenheiten befaßt. Auch die Überlegungen, die dem Internationalen Gerichtshof in Den Haag, dem Weltwährungsfonds, der Weltbank und etwa den Organisationen, die die Einhaltung der Genfer Konvention überwachen, zugrunde liegen, sind bewundernswert. Doch gegenwärtig und für die absehbare Zukunft sind die Vereinten Nationen die einzige weltweite Einrichtung, die in der Lage ist, Politik im Sinn der internationalen Gemeinschaft sowohl zu formulieren als auch zu beeinflussen. Viele Leute kritisieren, die UN arbeiteten ineffektiv, und tatsächlich haben wir immer wieder erlebt, daß ihre Resolutionen ignoriert, umgestoßen oder vergessen wurden. Doch trotz solcher Unzulänglichkeiten habe ich zum Beispiel nicht nur die allerhöchste Achtung vor den Prinzipien, auf denen sie begründet wurden, sondern auch vor den Leistungen, die sie seit ihrer Einrichtung im Jahre 1945 vollbracht haben. Wir müssen uns nur selbst tragen, ob sie nicht in unterschiedlichsten, potentiell katastrophalen Situationen immer wieder halfen, Leben zu retten, um zu erkennen, daß sie mehr als eine zahnlose bürokratische Anstalt sind, für die sie von manchen Leuten gehalten werden. Außerdem sollten wir uns der großartigen Arbeit erinnern, die ihre Unterorganisationen wie UNICEF (Kinderhilfswerk), UNHCR (Flüchtlingskomissariat), UNESCO (Organisation für Wissenschaft, Erziehung und Kultur) und WHO

(Weltgesundheitsorganisation) leisten. Und an diesen Leistungen gibt es nichts zu rütteln, auch wenn manche ihrer Programme und Leitlinien (wie auch die anderer Weltorganisationen) entstellt und fehlgeleitet wurden.

Wenn die Vereinten Nationen ihr ganzes Potential entwickeln können, dann sehe ich in ihnen das Instrument, das sich am besten dazu eignet, die Wünsche der Menschheit insgesamt umzusetzen. Bisher war das noch nicht sehr wirkungsvoll, aber wir stehen ja auch erst am Beginn der Entwicklung globalen Denkens (das durch die Revolution der Kommunikationstechnik möglich wurde). Und trotz immenser Schwierigkeiten haben wir die UN in vielen Gebieten der Welt aktiv werden sehen, auch wenn derzeit vielleicht nur ein, zwei Länder solche Initiativen lancieren. Der Umstand, daß sie die Legitimierung durch ein UN-Mandat anstreben, weist darauf hin, daß offenbar ein Bedürfnis nach einer kollektiven Zustimmung existiert. Und das wiederum läßt meiner Ansicht nach auf ein wachsendes Bedürfnis nach einer einzigen großen Menschenfamilie schließen, in der jeder vom anderen abhängig ist.

Ein derzeitiger Schwachpunkt der Vereinten Nationen besteht darin, daß sie zwar einzelnen Regierungen ein Forum bieten, einzelnen Bürgern aber nicht. Der Fall, daß ein Einzelner etwas gegen seine eigene Regierung vorbringen kann, ist nicht vorgesehen. Noch nachteiliger ist, daß das Vetorecht, wie es derzeit in Kraft ist, die mächtigeren Nationen zu Manipulationen einlädt. Darin sind grundlegende Mängel zu sehen.

Was das Problem betrifft, daß dem Einzelnen keine Stimme gewährt wird, so sollte man für die Zukunft vielleicht einen drastischeren Ansatz in Erwägung ziehen. So wie eine Demokratie auf den drei unabhängigen Säulen von Rechtsprechung, Exekutive und Legislative ruht, brauchen wir eine unabhängige Körperschaft auf internationaler Ebene. Für diese Funktion eignen sich die Vereinten Nationen vielleicht nicht so gut. Bei internationalen Treffen wie etwa der Konferenz der Vereinten Nationen für Umwelt und Entwicklung *Agenda 21* in Brasilien (1992) fiel mir auf, daß die einzelnen Abgesandten der Teilnehmerländer unvermeidlich die Interessen ihrer jeweiligen Nation in den Vordergrund stellten, auch wenn die zur Diskussion stehende Problematik grenzübergreifend war. Wenn dagegen Menschen als Individuen zu internationalen Tagungen kommen – ich denke hier an Gruppierungen wie »Ärzte gegen Atomkrieg« oder an die Initiative von Nobelpreisträgern, die sich gegen den Waffenhandel richtet, der auch ich angehöre –, dann geht es ihnen vielmehr um die gesamte Menschheit. Der Geist, der dort herrscht, ist bei weitem »internationaler« und offener. Das bringt mich auf den Gedanken, daß es vielleicht lohnend sein könnte, eine Körperschaft ins Leben zu rufen, deren Hauptaufgabe darin bestünde, den Gang der Ereignisse aus ethischer Sicht zu beobachten. (Eine solche Organisation könnte zum Beispiel »Weltrat der Menschen« heißen, obwohl sich zweifellos ein besserer Name finden ließe.) Meiner Vorstellung nach bestünde sie aus Einzelpersonen, die aus unterschiedlichsten Lebensbereichen kommen. Es gäbe dort Künstler, Bankiers, Umweltschützer, Anwälte, Dichter, Akademiker, Religionswissenschaftler, Schriftsteller, aber ebenso einfache Männer und Frauen mit gutem Ruf, denen die ethisch-menschlichen Grundwerte am Herzen liegen. Da diese Instanz nicht mit politischer Macht ausgestattet wäre, wären ihre Erklärungen auch nicht rechtsverbindlich. Aber aufgrund ihrer Unabhängigkeit – sie wäre keiner einzelnen Nation oder Gruppe von Nationen und keiner Ideologie verpflichtet – würden ihre Überlegungen das Weltgewissen repräsentieren. Diese Organisation besäße also eine moralische Autorität.

Natürlich wird es viele kritische Stimmen geben, die diesen Vorschlag sowie das, was ich über Entmilitarisierung, Abrüstung und die Reform der Vereinten Nationen gesagt habe, als unrealistisch oder auch als zu simpel abtun. Oder es wird heißen, daß das in der »wirklichen Welt« nicht funktionieren kann. Anstatt uns aber immer wieder damit zufriedenzugeben, lediglich zu kritisieren und anderen die Schuld an Fehlentwicklungen zu geben, sollten wir wenigstens versuchen, konstruktive Ideen auf den Tisch zu bringen. Denn eines steht fest: Da die Menschen die Wahrheit, die Gerechtigkeit, den Frieden und die Freiheit lieben, besteht auch die reale Möglichkeit, eine bessere, mitfühlendere Welt zu schaffen. Die Substanz dafür ist vorhanden. Wenn es uns, mit Hilfe besserer Ausbildung und eines sinnvollen Einsatzes der Medien, gelingt, einige der hier vorgeschlagenen Initiativen mit der Umsetzung ethischer Prinzipien zu verknüpfen, dann rückt eine Situation in unsere Reichweite, in der über die Haltung im Hinblick auf Abrüstung und Entmilitarisierung völlige Einigkeit bestehen wird. Mit dieser Grundlage hätten wir dann die Voraussetzung für einen dauerhaften Weltfrieden geschaffen.

17.

Die Rolle der Religion in der modernen Gesellschaft

In unserer langen Geschichte ist es immer schon so gewesen, daß die Religionen zu den Hauptauslösern von Konflikten gehörten. Selbst heute werden aufgrund von religiöser Heuchelei und Haß Menschen getötet, Dörfer und Städte zerstört und Gesellschaften aus dem Gleichgewicht gebracht. Es ist deshalb nicht verwunderlich, daß viele Menschen die Bedeutung der Religion in unserer Gesellschaft in Frage stellen. Wenn wir jedoch sorgfältig darüber nachdenken, stellen wir fest, daß Konflikte im Namen der Religionen hauptsächlich aus zwei Gründen entstehen. Zum einen ergeben sie sich einfach aus glaubensmäßigen Differenzen – aus den doktrinären, kulturellen und praxisbezogenen Unterschieden zwischen einer Religion und einer anderen. Des weiteren gibt es jene Konflikte, die im Zusammenhang mit politischen, wirtschaftlichen und anderen Umständen entstehen und meist internationalen Charakter haben. Der Schlüssel zur Lösung der zuerst angeführten Konflikte liegt in der Verständigung über die Religionsgrenzen hinweg. Für die zweite Gruppe muß hingegen ein anderer Weg gefunden werden. Säkularisierung und besonders die Abtrennung der religiösen Hierarchie von staatlichen Instanzen können solche institutionellen Probleme schon ein Stück weit lösen. Uns soll in diesem Kapitel jedoch die Frage der Harmonie zwischen den Religionen beschäftigen.

Sie ist ein wichtiger Aspekt dessen, was ich als globale Verantwortung bezeichnet habe. Doch ehe wir hier ins Detail gehen, lohnt es sich vielleicht, auf die Frage einzugehen, ob Religionen in der modernen Welt überhaupt noch einen Platz haben. Viele Leute verneinen das. Ich habe weiter oben geäußert, daß ein religiöser Glaube keine Vorbedingung für ethisches Verhalten oder für das Glücklichsein selbst ist. Ich habe auch dargelegt, daß geistig-seelische Werte wie Liebe, Mitgefühl, Geduld, Toleranz, Vergebung, Demut und so weiter unabdingbar sind, ob jemand eine Religion ausübt oder nicht. Doch zugleich will ich hier ausdrücklich sagen, daß diese Qualitäten sich meiner Überzeugung nach am einfachsten und wirksamsten im Zusammenhang mit einer Religion entwickeln lassen. Ich glaube auch, daß jemand, der sich ernsthaft einer Religion widmet, beträchtliche Vorteile dadurch gewinnt. Wer in einem festen Glauben verankert ist, der auf Verständnis und täglicher Praxis basiert, kann im allgemeinen besser mit den Widrigkeiten des Lebens fertigwerden als jemand, dem solch ein Glaube fehlt. Daher bin ich fest davon überzeugt, daß die Religion enorm viel zum Wohl der Menschheit beitragen kann. Richtig eingesetzt, ist sie ein äußerst wirksames Werkzeug, um menschliches Glück zu schaffen. Und sie kann eine ganz besonders tragende Rolle spielen, wenn es darum geht, Verantwortungsbewußtsein gegenüber anderen Menschen zu entwickeln und zu begreifen, daß man sich im ethischen Sinn disziplinieren muß.

Aus diesem Grund glaube ich, daß die Religion auch heute noch von Bedeutung ist. Vielleicht erinnern Sie sich: Vor einigen Jahren wurde in den Alpen der Körper eines Steinzeitmenschen gefunden. Obwohl er über fünftausend Jahre alt war, war er dennoch hervorragend erhalten. Selbst seine Kleidung war weitgehend intakt. Ich weiß noch, daß ich damals dachte, wenn es möglich wäre, diesen Menschen für einen Tag wieder zum Leben zu erwecken, dann würden wir feststellen, daß wir vieles mit ihm gemeinsam hätten. Zweifellos würde auch er an seiner Familie und seinen Lieben hängen, auf seine Gesundheit Wert legen und so weiter. Abgesehen von den kulturellen und sprachlichen Unterschieden würden wir uns auf der emotionalen Ebene miteinander identifizieren können. Und nichts spräche dagegen, daß ihm weniger daran läge, glücklich zu werden und Leid zu vermeiden, als uns. Wenn die Religion mit ihrem Anliegen, Leid durch Ausübung ethischer

Disziplin und durch Entwicklung von Liebe und Mitgefühl zu überwinden, in der Vergangenheit Bedeutung hatte, ist schwerlich einzusehen, warum das heute nicht mehr so sein sollte. Sicher war der Wert einer Religion früher offensichtlicher, da die Menschen ohne die modernen Errungenschaften mehr zu leiden hatten. Doch nachdem wir heute immer noch leiden – auch wenn das Leid heute eher innerlich als geistige und emotionale Heimsuchung erlebt wird – und weil eine Religion neben ihrem Erlösungsanspruch das Anliegen hat, uns bei der Überwindung von Leid zu helfen, muß sie immer noch sinnvoll sein.

Wie sollen wir nun aber die Harmonie herstellen, die notwendig ist, um Konflikte zwischen den einzelnen Religionen zu überwinden? Wie beim Fall einzelner Menschen, die daran arbeiten, ihre Reaktionen auf negative Gedanken und Gefühle zu bewältigen und geistige Werte zu kultivieren, besteht die Lösung darin, Verständnis zu entwickeln. Zunächst müssen wir dabei die Hemmfaktoren erkennen und dann Mittel und Wege finden, sie auszuschalten.

Das größte Hindernis auf dem Weg zu religionsübergreifender Harmonie besteht vielleicht in der mangelnden Anerkennung des Werts anderer Glaubenstraditionen. Bis vor relativ kurzer Zeit verlief die Kommunikation zwischen verschiedenen Kulturen, ja sogar zwischen einzelnen sozialen oder politischen Gemeinschaften eher schleppend oder war gar nicht vorhanden. Daher war es nicht so wichtig, ob man andere Glaubensformen akzeptabel fand oder nicht – ausgenommen, wenn Angehörige verschiedener Glaubensrichtungen unmittelbar nebeneinander lebten. Diese frühere Einstellung ist aber heute nicht mehr denkbar. Die immer komplexer werdende, sich immer mehr vernetzende Welt zwingt uns dazu, das Vorhandensein anderer Kulturen ebenso anzuerkennen wie das anderer Volksgruppen oder, natürlich, anderer Glaubensrichtungen. Ob es uns gefällt oder nicht: für die meisten von uns gehört diese Vielfalt zum Alltag.

Ich glaube, der beste Weg zur Beseitigung von Unwissenheit und zur Schaffung von Verständnis liegt im Gespräch mit den Angehörigen anderer Glaubensbekenntnisse. Ich halte das auf verschiedene Arten für möglich. Sehr wertvoll sind Diskussionen unter Gelehrten, bei denen die Übereinstimmungen und Unterschiede zwischen den verschiedenen Religionen ausgelotet und gewürdigt werden. Auf einer anderen Ebene ist es nützlich, wenn Begegnungen zwischen einfachen, aber praktizierenden Anhängern verschiedener Glaubenstraditionen stattfinden, bei denen jeder seine Erfahrungen einbringt. Dies ist vielleicht die wirksamste Weise, um andere Denkweisen richtig einschätzen zu lernen. Was mich angeht, so haben mir zum Beispiel meine Begegnungen mit dem inzwischen verstorbenen Thomas Merton, einem Mönch des katholischen Zisterzienserordens, wertvolle Einsichten geschenkt; sie halfen mir dabei, tiefe Bewunderung für die christliche Lehre zu entwickeln. Ich halte es weiterhin für äußerst gut, wenn sich religiöse Führer gelegentlich treffen, um zusammen für ein gemeinsames Anliegen zu beten. Das Treffen in Assisi 1986, bei dem sich Abgesandte der bedeutendsten Weltreligionen zusammenfanden, um für den Frieden zu beten, war meiner Ansicht nach insofern für viele Gläubige ungeheuer wertvoll, als es die Solidarität und Friedensliebe aller Beteiligten symbolisch bekräftigte.

Und schließlich habe ich den Eindruck, daß es sehr hilfreich sein kann, wenn Angehörige verschiedener Glaubensbekenntnisse gemeinsame Pilgerfahrten unternehmen. Unter diesem Aspekt kam ich 1993 nach Lourdes und anschließend nach Jerusalem, einer Stadt, die bei drei großen Glaubensrichtungen als heilig gilt. Ich habe auch verschiedene heilige Stätten der Hindus, der Mohammedaner, der Jainas und der Sikhs in Indien und außerhalb Indiens besucht. In jüngerer Zeit schloß ich mich – nach einem Seminar, bei dem die Meditation entsprechend der christlichen sowie der buddhistischen Tradition diskutiert und praktiziert wurde – einem historischen Pilgerzug von Anhängern beider Religionen an, der auch Gebete, Meditationen und Gespräche unter dem Bodhi-Baum in Bodhgaya in Indien einschloß, einer der heiligsten Stätten des Buddhismus.

Wenn ein Austausch dieser Art stattfindet, dann wird den Gläubigen der einen Seite klar, daß die Lehren anderer Glaubensrichtungen ihren Anhängern eine ebensolche geistige Inspiration und ethische Hilfestellung zuteil werden lassen, wie die eigenen Lehren es für sie selbst tun. Außerdem wird dabei deutlich, daß sich alle großen Weltreligionen, ganz unabhängig von ihren dogmatischen und sonstigen Unterschieden, damit befassen, den Einzelnen dabei zu helfen, gute Menschen zu werden. Alle betonen Liebe und Mitgefühl, Geduld, Toleranz, Vergebung, Demut und so weiter und sind in der Lage, Menschen bei der Verwirklichung dieser Werte zu helfen. Das Beispiel, das uns die Begründer der großen Glaubensrichtungen gaben, zeigt, daß es schließlich zum Glück führt, wenn man diese Eigenschaften entwickelt und sich von Herzen darum bemüht, anderen zu helfen. Diese Menschen lebten alle in großer Einfachheit, und ethische Disziplin und Liebe zu allen anderen kennzeichneten ihren Lebensweg. Sie lebten nicht im Luxus wie Kaiser und Könige. Statt dessen nahmen sie freiwillig Leid auf sich, ohne dabei an die damit verbundene Mühsal zu denken, um der Menschheit insgesamt zu dienen. In ihren Lehren legten sie ganz besonderen Wert auf die Entwicklung von Liebe und Mitgefühl und übten sich im Verzicht auf egoistische Wunschvorstellungen. Und jeder von ihnen appellierte an uns, daß wir Herz und Geist einem Wandel unterziehen. Ob wir nun einem Glauben angehören oder nicht: sie alle verdienen unsere tiefe Bewunderung.

Während wir einerseits das Gespräch mit Anhängern anderer Religionen suchen, müssen wir zugleich natürlich die Lehren der eigenen Religion in unseren Alltag einbringen. Wenn wir erst einmal den Nutzen von Liebe, Mitgefühl und ethischer Disziplin erfahren haben, sind wir auch in der Lage, den Wert anderer Lehren zu erkennen. Doch dazu muß man sich vor Augen führen, daß zu einem praktizierten Glauben erheblich mehr gehört als ein einfaches »Ich glaube« oder, wie die buddhistische Formel lautet, »Ich nehme Zuflucht«. Es gehört auch mehr dazu, als nur Tempel, Kirchen oder andere Heiligtümer aufzusuchen. Und religiöse Unterweisungen nützen nicht viel, wenn sie nur mit dem Verstand, aber nicht mit dem Herzen aufgenommen werden. Ebenso ist es nur von begrenztem Wert, wenn man sich allein auf den Glauben verläßt, sich aber nicht um Verständnis und praktische Umsetzung bemüht. Den Tibetern sage ich oft, daß das Tragen einer *mala* (das ist so etwas wie ein Rosenkranz) jemanden noch nicht zu einem wirklich religiösen Menschen macht; es sind die ernsthaften Bemühungen, die wir unternehmen, damit wir uns geistig verändern, die uns schließlich dazu machen.

Die überragende Bedeutung einer aufrichtigen Glaubensausübung wird deutlich, wenn wir erkennen, daß – neben der Unkenntnis – der ungesunde Umgang des Einzelnen mit seinem Glauben der andere Hauptgrund für die Spannungen zwischen den Religionen ist. Anstatt die Lehren unseres Glaubens in unseren Alltag zu integrieren, neigen wir dazu, sie zur Stärkung unserer Egozentrik einzusetzen. Wir benutzen unsere Religion wie etwas, das uns gehört, oder wie ein Markenzeichen, das uns von anderen abhebt. Das ist eindeutig falsch. Anstatt den Nektar der Religion dazu zu verwenden, die giftigen Elemente in unseren Herzen und Köpfen zu neutralisieren, lauten wir mit dieser Einstellung Gefahr, ihn selbst zu vergiften.

Doch wir müssen außerdem erkennen, daß sich hierin ein weiteres Problem zeigt, und zwar eines, das allen Religionen innewohnt. Ich meine den Anspruch, den jede Religion für sich erhebt, die »einzig wahre« zu sein. Wie sollen wir dieser Schwierigkeit begegnen? Natürlich ist es für jeden Gläubigen unabdingbar, ein eindeutiges Bekenntnis zum eigenen Glauben abzulegen. Und dazu gehört natürlich die feste Überzeugung, daß allein dieser Weg zur Wahrheit führt. Doch wir müssen zugleich eine Möglichkeit finden, unseren Glauben mit der Tatsache in Einklang zu bringen, daß es noch eine Vielzahl gleichrangiger Ansprüche gibt. Für die Praxis bedeutet das, daß jeder Gläubige herausfinden muß, wie er zumindest dahin gelangen kann, die Gültigkeit anderer Glaubenslehren zu akzeptieren, während er zugleich den eigenen Werten von ganzem Herzen treu bleibt. Was allerdings die Gültigkeit der metaphysischen Wahrheitsansprüche einer Religion betrifft, so ist diese weitgehend als interne Angelegenheit der jeweiligen Lehrtradition zu betrachten.

Für mich selbst kann ich sagen, daß der Buddhismus den wirksamsten Rahmen für mein Streben bildet, mich durch die Kultivierung von Liebe und Mitgefühl geistig weiterzuentwickeln. Doch während der Buddhismus für mich der beste Weg ist – was heißt, daß er meiner Veranlagung, meinem Temperament, meinen Neigungen und meinem kulturellen Hintergrund entspricht –, muß ich zugleich einräumen, daß dasselbe für die Christen in bezug auf das Christentum gilt. Für sie ist der christliche Glaube der beste Weg. Und aufgrund dieser Erkenntnis kann ich also nicht behaupten, daß der Buddhismus die beste Religion für alle sei.

Manchmal stelle ich mir Religion als Medizin für den menschlichen Geist vor. Die Wirksamkeit eines Arzneimittels können wir – unabhängig von seiner Verwendung und Eignung für einen bestimmten Menschen in einer bestimmten Situation – nicht grundsätzlich bestimmen. Es läßt sich auch nicht behaupten, eine Medizin sei besonders gut, weil sie diese oder jene Wirkstoffe enthalte. Wenn man den Patienten und die Wirkung auf diesen Patienten nicht einbezieht, dann macht solch eine Aussage kaum einen Sinn. Und deshalb kann man eigentlich nur sagen, daß *diese* Arznei für *diesen* Patienten mit *dieser* Erkrankung optimal ist. Ähnlich verhält es sich mit Religionen: Man kann sagen, daß *diese* Religion für *diesen* speziellen Menschen optimal ist, aber es nützt gar nichts, wenn man auf der metaphysischen Ebene beweisen will, daß eine Religion besser als eine andere sein soll. Entscheidend ist nur, wie effektiv sie im Einzelfall ist.

Den scheinbaren Widerspruch zwischen dem Anspruch jeder Religion auf die »eine Wahrheit« und der Realität mit ihrer Vielfalt an Glaubensbekenntnissen löse ich für mich selbst, indem ich mir klarmache, daß es für einen einzelnen Menschen tatsächlich nur eine einzige Wahrheit und daher auch nur eine einzige Religion geben kann, wohingegen wir aus dem Blickwinkel der gesamten Menschheit das Konzept von »vielen Wahrheiten innerhalb vieler Religionen« akzeptieren müssen. Um bei dem Bild des Arzneimittels zu bleiben: Im Fall eines bestimmten Patienten ist in der Tat nur eine bestimmte Medizin die richtige. Doch das heißt zweifellos nicht, daß für andere Patienten nicht andere Heilmittel angemessen sind.

Für meine Denkweise stellen die Unterschiede, die zwischen den verschiedenen religiösen Lehren bestehen, eine große Bereicherung dar. Daher habe ich auch nicht das Bedürfnis, nach Wegen zu suchen, die belegen, daß letztlich alle Religionen eins sind. Sie sind sich ähnlich, weil sie alle die Unabdingbarkeit von Liebe und Mitgefühl im Zusammenhang mit ethischer Disziplin betonen, doch das bedeutet nicht, daß sie alle im Kern identisch sind. Die gänzlich unterschiedlichen Auffassungen über die Erschaffung beziehungsweise über die Anfangslosigkeit der Welt, wie sie zum Beispiel im Buddhismus, im Christentum und im Hinduismus vertreten werden, führen dazu, daß wir – allen zweifellos vorhandenen Gemeinsamkeiten zum Trotz – im metaphysischen Bereich letzten Endes doch geteilter Meinung sind. Diese Differenzen mögen in den Anfangsphasen einer Religionsausübung nicht wichtig sein. Doch wenn wir auf dem jeweiligen Weg voranschreiten, kommen wir irgendwann zu einem Punkt, an dem wir grundlegende Unterschiede einräumen müssen. So dürfte die Vorstellung der Wiedergeburt, wie sie im Buddhismus und in anderen altindischen Glaubenstraditionen existiert, sich kaum mit der christlichen Erlösungsvorstellung vertragen. Das muß kein Grund zur Bestürzung sein. Selbst innerhalb der buddhistischen Lehre gibt es bezüglich der metaphysischen Aspekte differierende Standpunkte. Am allerwenigsten besagen solche Differenzen, daß wir es mit verschiedenen Bezugssystemen zu tun haben, in denen wir eine jeweils andere ethische Disziplin und andere geistige Werte entwickeln. Deshalb bin ich auch kein Befürworter einer Superreligion oder einer neuen Weltreligion. Durch so etwas würde uns lediglich die Einzigartigkeit der verschiedenen Glaubenstraditionen verlorengehen.

Manche Leute vertreten die Ansicht, das buddhistische Konzept des *Shunyata,* der Leere, sei in letzter Konsequenz mit verschiedenen Ansätzen zum Verständnis des Konzepts »Gott« identisch. Doch das bringt Schwierigkeiten mit sich. Natürlich bleibt es uns unbenommen, solche Vorstellungen hineinzuinterpretieren, doch inwieweit können wir dann noch den ursprünglichen Lehren treu bleiben? Zwischen den Wertvorstellungen des *Dharmakaya,* des *Sambogakaya* und des *Nirmanakaya* im Mahayana-Buddhismus und dem der Dreieinigkeit von Vater, Sohn und Heiligem Geist im Christentum gibt es erstaunliche Ähnlichkeiten. Doch daraufhin zu behaupten, daß Buddhismus und Christentum letztlich ein und dasselbe seien, ist meiner Ansicht nach übertrieben. Ein altes tibetisches Sprichwort sagt: Hüte dich davor, einen Yakschädel auf einen Schafskörper zu setzen – und umgekehrt.

Was wir aufgrund der unterschiedlichen Ansprüche innerhalb der verschiedenen Glaubenslehren statt dessen brauchen, ist die Entwicklung eines wahren religiösen

Pluralismus. Und wenn es uns mit der Anerkennung der Menschenrechte als allgemeingültigem Prinzip ernst ist, dann gilt das um so mehr. Daher finde ich die Idee eines Weltparlaments der Religionen sehr ansprechend. Das beginnt schon mit der Wortwahl: In »Parlament« steckt etwas Demokratisches, während der Plural »Religionen« unterstreicht, wie wichtig das Prinzip der Vielfalt bei den Glaubenslehren ist. Solch ein wirklich pluralistischer Blickwinkel in bezug auf die Religion, wie ihn die Vorstellung eines derartigen Parlaments beinhaltet, könnte in meinen Augen sehr nützlich sein. Auf der einen Seite würde er das Extrem der religiösen Heuchelei unterlaufen und auf der anderen den Drang nach einem überflüssigen Synkretismus.

Da wir gerade beim Thema einer religionsübergreifenden Eintracht sind, sollte ich vielleicht noch etwas zum Übertritt in eine andere Religion sagen. Das ist eine Angelegenheit, die nach äußerster Ernsthaftigkeit verlangt. Man muß sich hier unbedingt klar darüber sein, daß die bloße Tatsache eines solchen Übertritts aus niemandem einen besseren Menschen macht. Man wird dadurch nicht disziplinierter, mitfühlender und warmherziger. Daher hilft es dem Einzelnen mehr, wenn er sich darauf konzentriert, seinen Geist durch das Üben von Selbstbeschränkung, tugendhaftem Verhalten und die Entwicklung von Mitgefühl umzuwandeln. In dem Maß, in dem die Einsichten oder die praktische Anwendung anderer Religionsinhalte für den eigenen Glauben hilfreich oder von Belang sind, sollte man sich durchaus mit ihnen beschäftigen. In manchen

Fällen mag es sogar sinnvoll sein, bestimmte Einzelheiten zu übernehmen. Wenn das mit Umsicht geschieht, dann kann man fest im eigenen Glauben verwurzelt bleiben. Diese Vorgehensweise ist deshalb die beste, weil man so den Verunsicherungen entgeht, die sich vor allem hinsichtlich der ungewohnten Lebensweisen, die oftmals mit anderen Glaubensbekenntnissen verbunden sind, einstellen können.

Bei all den Unterschieden, die zwischen den einzelnen Menschen herrschen, wird es natürlicherweise immer so sein, daß sich unter den Millionen Anhängern einer beliebigen Religion eine Handvoll befindet, die den Ansatz einer anderen Religion in bezug auf Ethik und geistige Entwicklung zufriedenstellender findet. Manchen werden die Konzepte von Wiedergeburt und Karma höchst sinnvoll erscheinen und ihnen dabei helfen, Liebe und Mitgefühl im Rahmen von Verantwortung zu entwickeln. Anderen wird wiederum die Vorstellung eines jenseitigen, liebenden Schöpfers hilfreicher vorkommen. In solchen Fällen müssen sich die Betreffenden unbedingt immer und immer wieder fragen: »Zieht es mich aus den richtigen Gründen zu dieser anderen Religion? Sind es nur ihre kulturellen und formalen Aspekte, die mich locken? Oder sind es ihre grundlegenden Lehren? Wenn ich übertrete, rechne ich dann damit, daß die neue Religion mich weniger beansprucht als die bisherige?« Ich sage das, weil mir oft auffiel, daß Menschen, die zu einer Religion außerhalb ihres eigenen Kulturkreises übertraten, in vielen Fällen zwar oberflächliche Eigenheiten dieser Kultur, deren Glauben sie angenommen hatten, übernahmen, daß das aber noch lange nicht bedeutete, daß ihre religiösen Bemühungen dadurch tiefgründiger wurden.

Wenn jemand nach langen und reiflichen Überlegungen beschließt, eine andere Religion anzunehmen, dann sollte er oder sie sich unbedingt des positiven Beitrags erinnern, den *jede* religiöse Tradition für die Menschheit geleistet hat. Denn es besteht die Gefahr, daß dieser Mensch seine Entscheidung rechtfertigt, indem er seinen alten Glauben vor anderen schlechtmacht. Das muß man unbedingt vermeiden. Nur weil dieser Glaube für eine Person keine Relevanz mehr besitzt, hat er noch lange nicht aufgehört, der Menschheit von Nutzen zu sein. Ganz im Gegenteil: Wir können davon ausgehen, daß er Millionen von Menschen in der Vergangenheit eine Quelle der Inspiration war, daß er gegenwärtig Millionen von Menschen inspiriert und daß er auch in Zukunft Millionen auf den Weg der Liebe und des Mitgefühls führen wird.

Man muß in Erinnerung behalten, daß es entscheidend ist, daß der ganze Zweck einer Religion darin besteht, Liebe und Mitgefühl, Geduld, Toleranz, Demut, Vergebung und weitere gute Eigenschaften zu fördern. Wenn wir das aus dem Auge verlieren, hilft auch ein Wechsel der Religion nicht weiter. Und auch wenn wir glühende Verfechter unseres Glaubens sind, so ist es genauso unsinnig, wenn wir versäumen, die angeführten Eigenschaften in unseren Alltag einzubringen. Ein solch religiöser Mensch verhält sich nicht anders als jemand, der an einer lebensgefährlichen Krankheit leidet und zwar weiß, was er gegen seine Krankheit tun müßte, sich dieser Behandlung aber nicht unterzieht.

Und außerdem: Wenn wir, die wir eine Religion ausüben, uns nicht mitfühlend und ethisch diszipliniert verhalten, wie können wir es dann von anderen erwarten? Wenn es uns gelingt, echte harmonische Übereinstimmung zu schaffen, die auf gegenseitigem Respekt und Verständnis beruht, dann erwächst uns aus den Religionen ein enormes Potential, wenn es darum geht, sich maßgeblich zu lebenswichtigen moralischen Fragen zu äußern. So etwa zu Frieden und Abrüstung, zu sozialer und politischer Gerechtigkeit, zu Umweltproblemen und zu vielen anderen Themen, die die ganze Menschheit betreffen. Doch es wird uns niemand ernst nehmen, solange wir unsere eigenen geistigen Lehren nicht in die Praxis umsetzen. Also müssen wir ein gutes Beispiel abgeben, indem wir gute Beziehungen zu anderen Glaubensrichtungen aufbauen.

18.

Ein Aufruf

Daß wir jetzt die letzten Seiten dieses Buches erreicht haben, erinnert uns auch an die Vergänglichkeit des Lebens. Wie schnell zieht es vorbei, und wie schnell ist unser letzter Tag gekommen. In nicht einmal fünfzig Jahren werde ich, Tenzin Gyatso, der buddhistische Mönch, allenfalls noch eine Erinnerung sein. Ja, es ist unwahrscheinlich, daß auch nur einer jener Menschen, die diese Worte lesen, in einem Jahrhundert noch am Leben sein wird. Die Zeit fließt, ohne sich aufhalten zu lassen. Wenn wir etwas falsch machen, können wir die Uhr nicht zurückdrehen und es noch einmal versuchen. Aber wir können die Gegenwart sinnvoll nutzen. Wenn wir dann an unserem letzten Tag Rückschau halten und feststellen, daß wir etwas geleistet und ein erfülltes und sinnvolles Leben geführt haben, dann wird uns das immerhin ein Trost sein. Wenn das nicht so ist, wird uns das vielleicht sehr unglücklich machen. Doch welche der beiden Möglichkeiten sich vor uns auftut, liegt ganz bei uns.

Wenn wir uns dem Tod nähern und nicht möchten, daß wir von Reue überfallen werden, sollten wir uns vergewissern, daß wir anderen gegenüber verantwortungsbewußt und mitfühlend eingestellt sind, und das nicht aus dem Grund, weil wir uns für die Zukunft etwas davon versprechen, sondern weil es tatsächlich unser Anliegen ist. Wie wir gesehen haben, gehört das Mitgefühl zu jenen elementaren Dingen, die unserem Leben einen Sinn verleihen. Es ist die Quelle der Freude und allen dauerhaften Glücks. Und es bildet das Fundament für ein gutes Herz – für eines, das aus dem Bedürfnis heraus handelt, anderen helfen zu wollen. Mit Freundlichkeit, mit Zuneigung, mit Ehrlichkeit, Wahrheit und Gerechtigkeit, die wir in der Begegnung mit allen anderen Menschen walten lassen, sorgen wir für unser eigenes Wohl. Das hat nichts mit komplizierten Theorien zu tun, es ist eine Sache des gesunden

Menschenverstandes. Es lohnt sich also zweifellos, an andere zu denken. Und es läßt sich auch nicht abstreiten, daß unser Glück unauflöslich mit dem Glück anderer zusammenhängt, daß wir selbst leiden, wenn die Gemeinschaft leidet, und daß es uns um so schlechter geht, je mehr unsere Herzen und Köpfe von Böswilligkeit blockiert werden. Daher können wir alles andere von uns weisen: Religionen, Weltanschauungen, Ideologien, alle Weisheit und alles Wissen dieser Welt, doch um Liebe und Mitgefühl kommen wir nicht herum.

Und *das* ist meine wahre Religion, mein schlichter Glaube. Unter diesem Aspekt brauchen wir keine Tempel oder Kirchen, keine Moscheen oder Synagogen, keine komplizierte Philosophie, keine Doktrin, kein Dogma. Unser Herz, unser Geist – das ist der Tempel. Mitgefühl ist die Doktrin. Liebe zu anderen und der Respekt vor ihrer Würde und ihren Rechten, gleichgültig, wer oder was sie sind, das ist letztlich alles, was wir brauchen. Und wenn wir das in unserem Alltag praktizieren, dann spielt es keine Rolle, ob wir gebildet oder ungebildet sind, ob wir an Buddha oder an Gott glauben, ob wir überhaupt einer Religion anhängen oder nicht – solange wir Mitgefühl zeigen und uns aus Verantwortungsbewußtsein selbst beschränken, werden wir glücklich sein.

Wenn es so einfach ist, glücklich zu sein, warum stellt sich dieses Gefühl trotzdem so selten ein? Obwohl wir uns meist für mitfühlend halten, neigen wir unglücklicherweise dazu, diese schlichten Erkenntnisse zu verdrängen. Wir vergessen es, unseren negativen Gedanken und Gefühlen Paroli zu bieten. Anders als der Bauer, der sich an die Jahreszeiten hält und sein Land bestellt, wenn die Zeit dafür gekommen ist, verschwenden wir so viel von unserer Zeit mit bedeutungslosen Dingen. Etwas so Triviales wie den Verlust von Geld bedauern wir zutiefst, während wir etwas wirklich Bedeutsames ohne die geringste Reue unterlassen. Anstatt uns über die Gelegenheiten zu freuen, bei denen wir zum Glück anderer beitragen können, amüsieren wir uns lieber, wann immer wir können. Wir denken nicht an andere, weil wir ja viel zu beschäftigt sind. Wir laufen hierhin und dorthin, telefonieren, stellen Berechnungen an und überlegen, ob das eine wohl besser ist als das andere. Wir handeln, und dann machen wir uns Sorgen, ob es nicht unter bestimmten Umständen anders besser gewesen wäre. Und dabei nutzen wir nur die einfachsten, elementarsten Bereiche unseres Geistes. Und indem wir den Bedürfnissen anderer gegenüber unaufmerksam sind, kommt es unvermeidlich dazu, daß wir ihnen Leid zufügen. Wir halten uns für sehr schlau, doch wie nutzen wir unsere Fähigkeiten? Nur allzu häufig setzen wir sie ein, um die anderen zu hintergehen, um sie auszunutzen und uns auf ihre Kosten Vorteile zu verschaffen. Und wenn die Dinge nicht wunschgemäß vor sich gehen, machen wir andere voller Selbstgerechtigkeit für unsere Probleme verantwortlich.

Doch bleibende Zufriedenheit entsteht nicht aus einer Ansammlung von Gütern. Und wie groß unser Freundeskreis auch sein mag, er bewirkt nicht, daß wir glücklich sind. Das Schwelgen in sinnlichen Genüssen ist nichts weiter als ein Tor zum Leiden. Es ist wie Honig, den man auf eine Schwertklinge streicht. Das heißt natürlich nicht, daß wir unsere Körper verachten sollen. Im Gegenteil, ohne Körper können wir anderen nicht helfen. Doch wir müssen die Extreme meiden, die zum Leid führen können.

Wenn wir uns nur auf das Weltliche konzentrieren, bleibt uns das Entscheidende verborgen. Wenn wir auf diese Weise wirkliches Glück erlangen könnten, wäre es selbstverständlich völlig vernünftig, so zu leben. Aber das geht nicht. Im besten Fall gehen wir dann ohne große Probleme durchs Leben. Aber wenn Probleme auftauchen, was sicherlich der Fall sein wird, sind wir unvorbereitet. Wir werden mit ihnen nicht fertig. Und das läßt uns verzweifeln und macht uns unglücklich.

Darum lege ich meine Hände zusammen und appelliere an Sie, die Leser: Tun Sie alles, damit Ihr weiteres Leben so sinnvoll wie möglich verläuft. Üben Sie sich in der geistigen Anwendung innerer Qualitäten, wenn es Ihnen möglich ist. Ich konnte hoffentlich verdeutlichen, daß darin nichts Geheimnisvolles liegt. Es bedeutet allein, aus Sorge für andere heraus zu handeln. Und wenn Sie sich ernsthaft und dauerhaft darin üben, wird es Ihnen allmählich, Schritt für Schritt, gelingen, Ihre Gewohnheiten und Einstellungen so umzustellen, daß Sie immer weniger an Ihre eigenen begrenzten Anliegen denken und dafür in zunehmendem Maß an die Bedürfnisse anderer. Und dabei werden Sie feststellen, daß Sie von Frieden und Glück erfüllt werden.

Verzichten Sie auf Neid und das Bedürfnis, über andere triumphieren zu wollen. Versuchen Sie statt dessen, ihnen Gutes zu tun. Heißen Sie andere mit einem Lächeln willkommen – voller Freundlichkeit, voller Mut und voller Gewißheit, daß Sie auf diese Weise nur gewinnen können. Seien Sie aufrichtig. Und versuchen Sie unvoreingenommen zu sein. Behandeln Sie jeden Menschen, als sei er ein guter Freund. Ich sage das weder als Dalai Lama noch als jemand, der über besondere Kräfte oder Fähigkeiten verfügt. Ich besitze nichts dergleichen. Ich sage es als Mensch: als jemand, der wie Sie lieber glücklich ist und nicht leiden möchte.

Wenn Sie, aus welchen Gründen auch immer, nicht in der Lage sind, anderen zu helfen, dann fügen Sie ihnen wenigstens kein Leid zu. Schlüpfen Sie in die Rolle eines Touristen, der vom Weltraum aus auf die Erde schaut. Von hier aus wirkt unsere Welt so klein, so unbedeutend, aber doch so schön. Wäre es wirklich ein Gewinn, wenn Sie anderen Menschen während Ihres Aufenthalts Leid zufügten? Wäre es nicht besser und auch vernünftiger, sich zu entspannen und still zu freuen, so als ob man einfach in einer anderen Umgebung zu Gast ist? Wenn Sie also in Ihrer Freude an der Welt für einen Augenblick innehalten, dann versuchen Sie, und wenn auch nur auf bescheidenste Weise, jenen zu helfen, die am Boden sind oder sich aus irgendwelchen Gründen nicht selbst helfen können. Versuchen Sie sich nicht von Menschen abzuwenden, die Ihnen durch ihre äußere Erscheinung mißfallen, zum Beispiel Bettler und Kranke. Bemühen Sie sich, sie nie als minderwertiger als sich selbst zu betrachten. Und bemühen Sie sich, nicht besser von sich selbst zu denken als vom erbärmlichsten Bettler. Denn wenn Sie einst im Grab liegen, werden Sie so aussehen wie er.

Ich möchte zum Schluß ein kleines Gebet mit Ihnen sprechen, eines, das mir in meinem Bemühen, anderen zu helfen, selbst immer sehr hilfreich ist:

»Möge ich jetzt und immer so sein:
Ein Beschützer für die, die niemand beschützt,
Ein Führer denen, die sich verirrt haben,
Ein Schiff für die, die über die Meere ziehen müssen,
Eine Brücke für die, die Flüsse überqueren müssen,
Ein Asyl für die, die in Gefahr sind,
Eine Lampe für die, die kein Licht haben,
Eine Zuflucht für die, die ohne Schutz sind,
Und ein Diener all denen, die Hilfe brauchen.«

...für Komfortleser:

Die Bücher mit den großen Buchstaben!

Mario Adorf
Der Dieb von Trastevere
ISBN 3-598-80069-X

Joy Smith Aiken
Solos Reise
ISBN 3-598-80041-X

Peter Bamm
Frühe Stätten der Christenheit
ISBN 3-598-80039-8

Josef Martin Bauer
So weit die Füße tragen
ISBN 3-598-80000-2

Vicki Baum
Menschen im Hotel
ISBN 3-598-80037-1

Tania Blixen
Jenseits von Afrika
ISBN 3-598-80047-9

Heinrich Böll
Irisches Tagebuch
ISBN 3-598-80001-0

Waldemar Bonsels
Die Biene Maja
und ihre Abenteuer
ISBN 3-598-80034-7

Adelbert von Chamisso
Peter Schlemihl's wundersame
Geschichte
ISBN 3-598-80057-6

Patricia Cornwell
Trübe Wasser sind kalt
ISBN 3-598-80051-7

Dalai Lama
Das Buch der Menschlichkeit
ISBN 3-598-80063-0

Utta Danella
Der schwarze Spiegel
ISBN 3-598-80003-7

Ramona Diefenbach
Das Spiegelhaus
ISBN 3-598-80048-7

Marion Gräfin Dönhoff
Namen die keiner mehr nennt
ISBN 3-598-80053-3

Hans Fallada
Geschichten aus der Murkelei
ISBN 3-598-80056-8

Theodor Fontane
Frau Jenny Treibel
ISBN 3-598-80058-4

Johann Wolfgang von Goethe
Die Leiden des jungen Werther
ISBN 3-598-80004-5

Noah Gordon
Der Rabbi
ISBN 3-598-80028-2

Günter Grass
Im Krebsgang
ISBN 3-598-80055-X

Brüder Grimm
Die schönsten Märchen
der Brüder Grimm
ISBN 3-598-80005-3

John Grisham
Der Verrat
ISBN 3-598-80006-1

Sebastian Haffner
Geschichte eines Deutschen
ISBN 3-598-80033-9

Hugo Hartung
Wir Wunderkinder
ISBN 3-598-80045-2

Manfred Hausmann
Abel mit der Mundharmonika
ISBN 3-598-80036-3

Elke Heidenreich
Der Welt den Rücken
ISBN 3-598-80007-X

Elke Heidenreich
Kolonien der Liebe
ISBN 3-598-80060-6

Elke Heidenreich/
Bernd Schroeder
Rudernde Hunde
ISBN 3-598-80072-X

Ernest Hemingway
Der alte Mann und das Meer
ISBN 3-598-80008-8

E.T.A. Hoffmann
Das Fräulein von Scuderi
ISBN 3-598-80062-2

Franz Kafka
Der Prozess
ISBN 3-598-80009-6

Gottfried Keller
Seldwyler Geschichten
ISBN 3-598-80010-X

Imre Kertész
Kaddisch für ein nicht
geborenes Kind
ISBN 3-598-80061-4

Bodo Kirchhoff
Schundroman
ISBN 3-598-80044-4

Nobel-Preisträger, Unterhaltung, Klassiker, Märchen und Spannendes:

Heinrich von Kleist
Michael Kohlhaas
ISBN 3-598-80011-8

Hildegard Knef
Der geschenkte Gaul
ISBN 3-598-80012-6

Heinz G. Konsalik
Das Mädchen und der Zauberer
ISBN 3-598-80030-4

Irina Korschunow
Das Luftkind
ISBN 3-598-80052-5

Christian Graf von Krockow
Begegnung mit Ostpreußen
ISBN 3-598-80046-0

John Le Carré
Der Spion, der aus der Kälte kam
ISBN 3-598-80002-9

Stanislaw Jerzy Lec
Alle unfrisierten Gedanken
ISBN 3-598-80013-4

Siegfried Lenz
So zärtlich war Suleyken
ISBN 3-598-80014-2

Charlotte Link
Der Verehrer
ISBN 3-598-80015-0

Konrad Lorenz
So kam der Mensch auf den Hund
ISBN 3-598-80016-9

Nagib Machfus
Ehrenwerter Herr
ISBN 3-598-80070-3

Franca Magnani
Wer sich erinnert, lebt zweimal
ISBN 3-598-80071-1

Henning Mankell
Mörder ohne Gesicht
ISBN 3-598-80017-7

Henning Mankell
Hunde von Riga
ISBN 3-598-80049-5

Henning Mankell
Der Mann, der lächelte
ISBN 3-598-80067-3

Thomas Mann
Der Tod in Venedig
ISBN 3-598-80031-2

Sten Nadolny
Die Entdeckung der Langsamkeit
ISBN 3-598-80018-5

Håkan Nesser
Das falsche Urteil
ISBN 3-598-80054-1

Thomas Niermann/
Christos Yiannopoulos
Held der Arbeit
ISBN 3-598-80043-6

Lilli Palmer
Dicke Lilli - gutes Kind
ISBN 3-598-80029-0

Marcel Reich-Ranicki
Mein Leben
ISBN 3-598-80019-3

Erich Maria Remarque
Im Westen nichts Neues
ISBN 3-598-80038-X

Ruth Rendell
Die Besucherin
ISBN 3-598-80020-7

Rainer Maria Rilke
Die Aufzeichnungen des Malte
Laurids Brigge
ISBN 3-598-80021-5

Herbert Rosendorfer
Briefe in die chinesische
Vergangenheit
ISBN 3-598-80040-1

Eugen Roth
Ein Mensch und mehr
ISBN 3-598-80022-3

Philip Roth
Mein Leben als Sohn
ISBN 3-598-80023-1